海南周刊文丛

海南闻艺

海南日报社○编

海南出版社·海口

图书在版编目(CIP)数据

海闻艺 / 海南日报社编. -- 海口 : 海南出版社，2024. 9. --(海南周刊文丛). -- ISBN 978-7-5730-1867-0

Ⅰ. G127.66

中国国家版本馆CIP数据核字第20243AF102号

海 闻 艺
HAI WEN YI

策　　划：吴　斌
责任编辑：林　静　陈文惠　蒙水连
执行编辑：王振月
印刷装订：海南永发印刷股份有限公司

海南出版社 出版发行

地　　址：海口市金盘开发区建设三横路2号
邮　　编：570216
电　　话：0898-68567076
经　　销：全国新华书店
开　　本：787 mm × 1 092 mm 1/32
版　　次：2024年9月第1版
印　　次：2024年9月第1次印刷
印　　张：13.5
字　　数：270千字
书　　号：ISBN 978-7-5730-1867-0
定　　价：68.00元

读海南·共成长

阳光正好，草木葱茏。

大海之南，自古就是一片斑斓之地。早在公元前110年的西汉武帝年间，海南岛便已设立珠崖、儋耳二郡，这里是移民之岛，也是方言之岛，更是文化之岛；这里多元文化并存，互相影响，如同岛上多姿多彩的万物，相互依存，共生共荣。

满怀着对这片热土的挚爱，《海南日报》采编团队长期致力于对本土自然、地理、人文、历史的挖掘和报道，多维度展示海南之美、海南之特、海南之魅。2008年，《海南周刊》破土而出。

《海南周刊》诞生的2008年，正值海南建省20周年，海南经济社会发展进入快车道，文化生活日渐丰富，异彩纷呈。然而，无论是土生土长的先住民，还是来自五湖四海的新移民，都需要揭开时间的面纱，了解海南这片热土，了解其风物、其过往、其人物、其信俗、其掌故……唯有加深认知度，才能加强认同感。

一路走来，《海南周刊》的采编团队学习不断，探索不止，更新不停，深耕本土历史、文化、人物、自然、资源等领域的内容，同时也关注新潮生活、新锐观点，以及国内国际文化热点，一如创刊之初设定的宗旨——“新闻 · 新知 · 新生活”。

从本质上说，《海南周刊》仍是一份新闻纸，因为我们呈现的内容依然讲求新闻由头，关切当下热点。

从内容来看，《海南周刊》则是一份文化纸，因为我们在生产环节做了更为深入的尝试，回望历史，也对照现实。

就形式而言，《海南周刊》也是一份艺术纸，因为我们不单关注人文艺术，还努力做到有美文、美图，以美的版式呈现。

一段路，或美景，或泥泞，个中甘苦，唯有行者自知；一群人，以匠人精神，精雕细琢，有亮点，有遗憾，依然默默耕耘，不事张扬。

一直以来，总有忠实热心的读者，催促《海南周刊》将精华内容结集出版。从2022年起，我们将陆续分类推出《〈海南周刊〉文丛》。此次收录的文字，时间跨度达十余年。摩挲旧稿，颇多缺憾，但这份不完美，却又真实地留存了更替认知、不断成长的时代印记。在此，深愿我们的粗浅之作能得到读者的认可，亦愿能够收到诸君反馈的宝贵意见。

却顾所来径，苍苍横翠微。多年来，《海南周刊》深耕海南的地域文化沃土。每一畦地，都饱含风雨阳光，冷暖辑蕴。今天，我们将峥嵘岁月装订成册，把海南的人文精神根植于我们深爱的这片土地。

卷首语

垂天雌霓云端下，快意雄风海上来。

这是中国最南端的省份，也是中国最年轻的省份。这里有大自然最慷慨的馈赠，璀璨阳光、蔚蓝海岸、旖旎山川、蜿蜒河流，共同绘就了一幅南国美丽画卷；这里有美不胜收的人文景观，方言古韵、悠扬戏曲、灵动歌舞，向人们低语海岛的前世今生。

在海南岛上，有“今声似古音”的南腔北调，见证了千百年天南海北的移民史；有悠扬三百年的琼音，戏台上留下多少悲欢离合、喜怒哀愁；有嘹亮民歌，如山间汩汩清泉奔流不息；有奔放舞蹈，如热带雨林中的精灵欢快跳跃。

美哉！海之南。千百年来，琼音、琼韵流淌在时光里，流淌在琼剧和海南话等戏曲和方言中，不断传承、生生不息；“我爱五指山，我爱万泉河”“久久不见久久见，久久见过还想见”等经典旋律，成为海南最动人的文化名片，铸就了“歌岛”海南的美名；热烈的竹竿舞、欢快的苗鼓舞，在五指山下、万泉河边舞之蹈之……它们是海南历史、文化最忠诚的记录者和见证者；它们在大海边吟唱，如同海浪拍打沙滩，时而激昂，时而温柔。

目录

听音

看戏

拾歌

踏舞

听音

海南方言岛：移民文化活化石宝库

海南岛是个多语言和多方言的地区。岛上通行的语言有汉语、黎语、临高语、村语、勉语、回辉话、壮语。汉语除普通话之外，还有海南话、儋州话、迈话、军话、客家话、广州话、付马话等方言。加在一起共有10多种彼此不能通话的语言和方言（黎语分五种方言，临高语分两种方言，均未计算在内），可以说海南是我国语言和汉语方言最多的省份之一。

黎语：五方言"吃饭"各不同

黎语是本土的语言，在海南的历史最悠久。早在三千多年前，作为百越一支的黎族就有了自己的语言——黎语。黎族自称"赛"，从大陆迁来海南以前可能属于不同的部落，到海南以后逐渐形成不同的“分支”，亦即五种方言——哈、杞、润、美孚、加茂方言（注：目前通用的分类为哈、杞、润、美孚、赛方言），前三种方言下面还进一步划分土语。前四种方言说法比较接近，彼此勉强能通话。各方言区除民族自称都为“赛”外，还有不同的分支自称。黎族民间有用“吃饭”一语来区分方言的习惯。在这五种方言中，“吃”这个动词有“拉”“捞”“搂”“洛”“啃”“德”等多种说法。人们通过“吃饭”一语，大概可以知道对方说哪一种方言甚至土语。但这种办法不太严谨，例如“吃饭”一词，哈方言哈炎土语、美孚方言或杞方言通什土语都念作“捞他”。

千百年来，琼州海峡不断迎来南迁的移民，由此形成了海南岛多语言、多方言的移民构成。图为面朝琼州海峡的海口新海港。陈元才 摄

临高语：属于侗台语族壮傣语支

临高语是秦汉以前两广百越部分人群所使用的语言，与壮语、傣语、黎语等侗台语有渊源。据有关学者推测，临高人约于两千多年前从大陆移居海南，比黎族晚了一千多年，分布在临高、澄迈、儋州和海口附近。临高语又分两种方言。

由于人口众多且聚居，散居于临高语地区内操其他汉语方言的汉人，一般都容易学会临高话并熟练使用，久而久之他们的后代就很自然地被同化为临高人。因受到汉语的影响，临高语也发生了一定的变化。临高人没有民族自称，只称为“村人”或“讲村话的人”，其语言是一种非汉语。临高人有好学的传统，有较高的文化水平，男女老幼都喜欢唱歌。他们文化水平高是受汉族文化的影响，喜欢唱歌是侗台语族等少数民族的共同特点。可以这样说，临高语是汉藏语系侗台语族壮傣语支的一种独立的语言。操这种语言的人是百越一支的后裔。

汉语：官话、普通话和海南话

汉语官话，早在西汉初就被汉族封建王朝的官员、商贾和文人在各朝代陆续带到岛内。他们的人数虽然不多，但汉语官话是官场、学校、商业活动场所等使用的公共交际用语。历代不少文人学士被贬到海南后，把中原的文化带到海南来，培养了一大批懂汉语汉文的当地知识分子。汉语官话对岛内各种语言和地方方言产生了很大的影响。古官话(注：明清时期官话，下同)属于汉语北方方言，与现今的普通话不完全相同，可能与西南官话或本地军话比较接近。这种官话随着时间的推移也有一些变化。现今儋州话的读书音可能就是一种比较古老的古官话，但在岛内各地可能有一些小的差别。海南黎语、苗语尤其是回辉话的汉语借词还保留着古官话的痕迹。中华人民共和国成立前后，海南地区的汉语不再是过去的官话而是“国语”，中华人民共和国成立后称之为“普通话”。

海南话是唐宋以后从福建迁徙而来的移民的语言，通行于海南岛各地。海南话属于汉语闽方言在海南的分支，海南话下分府城、文昌、万宁、崖县、昌感五个小片。中华人民共和国成立以前，海南话主要通行于海南岛的东部、南部和其他县的城镇。中华人民共和国成立后，以文昌话为代表的海南话普及全岛，岛内各级机关、学校和公共场所甚至民族地区基本上通行海南话。

村语：一种独特的非汉语

唐宋时期，一批军士由于战争漂流到海南岛昌化江入口处一带定居，分布在东方和昌江靠近昌化江的地方。他们自称“村人”，人口约有6万。村语是“村人”与当地土著居民融合、放弃原来的语言后逐渐形成的一种独特的非汉语。这种语言与黎语比较接近,也带有汉语的特点,但独有的成分居多,属黎语支里的一种独立的语言。

最早的时候,说村语的人主体是汉族人。由于通婚的关系,当地的语言逐渐取代了"村人"原来使用的汉语,发展成现今的村语。通过对比,村语里仍可发现掺有某些汉语方言的词语,有些是粤方言的,还有些是客家话或海南话的,说明"村人"曾经与讲这些方言的人接触过。"村人"的风俗习惯有的与黎族相同,也有不少与汉族相同。村语的数词,从1至6是自己原来的词(与黎语同),从7至10以及百、千、万都为汉词。亲属称谓男性长辈的多为汉词,其他的多为原来的词。"村人"一向被认为是汉族,黎族称他们为"汉人"或"哥龙"(也称"哥隆")。"村人"重视文化学习,文化程度较高。

回辉话:东南亚移民带来的占语

回辉话是10世纪至15世纪间东南亚占城移民带来的一种占语。在海南使用回辉话的回族群众居住在三亚市回辉村和回新村,人口约6000人。我国多地的回族群众都早已放弃他们自己原来的语言,而转用当地大多数人的语言。唯独三亚的回族一直保留他们自己的语言,这在国内是非常独特的。他们内部仍保留着原来的自称huzan(占人),说汉语时自称huizok(回族）。他们都是虔诚的伊斯兰教教徒，与国内其他地方的回族有着相同的宗教信仰和风俗习惯。

回族初来海南岛时，人数不多，散居于崖县（今三亚市）各地。15世纪中叶，他们的人口增加较多，而且集中居住在三亚镇附近。他们内部普遍使用自己的语言，对外使用多种汉语方言，人人都是多语使用者。占语属南岛语系的占语支，是一种无声调、多音节的语言。回族自从来到海南岛以后，通过学习汉语，慢慢产生了声调，而原来的多音节词由于失去了词头而变成单音节的词。从类型上看，它已从原来的语言变成近似汉藏语系同一类型的语言了。这一变化引起了国内外有关专家的关注。

壮语：随壮族移民迁徙而来

壮语是20世纪中期为开发海南岛从广西吸收壮族同胞到海南各农场的移民的语言。他们是从广西各地迁徙来的，语言不一致，到海南后分散居住，多学会了当地的海南话和普通话，年轻一代已经不再使用自己的语言而转用海南话或当地的方言了。

勉语：苗兵后裔说瑶语

勉语是16世纪初由广西被征派而来的苗兵后裔所使用的语言。海南苗族分布在琼中、琼海、保亭、屯昌、万宁、乐东等地，人口有5万余人。据研究，海南的苗族使用的语言属汉藏语系苗瑶语族勉语支的勉金方言，与广西各地瑶族的勉金方言非常接近。苗族当初被派遣来海南时被称为苗兵。苗族为什么说瑶族的语言？“天下苗瑶是一家”。现在从语言学角度看，其应属苗瑶语族勉语支的勉金方言，即大多数瑶族说的方言。

儋州话：较古老的汉语方言

儋州话是儋州地区使用的语言，使用人口约40万人，其历史非常悠久。据有关学者研究，它是南方一种比较古老的汉语方言，有人认为它近似粤方言，但仍有较大的差别。古儋县是古时官员和文人学士流放的地方。他们来到儋县后，给当地人民传播中原的文化，教当地人识字。因此，儋县地区通行一种读书音，即汉字的读音。这是一套古官话的读音，属汉语北方方言。读书音和口语读音并行不悖。儋州话读书音对岛北各地有一定的影响，黎语本地方言（润方言）的汉语借词过去多借自儋州话。三亚羊栏附近有一个海波村使用儋州话，使用的人是几十年前从儋县迁徙过来的移民。

迈话：混有客家话和粤语的古方言

迈话在海南的历史有七八百年，使用迈话的人的祖先可能是宋初从广东来海南做官或经商的移民。他们到海南后分散在岛东部各地，后来一部分人来到崖州（今三亚崖城附近），一部分人迁至三亚羊栏村和妙林村，在三亚的保留原来的语言，其语言有客家话、粤语和海南话的成分。由此可以推测，说迈话的人可能来自广东北部的客家话地区，后来又到粤语地区，最后迁徙到海南岛。

迈话是很特别的方言，如《琼山县志》说"又有迈语，与广州相似，要皆商贾遗裔也"。它不是汉语北方方言，而是一种南方话，但属于哪一种方言目前很难定论，可以看作混有客家话和粤语的一种南方古方言。迈话近代又受到海南话的影响，吸收了一些海南话的成分，但是不太可能发展为海南话。学者们倾向于认为迈话属于大粤语范围内一个混有客家话特点的特殊土语。

军话：留守军士带来的西南官话

军话是16世纪初从广西征调来海南作战的军士所使用的语言。战争结束后说军话的军士留守海南，分布在东方市八所地区和三亚市崖城附近，昌江沿海也有一部分，使用人口为10万多人，其语言一直保留至今。军话属北方方言西南官话，与广西桂柳话近似，但有一些差别。它与古官话（即所谓的"中州正音"）比较接近，容易被误认为就是古官话。

客家话：折射客家人大迁徙路线

客家话是从广东中部迁徙而来的移民的语言。客家人有几次大迁徙，第四次是康熙中叶后从广东东部迁徙到四川、台湾和湖南、广西等地，第五次是乾隆嘉庆后从广东中部迁往粤西、海南岛等地。到海南的可能是属于这两次迁徙，主要分布在儋州那大及南丰等地。

广州话：仅剩疍家人使用

人们在海南使用的广州话，指的是清代中期从广东沿海迁徙而来的疍民所使用的语言，跟广州话非常接近。现今主要是三亚、陵水的疍家人内部仍然使用广州话。

付马话：方言岛的活化石

付马话分布在东方市四更镇的付马村，《昌化县志》称“附马村”。据说这个村子原来养过许多马，所以叫“富马”或“附马”。1985年春，我们在东方八所调查付马话。据介绍，付马村人数最多的文姓人是当年文天祥家乡的部众，因抗元失败由江西迁徙到海南，定居在昌化江出海口附近。当时全村只有一千多人。

村民所使用的语言与当地的黎语、村语、军话都有很大的差别，经初步调查分析，认定它是一种汉语方言，但掺有不少村语的成分。动植物和人体名称有些来自村语，如“熊”“鳖”“蜻蜓”“燕子”“青蛙”“鼻子”“下巴”“肚子”“痣”等，都与村语相同，但与汉语有别。其他类的词同样也有从村语借词。汉语有吸收少数民族语言词汇的情况，但只是个别吸收，像付马话成系统地吸收村语词汇是很少见的。

从语音结构和基本词汇来看，付马话应该属于掺有粤方言的赣客方言，如白、大、近等字读作送气音，与赣客方言相同；如“蛋”说“春”，“骂”说“闹”，“先去”说“去先”等，与粤方言相同；也有一些词同于闽语（福州），如“狗”叫“犬”，“芝麻”叫“油麻”，但赣客话的成分居多。

由于地理上的原因，海南岛上的语言和方言有其独特的发展状态。海南岛上的这些语言或方言，回辉话或付马话也好，迈话或军话也好，如果是在内陆很可能不会是这样的情况，它们要么跟使用范围大的语言或方言连成一片，一直保留其语言或方言，要么被其他语言或方言所同化，绝不会在小小的范围内自成一个方言岛，延续至今，从这里可以看出地理环境对语言或方言发展有重大的影响。

（欧阳觉亚）

（注：文中人口数量根据海南省统计局2023年末相关数据更新）

在海南乡音里考古

唐代诗人张籍有诗云："北人避胡多在南，南人至今能晋语。"语言自有其延续发展的规律，汉语系方言是古汉语的"后代"。历史上海南岛是一个移民岛，先民们因贬谪、驻扎、谋生等原因迁徙登岛。受孤悬海外的地理环境所限，海南曾经长时间与外界沟通不便，这虽然阻碍了文化交流，但也为保持方言的纯度创造了条件。如今，海南话、儋州话、迈话、客家话等海南方言中，仍保留着许多古汉语基因。

海南话："暝""脰"等字流古韵

《海南省志·方言志》称："唐以后，操古闽、粤方言的居民迁居本岛北部。操闽方言的居民在文昌、琼山一带受黎语、临高话的影响，逐渐形成了闽方言的一支——

海南话。”闽方言是七大汉语方言之一，海南话来源于闽方言。

我们可以从海南话中找到不少古汉语词汇。“暝”在古汉语中的含义为夜晚、天黑，唐代诗人李白有诗云：“千岩万转路不定，迷花倚石忽已暝。”宋代诗人陆游也有“千里斜阳钟欲暝，凭高望断南楼信”这样的词句。在海南话中，“暝”意为天黑、日落，含义与古汉语一致，比如用“暝昏头”表示“傍晚”，用“昨暝”表示“昨天夜里”。“沃”在古汉语里有“灌溉”的意思，《说文解字注》载：“溉灌也。自上浇下曰沃。”在讲海南话的区域，人们至今仍将给田地灌溉称为“沃”。

《庄子·秋水》有云：“今吾无所开吾喙，敢问其方。”“喙”指的是人的嘴巴。在现代汉语中，“喙”大部分时候特指鸟兽的嘴，仅在“百喙莫辩”“不容置喙”等成语中有人嘴的意思。而在海南话中，“喙”就是人嘴的意思。

在2023年第十七届世界海南乡团联谊大会上，琼籍乡亲热情互动，话乡音叙乡情。周达延 摄

“脰(dòu)”在古汉语中有颈项、脖子的意思，目前这个字已不常用。《春秋公羊传》记载：“万怒，搏闵公，绝其脰。”寥寥数语，背后却有一个惊心动魄的故事：春秋时期，宋国将领南宫万因被辱骂怀恨在心，使用拿颈勒脖的绝招怒杀国君宋闵公。目前，海南话中的“脰”仍为脖子、颈项之意，而“歪脰蒂”说的就是歪脖子。

海南文昌民间流传着这样一则民谣：“眼汁滴到土落窟，日头看路夜看船……”“日头”是海南话中的常用词，指的是太阳或白天，这与古汉语中“日头”的意思基本一样。古人有言：“休即未能休，且待三更见日头。”这里的“日头”，说的正是太阳。

儋州话：用“几多”表示多少

儋州话主要流行于海南儋州地区，民国《儋县志》记载：“外人来儋，惟高梧人为先且多，故其言传遍乡间。”“高梧”指的正是两广地区的高州、梧州，这两个地方的方言与儋州话有许多相通之处。

先来看一首诗：“炎方物色异东吴，桂蠹椰浆代酪奴。十月煖寒开小阁，张灯团坐打边炉。”这是元代诗人吕诚《来鹤亭集·南海口号六首》中的一首。“打边炉”是啥？清代《广东通志》如此解释：“冬至围炉而吃曰打边炉。”“打边炉”其实就是围桌而坐吃火锅。如今，儋州话中仍有“打边炉”一说，儋州人也很喜欢打边炉，特别是寒冷的冬天。目前，“打边炉”这一说法已被海南居民广泛接受。

再看一下千年前李煜写下的名句：“问君能有几多愁？恰似

一江春水向东流。”如今，仍有许多说儋州话的居民习惯用“几多”来表示“多少”。

除了“几多”，儋州话里代表“什么时候”的“几时”一词，在古汉语中也经常出现。比如，宋代苏轼的名句“明月几时有，把酒问青天”，宋代黄机的名句“鸿雁几时来，目断暮山凝碧”，等等。

过去，农村居民经常需要用扁担挑着两个水桶去挑水，讲儋州话的居民将挑水称之为“担水”。民间有俗语：“担水向河头卖。”意为在行家面前卖弄，班门弄斧。明代诗画大家唐寅曾写下诗句：“君何不自烧些用，担水河头卖与人。”

此外，讲儋州话的居民一直称芝麻为“油麻”，不习惯称“芝麻”。宋代沈括在《梦溪笔谈》中有言：“胡麻直是今油麻。”这里说到的“油麻”就是现在的芝麻，儋州人一直沿用古称。

迈话：保留“箸”“衫”等古汉语词汇

明代正德《琼台志》记载：“迈人俱在崖州，乃唐宋以来仕宦谪寓之裔。迈居附郭二三里及三亚、田寮、椰根三村，在州治东一百里，其言谓之迈语，声音略与广州相似。”三亚迈话中也有不少古汉语词汇。

迈话中有一首古老的民谣这样唱：“春天到，绿油油。哥种豆，侬种油（油麻），油麻结子豆开花……”这里提到的“油麻”正是芝麻，跟儋州话中“油麻”的叫法类似。

此外，迈话中衣服叫“衫”，《康熙字典》如此解释：“衫，又衣之通称。”在古代文学作品中，“衫”字出现频率很高，如“江州司马青衫湿”“黄衣使者白衫儿”等。

《三亚迈话调查报告》

在古代汉语中“箸”即筷子，李白有诗句“停杯投箸不能食，拔剑四顾心茫然”“为君下箸一餐饱，醉著金鞍上马归”，苏轼有诗句“笋如玉箸椹如簪，强饮且为山作主”。海南讲迈话的居民至今仍将筷子称为“箸”。

《海南澄迈方言研究》

古人称：“在天愿作比翼鸟，在地愿为连理枝。”“翼”就是翅膀，讲迈话的居民沿用古汉语的说法，将翅膀称作“翼”。元代文人张雨曾写下诗句：“临湖门外是侬家，郎若闲时来吃茶。”在迈话中，喝茶也被称为“吃茶”。

《海南方言说要》

客家话：“佢”的意思是他

客家人有古训：“宁卖祖宗田，不忘祖宗言。”他们无论散居何处，一直用心传承客家方言。

海南客家族群主要分布于儋州部分乡镇。这些区域的客家人至今仍称“他”为“佢”，这是古汉语的沿用。“佢”有时候也写作“渠”，不管是“佢”还是“渠”，在古汉语中都有“他”的意思。比如，汉代名篇《孔雀东南飞》中有这样的句子：“虽与府吏要，渠会永无缘。”

客家人习惯称白天为“昼”，昼与夜相对，在古汉语中正是白天的意思。《说文解字》载：“昼，明也。日之出入，与夜为介。”唐代诗人杜甫有诗云：“二月饶睡昏昏然，不独夜短昼分眠。”这里的“昼”与客家话中的“昼”意思相同。

与“昼”相似，客家人习惯称早晨为“朝”。朝与暮相对，是一个古老的字眼。《说文解字》载：“朝，旦也。”李白有名句：“朝辞白帝彩云间，千里江陵一日还。”宋代词人秦观也有名句：“两情若是久长时，又岂在朝朝暮暮。”

唐代诗人李绅的《悯农·其二》云：“锄禾日当午，汗滴禾下土。”禾就是水稻。现如今，客家人仍称水稻为“禾”。

此外，客家话中的“行路”意思是“走路”。有意思的是，客家话中的“行”与“走”和儋州话中的“行”与“走”含义相同，“行”意为“走”，“走”意为“跑”，这都是对古汉语的沿用。

晚清诗人黄遵宪有诗云：“筚路桃弧展转迁，南来远过一千年。方言足证中原韵，礼俗犹留三代前。”方言是历史文化的活化石，虽历经千年岁月的洗礼，仍保留着古汉语的韵味和神采。

（杨树）

解密琼话版电影

20世纪60年代，孤悬海外的海南，自1950年5月全岛解放后，尽管一部分干部群众的文化知识和普通话水平有些长进，但大多数群众尤其是农村群众普通话接受能力十分有限。怎样让群众能看到、看懂、看好电影，成为当时摆在电影工作者面前的一道难题。

在这样的背景下，“海南话版”电影应运而生。

老家在广东肇庆的李锡中，是海南省电影公司退休干部，他见证了海南电影事业发展的进程。2011年，记者采访了多位海南话配音演员，他们一致认为，讲“海南话版”电影这段“古”，老李最熟。

幻灯字幕与映间解说

在后来名震全国的“涂磁录还音”配音技术发明前，

电影工作者已经考虑到通过多种办法帮助群众解决看懂电影等问题。

“从20世纪60年代开始，我们普遍推广了幻灯字幕与映间解说，在城区放映电影时播放幻灯字幕，在农村放映时则普遍采取映间解说。”李锡中说。

播放幻灯字幕，实际就是在银幕旁播放带字幕的幻灯片；而“映间解说”，则由解说员在电影放映之前和放映中间，介绍影片的主题思想、历史背景、主要情节、主要人物等，使农民看了电影以后，更加清楚该弘扬什么、反对什么，使电影真正起到宣传教育作用。

《人民日报》记载，河北省昌黎县果乡电影放映队张子诚曾作过“映间解说”经验介绍，他举例说：“如《夺印》一开始就出现‘一九六〇年春天’字样，我们就介绍：‘在社会主义建设时期，阶级敌人并没有睡觉，远的不说，就说一九六〇年春天江苏省苏北小陈庄的一件事吧！’这样介绍，可供农民了解事情发生的时间和地点。”

在看电影还是稀罕事的年代，设想一下这样的场景：放映队的解说员，拿着专门编印的电影台本，在放映机旁对着麦克风，选用最生活化的海南话同步解说电影对白，该是多么妙趣横生的事情！

“当时要求我们在农村普及规范放映工作，要做到放映场数、时间、收费三落实，切实让农民看到电影。”李锡中告诉记者，电影队当时到农村放映电影时，有些群众没有钱买票，就拿鸡蛋等物品抵，一场电影算下来，收入也就十元八元钱。

李锡中说，当时还要求基层电影放映宣传要做到“三步骤”，即“映前宣传，映间解说，映后搜集反映”。值得一提的是，肯定和推广这一经验的时任中国电影发行放映公司副经理丁达明，是土生土长的海南文昌人。

“涂磁录还音”掀方言配音潮

映间解说，尽管在一定程度上能帮助群众看懂电影，但对现场解说要求极高。一场电影下来，不仅解说员很累，也在一定程度上影响了观众观看。

1965年，“涂磁录还音”技术的发明，在全国掀起了方言配音热潮。福建《闽侯县志》清楚地记录了这一过程。

1965年5月，闽侯县电影站在学习延边“现场口译配音”经验的基础上，采取领导、技术员和放映员三结合的方法，在上海有关电影技术厂家的支持和帮助下，经过120多天的反复试验，于5月中旬试验成功16毫米电影“涂磁录还音”（即利用废拷贝，经过涂磁进行方言配录音）。

试制成功后，闽侯全县7个放映队都安装上磁性录还音装置，且安排《党的女儿》《暴风骤雨》《李双双》等6部福州方言配音的故事片和4部方言配音的科教片到多个集镇、乡村放映。

谈到“涂磁录还音”的“福建经验”，李锡中捧出了他的宝贝：中国电影公司出版的纪念画册《中影三十五年（1951—1986）》。画册清晰地记录了1965年10月27日至11月2日，中国电影发行放映公司在福州市召开“全国电影涂磁录还音福州现场会议”，当年11月3日出版的《福建日报》在一版头条进行了报道。

在那次会议上，与会代表听取闽侯县电影管理站的经验介绍，并到闽侯县荆溪公社关东、港头大队和农民一道观看福州话电影。福建省文化局电影处和闽侯县电影管理站为兄弟省份装配21套录还音装置和53个涂磁电影拷贝。

兴奋的海南电影工作者随即投入制作海南话版电影的工作中。

首部海南话版电影选定《青松岭》

“当时，广东省四大方言粤语、客家话、潮州话、海南话，都积

首部海南话版电影《青松岭》剧照。

极开展方言配音工作，大家积极性非常高。”李锡中回忆说。

李锡中说，当时海南行政区文化局对录制“海南话版”影片工作非常重视，首部影片选择了提倡“为革命赶车”、提高政治觉悟、不忘阶级斗争的《青松岭》。从广东琼剧院抽调了导演周道金，并从海南话剧团及文昌、琼山等地抽调人员和配音演员，广东省电影公司海南分公司也抽调了技术骨干，共同完成配音工作。

一般来说，导演要组织配音演员熟悉电影台本，观看影片，揣摩人物性格，再请专人将电影台本翻译成通俗的海南话，然后练习一段时间再开始录制。李锡中说，刚开始录制时花了两个多月时间，到后来熟悉了，完成一部影片的海南话版配音录制只需要一个月左右。

“我们的录音条件相当不错，涂磁录还音效果不错。影片录制完成后，由电影公司及有关方面领导共同审定通过。普通话翻译成海南话，难在有一些词语不能直译；由于南北文化差异，直译海南人也不好理解。”李锡中说。

李老还记得，有一次翻译一部影片时，原片中反角说出“他妈的”，让翻译人员颇费思量：得照说粗话，但又不能骂得太粗俗。想了很多个词，大家都不满意。后来有位配音员提出可以用“么母的”，获得一致通过。

1966年，海南话版《青松岭》开始在海南城乡上映。海南本土观众一致叫好，银幕上的人物突然全部说着家乡话，让大家有了前所未有的亲切感。

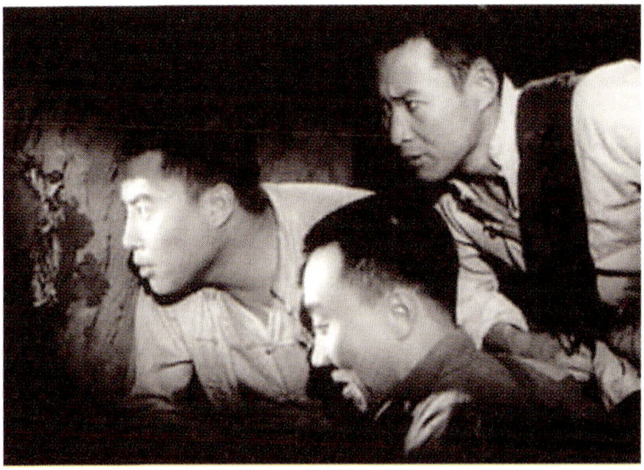

电影《地道战》剧照。

很快,电影工作者又赶配了《地道战》,也广受欢迎。

遗憾的是,此后十年,中国文艺百花凋零,“海南话版”影片录制工作也全面中止。李锡中和海南文艺界的许多同志,在彷徨中等待着文艺的春天重来。

“海南话版”电影重新盛行

1976年10月,恢复“海南话版”电影录制工作,被迅速提上了议事日程。

“我们组织放映员和配音员远赴广东揭阳、汕头及珠江电影制片厂,以及广西南宁、桂林、梧州及广西电影制片厂,学习人家如何做好后期配音。回海南后,又在当时的琼山县甲子镇组织了讲习班,培训录制技术和配音技巧。当时除了海南黎族苗族自治州外,其他市县都成立了配音组,有的市县还设立了录音室。”李锡中说。

配音前的准备工作也更加充分。每部影片配音录制之前，李锡中及有关人员都要组织配音员了解影片主题、历史背景、人物性格，如何处理感情、语气，如何对好口型，等。

李锡中告诉记者，当时的配音工作开展得轰轰烈烈，既有海南行政区统一组织的配音录制，也有市县自己组织的配音录制；不仅有传统的海南话版本，还有临高话、儋州话版本，甚至还尝试过录制黎族等少数民族语言版本。

20世纪70年代末到20世纪80年代中期，是“海南话版”电影的全盛时期。《保密局的枪声》《海外赤子》《甜蜜的事业》《苦菜花》《大河奔流》《泪痕》……李锡中记不清一共配录了多少部影片，只记得海南电影工作者曾携《保密局的枪声》一片参加过全省（广东）涂磁配音会演，并获得一等奖。

那个年代的电影，对引导人们满怀激情投入“四个现代化”建设，发挥着巨大的作用。在海南这块土地上，“海南话版”影片也备受欢迎。

不过，随着海南基础教育的发展和普通话教育的普及，人们欣赏普通话版电影再无障碍。1986年左右，“海南话版”电影的配音和录制工作再次停止。

（陈成智）

海南岛通用语的变迁

古时候的海南人，他们讲什么话？操不同方言的人在一起，讲的又是什么话？古时琼人的共同用语应该也经历了一个较为漫长的磨合过程。

方言固然保留了地域和民族文化的精髓，但也给实际生活交流造成了阻碍，要克服这种障碍就要有“通用语”。

无论是清末时期的海南话，还是民国时期的广东话，抑或是中华人民共和国成立后普遍推及的普通话，从海南“通用语”的变迁中，无不体现出海南人谦和豁达、海纳百川的性格。

明清以琼山音为正语

《辞海》记载，“雅言”就是我国古代最早的“普通话”。孔子在山东曲阜杏坛讲学，来自五湖四海的三千弟子，如何克服语言障碍？靠的就是当时的通用语——“雅言”。

秦始皇统一中国后，天下大同，开始有了“书同文、车同轨、语同音”的客观需求。国家统一后，使用“通语”的主要是读书人和官员。但凡读书人进入仕途，无论在京城任职，还是到外省做官，如果说家乡话，别人就听不懂，会影响工作。所以出于客观需要各级官员必须学说大部分人都能听得懂的官场上通行的话，后来“通语”逐渐演变成了“官话”。

从元代开始，因为首都在北京，北京的语言很快成为全国通用语的基础标准音，成为新的“官话”。

官话之所以叫官话，还因为只有在官员当中，这种民族共同语才推行得开。在无广播、电视，交通大多靠走路的古代，普通百姓没什么对外交流的需要。族群之间的方言，就足以满足平常日子里柴米油盐酱醋茶的交流。

张岳崧主持编纂的道光《琼州府志》记载：“州城惟正语，村落语有数种。一曰东语，又名客语，似闽音；一曰西江黎语，即广西梧、浔等处音；一曰土军语；一曰地黎语，乃本土音也。大率音语以琼山郡城为正，使乡落一切以此渐相染习，皆四通八达之正韵矣。”

语言的优越感通常来源于发达的经济。作为州府，当时琼山的经济明显较其他地区发达，经济上的强势也会导致语言传播的强势。

民国末期的混杂语言

20世纪初期，中国遭遇了空前的民族灾难。立志复兴中华的有识之士把目光转向寻求强国之路，在语言文字方面开展了“白话文运动”和“国语运动”。但远离中原动乱变迁的海南，没有受到这次运动太大的影响。

“在学校里，我们用两种语言体系授课，读课文用官话，但解释起来还是用海南话。”2013年，75岁的文昌老教师云凰回忆说，当时，海南还隶属广东省，与广东的经济来往密切，白话的流行范围十分广泛，至今海口很多70岁以上的老人多少还懂得一两句白话。

当时的海南政界流传着“无文昌不成机关”的说法。文昌人接受新文化教育较早，读书、外出工作的人多，加上口音绵软，文昌话的流传也较为广泛，因此外来语言尤其是国语对文昌人影响不大。时至今日，海南民间依然流传着文昌人因讲普通话闹的笑话。

某天，有城镇机关干部下乡，由于下雨耽搁，入村时已过晌午。一热心村民上前说：“洪志（同志）你来晚了，现在瓦（我）们系赛（是菜）也没有了，盼（饭）也没有了，夯（汤）也没有了，就兴（剩）下几个曼猴（馒头）！”

诸如此类的笑话数不胜数，会心一笑的背后，也反映出学习共同语的必要性，尤其是在海南岛这样的多方言地区，如果没有共同语，就会在经济、政治、文化等方面造成很大障碍，影响社会发展。

普通话普及冷热不均

从20世纪50年代的百万农垦大军南下开荒海南岛，到六七

1988年，海南建省办经济特区，大批外来人才的涌入，对普通话的普及有很大的推动作用。图为来海南找工作的年轻人。黄一鸣 摄

十年代知识青年上山下乡扎根海南，再到80年代末的改革开放十万人才下海南建设，普通话在海南的推广普及，无不与海南开发热潮有关。

1968—1975年，十万知青下海南。这群热血青年是当时开发海南岛的主力，他们带来的先进思想观念和文化迄今犹存。

2013年接受记者采访时，谭秀荣已63岁。她成长在偏远的保亭南林乡，但是从小说着一口流利的普通话，“当时的老师基本都由知青担任，没有这些知青，我们可能连拼音为何物都不知道”。

而出生在琼山地区的黄先生告诉记者，他从小在课堂、社会、家庭，耳濡目染的都是海南话教育，直至他于20世纪80年代毕业工作后，在单位接触到来自五湖四海的同事们，才开始学习普通话和用普通话交流。

为什么一南一北的普通话普及会冷热不均呢？这也与当时的政治、经济格局有关。1955年，海南黎族苗族自治州在五指山成立，从广东调来一批教科文卫领域的高素质人员，其间对中部山区进行了全面“扫盲”行动，推广普通话，影响至今。

在五指山区的黎族、苗族村落，无论是古稀老人，还是黄口小儿，大部分人都可以说较流利的普通话。而在文昌、定安、海口等琼北一带，当时仍存在文白异读的风俗。琼北一带的部分大学生，在外出求学时仍会因为口音浓重、咬字不准等出现交流困扰。

1988年，海南建省办经济特区，迎来“十万人才过海峡”人口流动大潮，使这个偏居一隅的海岛获得了前所未有的发展。

外来文化、经济的强烈冲击，动摇了根深蒂固的海南话方言地位。在城里，无论是街上吆喝的小商贩，还是机关单位里的工作人员，大家都开始说起普通话。

随着时代的发展，普通话早已从官方正式用语普及到海南寻常百姓人家。无论是在家庭饭桌、服务窗口还是政府机关，普通话在海南早已成为人们的日常用语。

（孙慧 黄青文）

如今的海南孩子从小就接受普通话教育。张江英 摄

海南方言逝与留

在海南大地上，众多语言和方言犹如岛上独特绚丽的热带景观交相辉映。乡音里有割不断的乡情和乡愁，有人们终生难忘的故土记忆。但是，随着社会的不断变迁，方言日渐式微。如何保护传承汉语方言和少数民族语言，一直是备受社会关注的话题。

根据教育部、国家语委的部署，2016—2020年，海南省开展中国语言资源保护工程（简称“语保工程”）海南项目，这是海南省首次开展如此大规模的语言调查工作。海南岛上有多少种语言和方言，哪些正面临濒危境地？如何寻找最纯正的发音人，更好地留住正在消逝的乡音乡情？

海南是个语言宝库

特殊的地理位置和移民文化，导致海南岛的语言和方言有其独特的发展状态。生活在这座热带岛屿上的你，会讲几种话？

暨南大学教授刘新中在博士论文《海南闽语的语音研究》一文中指出，海南居民使用的语言和方言共有以下14种：黎语、村话（哥隆话）、那月话、海南苗语、临高话、回辉话、海南闽语（海南话，海南岛汉族居民使用的主要汉语方言，适用范围几乎通行全岛）、儋州话、军话、客家话、迈话、疍家话、付马话和普通话。

目前，海南岛上的居民多为双语人或多语人。根据教育部语用司抽样统计，2020年全国普通话普及率为80.72%，海南省普通话普及率为82.03%，高于全国平均水平。除了普通话外，海南话是岛上居民使用最多的方言。《海南周刊》曾策划过“寻找海南方言达人”的报道，儋州市一位方言达人能讲军话、儋州话、客家话、临高话、海南话、普通话、黎语、苗语8种话。

看似难登大雅之堂的海南方言中，藏着许多隐秘的文化密码。例如，讲海南话的人常常觉得自己日常所用的口语中，有许多写不出相应的字，或者跟普通话差距较大。其中一个原因就是海南方言保存了很丰富的古代语词。

语言研究学者陈波在《海南历史文化大系·社会卷·海南方言研究》一书中指出，海南话中保留了丰富的古语词。譬如，“嘴巴”海南话用的是“喙”字，“夜晚”用的是“暝”字。这些字与古音古义都是相符的。此外，海南话中还有一批外语借词。海南是我国著名侨乡，华侨从海外带回来不少外语词。例如：奥赛（英语outside，出界），波（英语ball，球），令（英语ring，轮圈），迈（法语mètre，米），

2023年，三亚市群众艺术馆崖州军话民谣女子少年合唱团参加演出。受访者 供图

浪(法语 laine,毛线),等。

跟普通话一样，海南话的修饰语素一般前置,但也有不少修饰语素后置的情况,例如:鸭雄(公鸭),咖啡乌(黑咖啡),人客(客人),鞋靸(拖鞋),钱千(千元),菜落(遗弃掉地的菜)。这种词序在称谓方面用得更普遍,如:姐兰(阿兰姐),哥三(三哥),爹五(五爹),伯爹坚(阿坚伯)等。

2021年3月,“语保工程”海南项目首席专家、海南师范大学副教授冯法强表示,海南被众多语言专家视为语言宝库,拥有独特的研究价值。一般认为,除了黎语是在本岛形成以外,其他语言和方言都是不同时期从岛外迁移到海南岛而逐渐形成的。外来人口登岛后，由于相对封闭的环境，不同语言和方言在此落地生根、发展壮大，走上独立的发展道路，理论上必然保留了很多早期语言的信息。另一方面，不同民族人群在岛上生活交流，其语言也在岛上接触、影响和竞争，因此产生了一些奇特现象，很多语言"似汉非汉"，很多方言"你中有我，我中有你"，归属成疑。其中有很多问题需要进一步研究，哪些是早期遗留，哪些是后期接触产生的？遗留和接触的具体过程如何？这些问题是当前语言研究的热点问题，因此海南的语言资源是不可多得的研究材料。

你还会说方言吗？

"肚里无筑，就像缸内无米""口是天才，友吃友来"……随着社会的变迁，海南不少方言俚语，随着老一辈人的逐渐逝去和普通话的普及，已经很少被提及，许多年轻人甚至从来没有听说过。很多人如今听不懂、不会说方言，"少小离家老大回，乡音无改鬓毛衰"的场景可能也会随之消逝。

冯法强2014年从南开大学博士毕业后来到海南工作。他的博士论文研究的是江淮官话，海南岛上唯一的官话方言就是军话，跟江淮官话存在一定联系，他便首先将目光放到海南军话上。

"海南军话的特别之处在于它在海南岛内是以方言岛的形式存在的，是'岛中之岛'，其散布在众多方言中。同时，由于海南军话与普通话的发音较为接近，随着普通话的推广，很容易被普通话取

海口人民公园旁的琼剧演出令人如痴如醉。徐珊珊 摄

代。因此军话的保护较为迫切。很多年轻人，特别是接受过较高教育水平的人，离开家乡外出工作后逐渐不说方言。甚至连许多生活在军话方言区的年轻人，在家庭中与自己的子女对话时也大多使用普通话。可以推断未来军话的使用人口将大大减少，但是它毕竟有十万之众，在短期内并不会完全消失。”冯法强告诉记者。

类似的情况在海南其他方言中也正在发生。目前，海南方言处于丰富性和濒危性共存的状态。一方面，海南方言资源十分丰富；另一方面，这些珍贵的文化资源和文化遗产正在迅速消失。目前，海南老年人以说方言为主，中青年可以说方言和普通话，少年儿童以说普通话为主，这种趋势还在不断发展。

方言式微还会直接影响地方文化的传承。我国地方戏都以方言为基础，如果越来越多人不会讲、听不懂方言，这些戏曲就会失去赖以生存的土壤，珍贵的文化遗产也就无从继承。

根据教育部、国家语委的部署，从2016年至2020年，海南省开展“语保工程”海南项目。冯法强告诉记者，我国语言资源保护刻不容缓，“语保工程”就像一场及时雨。“语保工程”海南项目2016—2020年实施，海南师范大学、海南大学等8所高校11个专家团队的55名工作人员、约250名方言发音人参与，涉及海南14个市县的汉语、黎语、村话、回辉话的25个调查点，其中包括19个汉语方言和6个少数民族语言调查点。

专家调查团队分赴不同的语言点实地调查，对方言发音人进行音像摄录和语音材料整理。5年间，他们一共记录保存了25个语言调查点的音视频资料及其文字整理材料，并提交给中国语言资源有声数据库，保证了这些方言和语言能够长期保存，覆盖面基本涵盖了海南所有汉语方言和部分少数民族语言。

“学者对濒危语言的保护，是在濒危来临时的抢救性记录、描写和研究，不能起主导作用。语言作为一种交流工具，要想摆脱濒危状态必须依靠民众的使用，让下一代有聆听和学习母语的机会，才有传承和发扬的可能。同时，社会各界也要积极唤起人们对方言的热爱，建议当地积极挖掘地方语言文化艺术，让年轻人爱上自己的母语及其文化。”冯法强说。

（徐珊珊）

酸豆树下传唱崖州民歌。高克华 摄

寻找最纯发音人

周秦之时，政府派遣“輶轩使者”（乘坐轻车的使者）到各地搜集地方用语，并加以记录整理。

寻找最纯正的方言发音人、录制最地道的海南方言，是中国语言资源保护工程海南项目开展的关键。2016—2020年，8所高校11个专家团队的55位工作人员犹如古代的“輶轩使者”一样，分别在14个市县的25个调查点进行方言调查和记录。2021年初，记者采访了“语保工程”海南项目专家团队，了解寻找最纯发音人背后的故事。

征召发音人 越“土”越地道

“我们的话很土，又不好听，有什么好调查的呢？”面对一些方言发音人的疑问，“语保工程”海南项目首席专

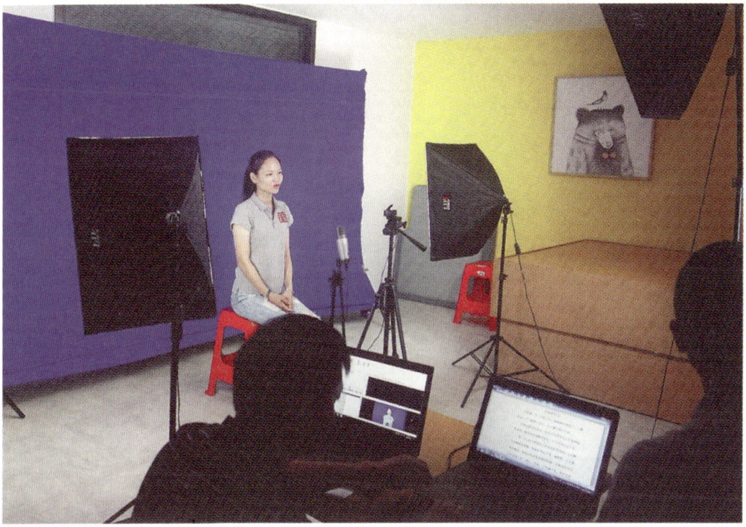

东方军话发音人参加“语保工程”海南项目方言录制。受访者 供图

家、海南师范大学副教授冯法强与团队成员起初颇感无奈。经过他们的耐心解释，发音人才逐渐了解到“语保工程”留住乡音的重要性。

为了保证方言调查的准确性和代表性，按照要求，一个调查点的发音人包括两名55—65岁的老年人和两名25—35岁的年轻人，男女各半。根据海南省教育厅的征召要求，“语保工程”海南项目方言发音人要符合众多条件：发音人要能说地道的本地方言；在本地出生和长大，家庭语言环境单纯，本人祖辈两代以上及配偶均为本地人，且无在外地一年以上生活经历；等。除男、女青年方言发音人可以因求学离乡外，中老年方言发音人不能有在市

(县)以外地区单次连续长住一年以上时间的经历。

"长期外出求学、务工,接受外来社会和文化的冲击,会对母语方言发音产生影响,因此发音人要长期生活在海南本地,越'土'越地道。"冯法强说。

据介绍,征召发音人的信息发布后,省内各地教育局会推荐方言发音人,有时需要专家团队成员通过私人关系寻找,也有不少发音人主动报名。专家面试挑选出发音人,采录验收合格后,国家有关部门会给发音人颁发荣誉证书。

2016—2020年,"语保工程"海南项目方言调查一般在暑期进行,项目组专家先进行纸笔调查,用国际音标记录发音人的发音,对此进行分析、归纳,确定该方言声、韵、调系统,再用摄像机录制发音人的发音情况。不同发音人的录制时间不同。在录制顺利的前提下,由于老年男性需要记录的内容最多,大概需要两周;青年男性大概要录制五天,与老年男性的发音进行对比;青年女性、老年女性大约录制一天。

一个语言调查点需要用方言录制以下内容:字1000个、词语1200组、语法50句、口头文化(方言故事、歌谣、戏剧、俗语等)20分钟、多人对话20分钟。然后,由专家团队整理语音资料,用国际音标记音、记录方言字及其相应的普通话意思,通过验收后才能结束调查。

方言录制对环境和发音人有十分严格的要求:环境安静(不能出现鸟叫声、空调声);发音人语音清晰,录制过程不能歪嘴、眨眼。

冯法强(左二)和团队成员对军话发音人进行纸笔调查。受访者 供图

"有时由于周边环境较为嘈杂,专家们只能深夜进行摄录。种类繁多的录音内容,让许多土生土长的方言发音人有时也难免'卡壳',一时想不起某个字或某个词的发音。个别发音人由于录音工作烦琐,还会出现中途'跑路'的情况。"冯法强说,"对此我们也很无奈,为了保质保量完成任务,专家团队和发音人都很辛苦。"

寻找发音人 众里寻他千百度

方言发音人要符合众多条件,想在茫茫人海中找到合适的人选,过程十分艰辛,用"众里寻他千百度"来形容也不过分。

海南热带海洋学院人文社会科学学院副教授王彩说，2019年，他在五指山市寻找发音人的过程中尝试了多种方式，包括在当地广播电视台发布发音人遴选信息，通过教育局发动市区中小学校长“海选”发音人，但都一无所获。后来，他们又到社区居委会和街头巷尾的老爸茶店物色发音人，几天下来依旧无果。

“在朋友的推荐下，经过面试，我们最后才确定了老年男性、老年女性、青年男性和青年女性四名发音人。”王彩说，好不容易确定了发音人，但是在摄录过程中又发生了一件意想不到的事，“一位发音人在摄录期间参加了合唱比赛，结果嗓子唱哑了，无法再参加下一阶段的语保摄录工作。这意味着我们的工作又回到了起点，又要重新再寻找合适的发音人。”

2018年，年近八旬的海南师范大学退休教授、方言研究专家张惠英带着行李到乐东黎族自治县黄流镇寻找发音人。

几天过去，由于找不到合适的发音人，张惠英来到黄流中学门口，向值班人员打听学校退休教师的情况，“当时他们推荐了黄流中学一位退休多年的老校长，他人脉广、资源多。不过，他们只告诉我这位老校长所住小区的楼栋号。我不得不挨家挨户敲门寻找，但是没有一户人家开门”。

“晚上，我终于电话联系上了这位老校长。在他的推荐下，我终于找到了一位合适的发音人人选。”说到这里，张惠英的声音提高了几个分贝，透露出当时的欣喜之情。没想到的是，第二天一大早，张惠英和团队人员在宾馆房间摆好摄录设备，结果却等来那位发音人婉拒的消息，张惠英和团队成员只好又踏上了漫长的“寻人”之路。

在寻找发音人的过程中，专家团队屡吃“闭门羹”，足迹几乎遍布全岛。在多方努力之下，“语保工程”海南项目5年来共征召到约250名方言发音人完成录制任务。

录制发音 记录最地道的方言

为了确保方言的确定性和代表性，确定一名发音人前，要经过专业、烦琐的测试。不过，层层筛选确定发音人，这只是“万里长征”中的第一步，在摄录过程中专家团队还要面临许多挑战。

张惠英回忆，当年发音人参加录音、录像时，正值最炎热的暑期，“摄录期间，背景噪声不能太大，蝉鸣鸟叫、汽车喇叭声甚至连空调声都可能对录制造成干扰”。为了确保录制效果，他们在海南最炎热的夏天不但要关紧门窗，还不能开空调和电扇，录一遍下来，团队成员身上的衣服湿了又干、干了又湿。

用布堵住门缝、选购具有降噪功能的专业摄录设备……为了确保录制质量，“语保工程”海南项目专家团队通过多种方式对录制环境进行防噪，有时只能选择在晚上录制。

“有时结束录制时已是下半夜，大家都睡眼惺忪，有人困得坐在地上仰头就睡着了。”王彩说。由于高强度的连轴转，他的两台笔记本电脑都先后死机“罢工”。

与此同时，发音人也要克服重重困难。“录制时，身体不能乱动，眼睛眨一下，重来；咽了口水，重来；房间外有脚步声，重来……”乐东黄流镇调查点方言发音人、黄流中学退休教师黎玉聪说，摄录时，根据要求，他的身板要挺得笔直，“我中途好几次都想放弃了，但是张惠英教授总是在一旁为我鼓劲。这位退休教授工作起来比年轻人还拼，她认真敬业的精神深深打动了我，我也慢慢认识到录制方言的重要意义”。

录制过程中，发音人除了要用方言简要介绍自己的情况、说出规定字词，还要用方言说俗语、讲故事、对唱民歌等。

“我们黄流东边有个人叫开三。他去一个叫抱分的地方，租一片园来种西瓜……”黎玉聪在录制时，用黄流话说故事《知开三名不知开三面》以及“吃人一点水，念人九点情”“关嘴好过关板门”“东杠风，西杠雨”等俗语。他表示，这些方言俗语在当地广为流传，说起来让人感到分外亲切。

“郎在异村妹在乡，寸断肝肠不得相。寸断肝肠不得会，异人挂在异人乡。会也难会逢难逢，烟塘水烫鱼难容……”录制现场，东方军话发音人符关凤、高东恩还用军话对唱起了动听的民歌。

崖州民歌传承人、三亚崖州区港西小学副校长麦宜斌被选为港门话发音人。他说，虽然录制过程辛苦，但在乡音逐渐衰亡的今天，能为保护方言乡音做点事，他感到很荣幸。

（徐慧玲　徐珊珊）

“风语者”传奇

在海南西部的东方市四更镇，有一个叫付马村的地方。这个有近500户、2000多人的村庄，村道宽敞整洁，处处鲜花绽放，绘就了一幅现代美丽乡村画卷。

付马村当地人交流使用的付马话（又称富马话），外界大多无法听懂。岁月更迭，付马村人的生活方式和生活习惯早已与其他地区交融同化，唯独话语仍然自成体系。付马话是海南使用人口最少、最小众的濒危方言，这一根植于村民生命中的文化密码在濒危中传承。

付马话的前世今生

东方市方言之多、口音之异堪称南腔北调。黎语、苗语、海南话、村话、军话、儋州话、付马话等语言、方言泾渭分明。各种方言自成体系，又相互借鉴影响。

第一次听说付马话的人，容易误为“驸马”，其实“付马”与帝婿驸马没有任何关系。付马话的名称源自付马村，付马村的人自己唤作“俺村话”，对外就叫“付马话”。付马话是付马村人独特的文化印记。

付马村的村名由“英德”而来，“英德”是早期讲村话的人对老付马村称呼的音译。清光绪二十三年（1897年）编撰的《昌化县志》中有“附马村”的记载。“附马”原义是“以马代步”，“付马”由“附马”演变而来。

据说，自宋代以来，昌化江流域为屯兵驻地，军人在当时具有双重身份，同时拥有军籍和地方籍，战时披盔戴甲，平时解甲归田，战马也随之变成代步工具。附马村毗邻屯兵驻地，村民多屯军养马，“附马村”也由此得名。该村原先在今四更镇英显村西边，由于靠近海边，经常有海盗侵扰，故而于大约100年前迁徙至目前所在地。

创世神话常见，却鲜有创“话”神话。与多数方言不同，付马话还有一个关于方言的传说。相传，讲付马话的人是最晚到达昌化江南岸的，到达时所有的话都已被天神分配完毕。天神灵机一动，用已经分配给各个族群的话，每种选一些放在一起，组成了一种新的方言，这就是“付马话”。或许这个传说多少有些穿凿附会，但也透露出付马话具有混合型方言的特点。

“付马话从族谱和语言特征来说，都源于江西赣语区。付马话的使用者之一——文氏后代，当地人说是南宋灭亡后隐居到昌

付马村村民在村里聊天。受访者 供图

化江南岸的文天祥的后代。”暨南大学中文系教授刘新中在付马村调查时发现，付马村共有12个姓氏，依次为文、吉、符、高、郭、王、刘、蒙、张、赵、许、卢。

付马村村民蒙业明是付马话的方言发音人之一。20世纪80年代初，来自北京的语言研究专家欧阳觉亚过来研究付马话，请他去招待所录制了好几天的付马话，并用国际音标给付马话标音备注。

蒙业明说，随着时代的发展，付马话也在发展。比如电扇等很多新事物，在祖传下来的付马话中没有相关表述，他们就借鉴了海南话的相关读音，杂糅进去，成为新的付马话词汇。

村中多为多语人

一直都在村里工作生活的蒙业明除了能流利说出母语付马话，对于海南话、广州话、儋州话、村话等方言也能信手拈来。同村多数村民大都是懂得三种或三种以上方言的多语人。

蒙业明把这种语言的天赋,归功于村里所讲的付马话。这种独树一帜的方言,似乎存在一种神秘的语言密码。

正因为付马话独一无二,外人难以习得,也让付马村人机缘巧合下成为“风语者”,在战争年代发挥了特殊的作用。

2021年3月,接受记者采访时,蒙业明的弟弟拿出家中保存的一只抗日战争时期的日本军用布靴,讲起了“风语者”的故事。当时,汉奸带着一支日军小分队来到付马村抓壮丁。村民一边用汉奸听得懂的话与之沟通,引诱日军从泥沼地经过;一边又用汉奸听不懂的付马话,巧妙安排村民做好配合,让骑着高头大马的日军指挥官陷入泥沼地里。其中一只日本军用布靴掉在泥里没被捡走,从此留在村里,成为那段历史的见证。

刘新中最早看到关于付马话的介绍,是在一本外国人编的中国族群情况的英文书中,当时一张付马村人的照片引起他的注意。“照片里,一个男性戴着像蒙古人一样的帽子,当时我觉得很奇怪。因为海南地处热带,怎么会戴这样的帽子呢?”学术研究方向为方言学和语音学的他,开始了自己与付马话的难解之缘。

从2000年开始,刘新中便时常前往付马村进行方言调研。中国语言资源保护工程海南项目启动后,付马话于2016年被列为濒危方言项目。

“在本次‘语保工程’海南项目的调查中,我们摸清了付马话的语言面貌,对付马话的方言性质做了清楚描写。”刘新中告诉记者。

刘新中表示，调查显示，在声调方面，付马话声调有文白两种系统，在平常说话时用的发音就叫“白读”，读书面文字时的发音就叫“文读”。付马话有6个声调，白读层的声调相对整齐，声调格局与赣方言、客家方言基本一致。从声调的演变情况来看，付马话与客赣方言的关系比较密切。

综合多年的研究，刘新中得出了这样的结论：付马话是一种以古客赣方言为底层的非官话混合型方言。它的语言成分既保留了客赣方言的元素，也吸收了大量村话和海南闽语的成分，形成了独具特色的一种汉语方言。

传承中的濒危语

在全球目前已知的大约6700种语言中，约40%为濒危语言。刘新中表示，根据民族语（Ethnologue）的界定，濒危方言主要从该语言的使用人口和使用功能两方面来判断，并根据生存状态分为不同的级别。依据不同的情况，濒危语言的认定有以下几个参考的判断标准：一是使用人数不足一千，该语言只是压缩在本村等极小的范围之内；二是这种语言只用于本村人面对面交流，不能进入媒体、教育等公众语言使用的领域；三是该语言的代际传承越来越弱；四是该语言的使用者全部都是双语人。

付马话是海南使用人口最少、最小众的濒危方言。采访时，76岁的付马村村民吉保堂带着孙子在村里的凉亭中休息。他告诉记者，村里交流主要还是靠付马话，村里的小孩也基本都会说。

目前，从付马话的使用情况来看，村中的老年人和中年人、青年人多会讲付马话，在外地生活的幼儿则不太会讲。村话和付马话一样，是村里各个年龄段的人都能使用的语言。四五十岁以下的付马村人，几乎都会讲普通话。村里每个人都是多语人，这也为付马话轻松吸收、接纳周边语言的成分提供了方便。

“保护付马语等濒危语言的最好办法是活化，这也是所有资源受限语言、方言面临的最大问题。”刘新中表示，语言最大的功能是作为交际工具。如果一种语言能够保持这个最基本的功能，它就能传承下去。使用濒危语言的人们往往是多语并用，常常有被强势语言挤压和替代的情况。因此，一种濒危语言的存留，首要考验是不同年龄阶段的人在各种生活、生产活动中“保持使用”。

除此之外，付马话等濒危小众方言的活化、复制工作，还需要语言学家尽可能详细地记录、保留第一手口语材料，存留更多语言样本，并利用现代科技手段完成系统的口语语料采集和语音合成，在此基础上完成语音识别。

（王迎春　肖开刚）

海南方言达人：南腔北调的“多语者”

貌似任何地方的西部都有传奇色彩，海南也不例外。仅从语言现象来看，海南岛通行的14种语言和方言中，西部就占了12种。仅儋州市境内就存在8种方言，其中那大镇更集齐了全市的方言。置身那大市井，便可感受到什么是南腔北调。

在儋州那大，今年（注：2012年）73岁的唐诗圣颇有些名气。名为“诗圣”，自然和诗有些渊源，但他最绝的是嘴上的功夫——他能讲儋州地区通行的8种方言。

这位精力充沛的老人，说话音量有点大，却非常儒雅。从他的嘴中，能够冒出军话这样的北调，也能说出儋州话这样的南腔，此外还精通客家话、广州话、临高话、海南话、普通话，黎语和苗语也能“说说”。

一人能讲8种话

“么摆漏?”(临高话,你去哪?)

“落该啊。”(军话,逛街啊。)

“食早了么?”(客家话,吃早饭了吗?)

唐诗圣习惯早上6点钟起床,然后到街上散散步,遇到熟人就寒暄几句,碰到说军话的,就用军话来打招呼;碰到说儋州话的,就用儋州话来打招呼;碰到说客家话的,就用客家话

唐诗圣遇到不同的人就用不同的方言寒暄。宋国强 摄

来打招呼……

唐诗圣，1939年出生于儋州三都唐屋村一书香门第，“四人名列儋耳志，五代书香雅人家”，其父亲唐虞政曾与中国共产党的创始人之一董必武成为笔友互和诗词，董必武称他为“儋州雅人”。

7岁前，唐诗圣都生活在三都，这里靠近海边，家人及周边居民都讲儋州话，也称海边话。那时，他只会讲儋州话。1946年，唐诗圣被父亲送到当时的儋县县城新州念小学。在学校里他接触到了儋州话的另外一种读音，也就是字音，专用于吟诗作对。

1948年，唐虞政被那大第二中学聘为教师。1952年，小学毕业的唐诗圣随父亲到那大二中读书。这段经历为他日后成为远近闻名的方言达人埋下伏笔。当时，那大虽不是县政府所在地，但是因为其地处儋州交通要道，各个乡镇的学生都到那大二中读书，让这所学校成为“语言博览馆”。

“有来自南丰讲客家话的同学，有来自和庆讲临高话的，有来自那大墟讲军话的，有来自东城讲白话的，还有来自兰洋的黎族、苗族同学，而老师很多来自广东，讲广州话。”唐诗圣说。

在那大读书，让唐诗圣惊奇的还有，不仅学校里是南腔北调，那大镇也是南腔北调。每种方言，在这里都能找到相应的村落。

“那时，普通话并不像现在这样流行，同学往往会用方言交流。有些小孩子调皮，经常会用方言来骂人。你得去学，否则自己被骂了也不知道。”唐诗圣笑着说，“慢慢地听多了、说多了，也就会讲了。”

1959年，唐诗圣考上了位于广州的华南石油学院，习得广州话。1960年，唐诗圣大学毕业到海南农校教书，在海口学会了海南话。

那大：多语言者“炼丹炉”

1985年，海南籍语言学家梁猷刚记录下一段趣闻。

有一天，我们在汽车站听到下述对话。一个青年匆匆走来：“买到新州的车票。”（儋州话）售票员回答：“没有了。”（儋州话）一个中年人问：“买一张去海口的车票多少钱？”（军话）售票员回答：“三元五角五分。”（军话）又有一个妇女来问：“去临高多少钱？”（临高话）售票员回答听不清楚。

将近30年过去了，这样的景象在那大镇还时常上演。2012年，记者采访儋州那大居民王玉刚时，他不时接到生意伙伴的电话。第一个电话，他用军话交流，第二个电话用儋州话，第三个电话用粤语，第四个电话用客家话。

年过半百的王玉刚，属于那大城区人，所操“母语”为军话。上学后，他慢慢与周边同伴交流多了，逐渐学会了儋州话、客家话、白话、临高话、海南话、黎语等，能说8种语言和方言。

那大镇，这个有20多万人口的镇上，一共汇集了儋州话、客家话、军话、临高话、白话、海南话、普通话以及黎语、苗语等，被语言学家称为“语言博览馆”“多语言者‘炼丹炉’”。

2012年，50多岁的王玉刚(左)和朋友喝茶聊天。他的“母语”方言为军话，但是上学后又学会了儋州话、客家话、白话、临高话、海南话、普通话、黎语等，能说8种语言和方言。宋国强 摄

钟平编著的《儋县概况》记载，那大镇已有400多年的历史，明万历年间设那大营。原有两个村庄，一个叫那恁村(讲临高话)，一个叫大同村(一说南大村，讲客家话)，后来两村各取一个字合为那大。明朝设那大营带来了军话，造成了“该里语言以客话为多，临高话次之，惟那大镇全说军话”(民国《儋县志》)。

在那大镇中心区，居民主要讲军话，在其边缘曾出现过三条“语言街”——“梅县街”讲客家话，“临高街”讲临高话，“儋州街”讲儋州话。

多种语言环境，造就了能说多种语言的语言达人。王玉刚说，自己并未特别去学习多种方言，而是小时候跟操不同方言的

同伴玩得多了，就会说了。

“处于南腔北调的环境中，也就容易习得南腔北调。”唐诗圣说。除了临高话，儋州汉民族的语言种类虽然繁杂、分布错落，但是因为它们都是从古汉语中分化发展起来的，在语音上都有整齐的对应规律，基本词汇和语法构造也大体相同，甚至多有互为通假，所以很容易学会其他方言。

一家人讲三种话

操不同方言或语言的人混居，因为通婚，经常会出现一家人讲几种方言的场景。唐诗圣后来娶了客家女子为妻，儿子又娶那大本地人为妻。“以前，家里语言很单纯，只有儋州话；而现在，家里的语言复杂了，有三种之多。”唐诗圣说。

唐诗圣的母语为儋州话，其妻子的母语为客家话，儿媳的母语为军话。一家人交流，经常会在几种方言之间跳跃。同是“吃饭”一词，客家话是“食饭”，儋州话是“嚼饭”，军话是“起饭”。

那大镇东门街一家旅馆的老板陈丽梅是客家人。她年轻时嫁给了那大镇说儋州话的男子，丈夫的父亲是临高人，讲临高话。“在我家，我说客家话，丈夫说儋州话，公公说的是临高话。”陈丽梅说，家里就像一个“小联合国”。

为方便交流，像陈丽梅这样的人家，家里人一般都会学几种方言。现在，她经常会根据顾客说的话，在客家话、儋州话、临高话、军话之间灵活切换、无缝衔接。

儋州人谢有造家里也是同样的情况，“我说儋州话，妈妈说军话，儿媳说白话，女儿嫁给客家人后说的是客家话，孙女习惯跟我们讲普通话”。经常会出现这样的情景：阿婆用军话教育孙子，而孙子则用儋州话回应。

方言达人老矣

1979 年，唐诗圣回到那大二中教书，罗智才成为他的学生。

儋州市南丰镇武教村是以客家话为主要方言的村子。宋国强 摄

罗智才还记得，当年在那大二中就读时，唐诗圣问他的第一句话就是“你是哪里人”。“我回答说，是东城镇抱舍村的，然后唐老师就用白话跟我交流。”罗智才说。同样的，其他同学讲什么话，唐诗圣就讲什么话，所以学生都愿意跟他亲近。

不过，这样的场景几乎不会再见。虽然，儋州能操多种方言的人并不少，但大多已年过半百，年轻一代很少有人懂数种方言，在学校都使用普通话。

“我的儿子们只会说儋州话，懂点客家话、军话。”唐诗圣说，到了孙子、孙女这辈，就只会儋州话和普通话了。

同样，王玉刚的儿子也只会讲母语军话，他的孙子只会讲普通话。

儋州人受方言影响，讲普通话时的地方口音很重。为了让下一辈能讲出一口流利的普通话，许多年轻父母从小教小孩普通话，而不是方言。特别是随着外地媳妇越来越多，普通话开始“蚕食”方言。

海南师范大学中文系教授刘剑三认为，一种方言承载了一种文化，儋州市许多文化特色都承载在方言之中，保护方言就是保护本土文化的延续，也是保护文化多样性的一项重要内容。他认为，要留住方言，就要利用和创造方言的语言大环境，建立和提高儋州人保护自身文化的意识。

（况昌勋 谢振安 郭树护）

海南方言中的神味儿

如果说官话是“庙堂”，代表着权威，那么方言就是“江湖”，有其草根性，是某些群体的特定文化现象。

在儋州，于南腔北调之中，能够寻找不同群体之间的差别与特征。

“儋州有条梅县街，几经沧桑有史载，祖籍远在梅江畔，乡情乡音今么改。衣食么改客家味，风俗么改客家规，讲的都是脉介话，称的还是你搭涯。”

这是流传在儋州客家人中的一首山歌。山歌中的“脉介”（音ma gai）就是“什么”的意思。而在儋州话中“什么”称为“堆”，军话称为“么”，临高话又说“一该”。

“脉介”与“哥二”

一句“脉介”，会让古小彬倍感亲切。

古小彬，江西赣州人，在儋州研究客家文化已经数十年，2012年接受记者采访时担任儋州市客家联谊会副会长。古小彬说，用“脉介”表达“什么”一词，是客家话的特征之一，每次听到有人说“脉介”就知道是“自己人”。此外，因为“我”读“涯”，一些操粤语的广东人也称客家话为“涯话”或“艾话”。

“我是涯，你是汝，他是佢；客家人叫儿子为‘徕子’，叫女儿为‘闺女’。昨天是昨晡日，今天是今日，明天是天光日。昨晡日落雪（下雪），今日落水（下雨），天光日出日头；日头是太阳，月亮是月光，月光出来转屋家（回家）去食夜（吃晚饭）；走是行，站立是徛住；猪舌是猪脷，猪血是猪红……”

古小彬说，客家人是南迁的中原人，由于生活在山区，与外界交流较少，客家话中保留了许多古汉语词汇，如“你”读“汝”，“吃”读

儋州市那大镇侨南村客家人晒年货迎春节。陈元才 摄

“食”，“走”读“行”，“下雨”称“落水”等。

听完客家话的顺口溜，再认识下临高话。临高话把“二哥”叫“哥二”。

临高话，一般把形容词、副词置于名词、动词之后，构成倒装的语法形式，由于不属于汉语语系，是儋州几种方言里最难学的一种。不过，通过临高人居住区的地名也可以学到一些词汇。例如，顺口溜里的“和”“美”是临高话地名常用字。

2012年，海南大学东南亚文化研究所学者符玉川研究发现，临高话地名中多有“那”“和”“美”“兰”等字，而且为冠首式地名，即通名在前，专名在后，例如，“和舍”，“和”临高话意为“村”（又说，临高人说“圩市”为hau，与“和”音近）；“舍”，意为“茅草”。“和舍”原意为“茅草村”。

学者莫祖禧在其论文《“临高人”进居海南岛时代探讨》中写道，“美”是临高话“母”的音译，临高读“母”为“mai”，与“美”音近，如儋州的“美敖村”读“mai nia”，意思是“母亲的田”。“兰”，临高话的“lan”为房屋的意思，“兰夏”即“茅草房”之意。而儋州的兰洋镇，应该是“杨屋”之意。兰洋镇原本属于临高县，为临高人居住区，20世纪50年代成立那大县，被划入那大县，后随那大县并入儋县。兰洋的临高人大部分搬回临高县。

儋州话避“死”读“生”

“来到儋州的外地人问我，儋州话从哪学起，我总是回答，先学讲‘四’这个数字。”儋州市文史专家谢有造说。

据悉，儋州话中“四”的读音一共有6种，一读“dei”，二读“diang”，三读“di”，四读“chuong”，五读“二双”，六读“shi”。这6种读音都有自己的“岗位”。操儋州话的儋州人对“四”的读法颇有讲究，不论是读书人还是小贩村妇，都泾渭分明，从不混乱。

儋州方言研究者吴英俊认为，“dei”读音应是“四”的本音，但是由于与“死”谐音，用在很多地方总觉得不吉利，于是就衍生出了另外几种读音。“shi”的读音来自儋州话的字音，“di”的读音可能借用了海南话的读音。

“diang”的读音，“应该是在南宋期间，白玉蟾到儋州炼丹，其‘生即死，死即生’循环理学在儋州广为传播，儋州人就把‘四’字的‘死’读法，反其义而读为‘生’（音diang）。”谢有造说。

儋州市中和镇是操军话居民的聚居地之一。中和耍龙舞狮可谓儋州一绝。宋国强 摄

“chuong”的读音，在儋州话为“长”的意思。吴英俊认为，称呼辈分用“死”和“生”的读音都不合适，于是就取“长生不老”中的“长”的读音。不过，谢有造认为，念“长”，或许是借鉴古汉语序数“甲、乙、首、长、次、末”，把排行第四的人称为“长叔”“长哥”。

儋州话中的“喝酒”也有多种说法。根据喝酒的形态、多少、情绪，有喝酒、吃酒、吞酒、挨酒、嚼酒、叼酒、美酒、闷酒等十多种讲法。例如，人多时，大家一起豪爽地喝酒，就叫“挨酒”；自己一个人慢慢品尝，就叫“美酒”；心情郁闷、孤独时喝酒，就叫“闷酒”或“寡酒”；心情舒畅愉悦地喝酒，就叫“叼酒”。

方言中的俗言俚语

“月光光，照来往，马来等，轿来扛。扛脉人？扛木养，木养么在屋，扛三叔。三叔骑白马，过莲塘，莲塘背，种韭菜。韭菜开花，结南瓜，南瓜皮面有点糖，种槟榔。槟榔香，用来招待大姑丈。”这是儋州版本的客家童谣《月光光》，“脉人”是“谁”，“么”是“不”。

儋州的几种方言群体都有自己的童谣、歇后语或俗语。这些老百姓口头文学，有的充满方言特色，有的充满艺术修辞，甚至有些比喻是某种方言独特的说法。

颇具韵味的是客家话中的歇后语。有些客家话的歇后语，非土生土长的客家人是很难听出所以然的。例如：“水打棺材——溜死人”，“溜”客家话中是逗、引诱的意思；“岳飞的孙子——愕然”，客家话里“岳”与“愕”同音，老百姓认为，岳飞的儿子是岳云，而不知其有孙，当然更说不上其名字，说其孙岳然，自然使人愕然。

客家还有一些歇后语与客家人的历史故事有关。例如“州紧州，县紧县——鸭嬷(客家话，母鸭)都大一半”。传说，古时嘉应州下辖县有一个村妇，从来没见过鹅，出嘉应州来看到水塘里的鹅就以为是大鸭子，遂如此感叹。后此歇后语演变为自嘲或讽刺他人，例如：“你真不愧是留过洋的，高人一等，州紧州，县紧县，鸭嬷都大一半啰。”

在儋州军话中，还有许多比喻较为独特，流传于中和镇军话群体中。有一首儿歌这么唱：月亮亮，月光光，开起城门洗衣裳。洗得衣裳白白净，送给哥哥去学堂。学堂卷，嫁笔筒。笔筒通，嫁相公。相公矮，嫁螃蟹。螃蟹瘦，嫁绿豆。绿豆精，嫁观音。观音出来拜三拜，黄狗咬着金腰带……

“笔筒、相公、螃蟹、绿豆、观音，分别代表不同类型的男人。”儋州市干部冯步卷介绍，“笔筒”指的是清瘦、高挑的男子；“相公”在军话中有矮圆之意，特指矮小、滚圆的男子；“螃蟹”是指行动笨拙的男子；“绿豆”是指聪明又滑头的男子；“观音”是指心地善良、宽宏大量的男子。

（况昌勋 谢振安 郭树护）

长流土话古韵浓

20多年前，老家在上海崇明岛的方言研究专家张惠英教授曾经在海南岛工作和生活，对这个南方岛屿有着挥之不去的“海南情结”。她的《海南长流土话》不仅是一部学术著作，也是海南情结的体现，其方言研究不只局限于临高语，还与海南岛和岛外其他语言进行比较研究。

每年春节期间，张惠英都会与同是语言学专家的丈夫张振兴，如同候鸟一般，一起南飞琼崖，访亲问友。他们对海南岛的眷恋，不亚于对语言学的挚爱。

——编者

20世纪90年代中期，笔者趁调查方言工作之便来到海南，开始了在语言学道路上新的探索。

2002年，张振兴负责的《新编中国语言地图集》作为中国社会科学院的重点项目，开始启动。这是对1987年版

2013年，张惠英和丈夫张振兴到乐东黄流参观语言学家邢福义旧居和邢福义学术陈列室。张惠英 供图

李荣等主编的《中国语言地图集》的补充和修订。原来的《中国语言地图集》没有海南方言专图，仅是附见于闽语图。于是笔者接受了编制海南方言专图的任务，从搜集资料、亲自调查一些方言入手，对海南汉语方言加以分区和说明，顺便就开始了长流土话的调查。

与周边方言很不同

长流镇位于海口市西郊秀英区，据《琼山县志》（1999年）记载，长流旧属琼山县，旧名那流墟（书中写作“圩”），1947年改称长流。1985年，张元生等人编著的《海南临高话》将长流土话归属于临高话的琼山土话区。当地话称那流墟为“墟早”，就是“早市”的意思，因为每天上午都有集市。

《海南长流土话》的发音人是麦光燊先生，1931年生，海南华侨中学一级教师。

海南师范大学研究海口方言的专家陈鸿迈先生，带笔者到他的熟人麦光燊老师家中，麦老师非常乐意让笔者去记录他的长流土话，所以很快就开始工作，每次都要工作半天时间。在记录词汇时，麦老师的夫人陈和凤经常被叫来询问一些蔬菜名称和针线活等有关词语。

经调查，长流土话有21个声母和92个韵母，其声母系统既有海南闽语的两个内爆音【b】和【d】，又有海南闽语所少有的特别是临近

20世纪80年代，张元生等人编著的《海南临高话》是国内最早出版的临高话研究著作。 张惠英 供图

府城小片所没有的送气塞音和送气塞擦音，有很多古时不送气清音都读为送气音，如“左、走、朱、概”等。

长流周围的临高话、海口话，塞音和塞擦音都没有送气音，而长流土话中，无论口语还是书面语都有大量送气音声母，如送气塞音p‘、t‘、k‘和送气塞擦音ts‘等。

因此可以说，送气塞音和送气塞擦音多，是长流土话的一大特点。

肚子是“桶”，鹅很“笨”

长流土话中，有些词汇十分有趣，有些则保留着古代的说法。

譬如，长流土话对肚子、肚脐的说法很有意思，虽然都是肚子部位，用词却给人很多启发。长流土话称肚脐为p‘u dei，显然，这当是“腹带”两个字；称肚子为ho，和“桶”同音。笔者以为，长流土话以“桶”称肚子，取其形似也。参看海南师范大学刘剑三教授的《临高汉词典》，有趣的是，临高话ho音也表示怀抱、胸前、衣襟等意思，皆与“肚子”有关，实际上就是“肚子”的引申。

而壮语方言中的“肚子”，也来自“桶”音，虽然声调略有变异，但离不开这个根源。可以说，长流土话是朴素自然的原生态。

在海南话中，说一个人“笨”，就说他“鹅”。而在长流土话中，则称“鹅”为“笨”（发“bn”音）。

其实，很多方言都用鹅来形容笨，例如广泛流传的梁山伯和祝英台的民间故事中，因为梁山伯怎么也听不懂祝英台求情表爱的暗示，祝英台就称梁山伯是“呆头鹅”。上海崇明话形容人愚蠢，既说“笨头笨脑”，也说“鹅里鹅痴”，所以“鹅”即笨也。

此外，据欧阳觉亚的《黎语调查研究》，在海南琼中太平的堑对方言中，对“鹅”的叫法是bun，这也是“笨”。

又如，长流土话把老师称作“贡生”（发“kote”），就颇有古韵古味。贡生是明清两代科举制度中，由府、州、县学推举到京师国子监学习的读书人。很多人科考落榜后，往往回到家乡以教书为业。长流土话至今仍沿用“贡生”的称谓，作为对老师的称呼。

海口长流地区文教发达，历史上出过不少读书人。图为长流镇新民村王氏祖屋内悬挂的“岁进士”牌匾。陈耿 摄

“翁”和“伯”：对长辈的尊敬

海南作家欧大雄的长篇小说《伯爹尧》（中国文联出版社，1993），纪念他的父亲欧英尧。作者自序说：“按乡人对父亲的称呼，定名《伯爹尧》。”“伯爹”是海口、文昌一带对伯父等男性长者的称呼。同样，在临高话中，“伯”是对伯父等男性长者的称呼，而且在一些人口中，“伯”也被用来面称（即当面称呼）父亲。很多方言都称“父”为“伯”。

临高人被一些海外学者称为“Ong-be”或“Be”，被译作“翁贝”“贝”。桥本万太郎1980年的《临高方言》是中文书名，英文名为*THE BE LANGUAGE*。笔者以为，“Ong-be”就是“翁伯”，“Be”就是“伯”。“翁伯、伯”都是对长者、对男子的尊称。“翁伯”叠用，犹如“伯爹”叠用。这和上海崇明话中有人称父亲为“爷伯”也相类。桥本万太郎在《汉语动式的历史·区域发展》一文中，就把他的*THE BE LANGUAGE*一书译为《伯语临高话分类词汇》。

依据桥本万太郎的记录和笔者的辨认，临高话“be”指父亲，也可指伯父、叔父，但音调略有变化，也可称普通男子。例如：父亲（伯）、叔父（伯叔）、舅父（伯舅）、外省人（伯过海）、西洋人（伯番）、理发师（伯铲头）、打铁的（伯击铁）、胖子（伯肥）等等，皆是“be”音领头。

这就是“伯语”中“伯”的由来。“伯”在古汉语中既可称长者，也可作官名。“伯”作人名、作尊称，在金文中常作“白”。例如郭沫若《两周金文辞大系图录考释》：

白丁父。郭考：“伯丁父即丁公。”

毛白、吴白、吕白。郭考：“毛伯，即下文毛公、毛父。”

长流土话对人的称谓中，很多用“翁”aŋ（和普通话的“昂”音相近）。海南闽语“翁、红、洪”都读aŋ，厦门话也是，所以长流土话“翁”读aŋ和海口话对应。新加坡地名“宏茂桥”的英文拼写是Ang Mo Kio，也是闽语读音。长流土话的称谓词头aŋ（翁）的一些用例如下：瓦匠（翁起栏）、石匠（翁击石）、轿夫（翁行轿）、艄公（翁看船）、强盗（翁贼）、做买卖的（翁生意）、乡下人（翁伯）、城里人（翁墟），都是aŋ音打头。

海南闽语、临高话、长流土话中频频使用、张口就来的“母”“伯”“祖”“翁”等尊称，犹如各地方言口语“老”“大”之称呼长者、尊者。所谓“礼仪之邦”，由此可见一斑。

这些数千年流传下来的中华古老文明、人情世态，就活在海南这块土地上，就活在海南人的嘴角耳边。而且，海南语言状况的丰富古老、错综复杂，确实让笔者感到兴奋、刺激、迷乱，但经过梳理、比较还是能看到缕缕光束，感到阵阵喜悦。希望这些工作，有助于语言和方言使用者、研究者增进对海南复杂的语言之间、对汉语方言和民族语言之间的了解和沟通。

（张惠英）

淮演艺

看一戏

琼剧之“变”

有着300余年历史的琼剧，一直是海南岛民众情有独钟的文艺品种，已经渗入海南老百姓的现实生活，满足着他们的娱乐需求。随着历史车轮的前行和观众品味的变化，琼剧从内容到形式，也在不断地演变。

与其他地方戏一样，清代琼剧俗称“土戏”，民国年间人称“海南戏”，国外琼侨称之为“琼音”或“琼州戏”。根据目前所能查找到的史料，“琼剧”二字最早见于民国二十五年（1936年）中华书局出版的《海南岛旅行记》中的一章——《琼剧之一瞥》。该书作者田曙岚为湖南籍中学地理教员，从1932年12月1日开始，用了半年时间，行程3000余里，对海南岛进行考察。因此，“琼剧”之称沿用至今，也有近百年了。

琼剧具体形成于哪一年，谁也说不清楚。正如琼剧历史和理论专家周庆辉所说，不像一个孩子十月怀胎之后便

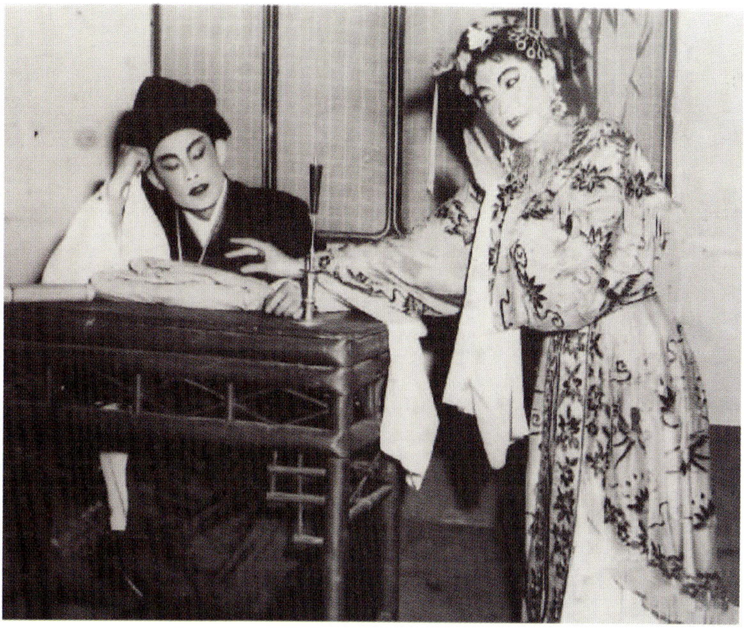

1957年，陈华和王英蓉演出传统琼剧《张文秀》。海南省琼剧院 供图

呱呱落地那般有定时，一个剧种的诞生需要一个漫长的、逐渐演变的历史过程，加上史料的匮乏，琼剧形成的年代就更难考证了。即使如此，依据海南方志中“康乾年间，土戏极盛”的只言片语，专家们还是可以推断出琼剧形成的时间当在明末清初，距今约300年前，而康熙、乾隆年间则已走向成熟，出现“极盛”的局面。

那么，琼剧成形、成熟之后，又经历了哪些变革与改良呢？周庆辉梳理史料后认为，有据可查、大张旗鼓的琼剧改良运动，先后有三次：一是清末粤剧艺人入琼授艺，二是五四运动之后的急剧变革，三是海南解放后的戏曲改革。

反清运动带来的变革

清咸丰年间，粤剧艺人李文茂率领他的“红船”粤剧班子弟，响应太平天国起义。起事失败后，清政府取缔粤剧组织，捕杀粤剧艺人，不少粤伶辗转来琼，散落在全岛各县各乡，有的在军戏班里客串演出，有的设馆授徒，有的与海南艺人攀亲结义、称兄道弟。

海南戏曲志编写组1986年纂修的《琼剧志》介绍，在这些流亡来琼的粤剧艺人中，较有影响的是“十五仔”。

“十五仔”，人们并不知道他的真实姓名，由于他多才多艺，戏路宽广，既擅长武生，又能反串旦角，既精通打击乐，又能吹奏短管等乐器，本土艺人称其能坐十五把交椅，因此送给他一个绰号——“十五仔”。

“十五仔”逃亡来琼后，潜居海口关厂坊，在海口、府城设馆教戏，传授“江湖十八本”，培养了一批唱演“梆簧声腔”的弟子。此后，随着粤剧逃散艺人不断入琼，“梆簧声腔”的影响越来越大，促进了地方土戏和军戏的变化和发展。

地方土戏旁收博采，吸收“梆簧声腔”的唱腔，大字牌子、小曲、锣鼓谱，逐渐由原来带帮腔的“曲牌联套体”衍变为以“板式变化体”为主的声腔。至此，地方土戏趋于暂时的稳定，并逐步走向成熟。

此外，原先只有“科白”的军戏，自“梆簧声腔”传入后，由于语言同源(当时的粤剧用官语演唱),对其表演元素广为吸收,逐渐由“科白戏”变为“唱曲戏”;同时开始重视脸谱,以不同的色彩和构图表现不同的人物。

周庆辉称,琼剧受粤剧的影响不仅是在清末,还持续到了今天,如锣鼓谱、曲牌和诸多表演元素,至今尚有粤剧的影子。

2012年9月,首届海南省艺术节举办期间,来自广东的一位粤剧评委就惊奇地表示,琼剧的某些细节太像粤剧了,譬如锣鼓敲打的节奏以及一些唱腔的腔调等。

民国时演变为启蒙工具

辛亥革命至五四运动,反对帝国主义、封建主义的烈火也蔓延到了海南岛,琼剧发生了急剧的变革。郑放的《海南革命斗争大事记要》介绍,“五四”期间,在北京大学读书的文昌籍学生郭钦光参加大游行后身亡的消息传到海南,府城、海口的学生和各县学生代表,成立“琼崖十三属学生联合会”(以下简称学联)。学联宣传反对帝国主义、封建主义,提倡爱国主义;宣传破除封建迷信,提倡新科学;宣传打倒私塾,兴办学校,提倡新文化。

1919年6月,学联组织的剧团,由杨善集等人率领,赴岛内各县、市演出《大义灭亲》《破除旧礼教》《爱国女秋瑾》《灭种婚姻》《蔡锷出京》等。这些节目内容触及时弊,唱词通俗易懂,颇受群众欢迎。

1921年,徐成章、王器民等在海口市创办、出版《琼崖旬报》,传播新思想，随后还聘请琼剧演员吴发凤、郑长和等，在海口南门组织“琼崖土戏改良社”和“琼崖优伶界工会”。“琼崖土戏改良社”专门研究琼崖剧本，或著作，或改良，并改编旧戏，编纂新本，以实行社会改造。该社编辑的土戏剧本有《大义灭亲》《爱国学生郭钦光》《蔡锷出京》《灭种婚姻》《破除旧礼教》《爱国女秋瑾》《救国运动》《林格兰就义》等十几种。

《琼剧志》记载：在革命浪潮的影响下，文昌、琼东、琼山以张明凯、陈烈三等人为首，组织了“明新”“琼南”“华南”“琼文”等几个上演时装戏的剧团。因演出时身着时装戏服，群众称之为“文明剧团”，所演之戏亦被称为“文明戏”。此外，琼剧著名花旦张禄金、陈成桂，著名小生陈俊彩、郑长和、李积锦，也编演以反封建、反侵略以及颂扬爱国主义为主题的《正气歌》《桃花扇》《木兰从军》《马伏波开琼》《七义殉难》等剧目，在岛内各地演出。

周庆辉说，戏剧内容更新，势必促进艺术形式变革，有利有弊，但利大于弊。首先，“文明戏”穿着时装服，不拘泥于古装戏的表演程式，某些方面有所突破，但“文明戏”演员大多来自学生、教师，未经科班训练，表演上多是照搬生活，流于自然主义；其次，唱腔方面，创造了“二字板”“三字板”“三五七板”，并改造“乞食腔”，发展成为“高腔”，这些新板腔在原来唱腔基础上改造而成，为群众喜闻乐见，流传至今；再次，吸收外来乐器，突破了原有的乐队建制，丰富了音乐的表现力，但使用时不注意主从关系，甚至喧宾夺主，不讲究编配，有芜杂之嫌；最后，舞台美术方面，打破了“百戏一景”的旧规，开始出现根据内容需要置景的戏曲舞台美术结构。

1927年，国民党背叛革命，屠杀共产党人，“土戏改良社”在白色恐怖下也随之解散，海南戏曲舞台开始萧条冷落，土戏走向衰落。

1939年，日本侵占海南岛后，多数琼剧戏班息鼓停业，岛内仅存三个中小班、团，活动于海口、定安、琼东等地，但因境况不佳，也是时演时散，朝不保夕。加上戏霸、班主剥削艺人日甚，政府的娱乐税金与日加重，土豪劣绅敲诈勒索，艺人度日艰难，许多伶工由于生活所迫，出走东南亚国家谋求生计，琼剧一度几乎陷入艺绝人散的境地。

“新生”之后多变革

1950年5月1日，海南解放。琼剧界通过斗争班主、戏霸，废除班主制等一系列措施，让离散的艺人重新归队，萧条已久的戏曲舞台又是急管繁弦。琼剧这个濒临灭亡的剧种，得到“新生”。

1953年5月，广东省广州市戏曲改革委员会海南分会成立，开展改人、改戏、改制的“三改”工作，并以海口市“集新”“新群星”两个私营琼剧团为改革重点，建立民主管理制度、文化、政治学习制度，加强剧目管理和艺术辅导，提高艺人的业务水平。

次年1月，海南首先将海口市集新琼剧团由民营性质改制为“民营公助”琼剧团。1955年，国务院颁布“职业剧团登记条例”。全区开展职业剧团挂钩登记工作，至1956年上半年结束，发给营业执照。挂钩登记整顿后，全岛剧团共22个，其中琼剧团16个，粤剧团1个，木偶剧团5个，人数约1000人。琼剧团中，“集新剧团”为海南重点团，“新群星剧团”为海口市重点团，其余14个剧团（艺新、人和、导星、联合、联强、联光、群众、民声、联艺、新联星、群艺、琼星、南强、华丽），归口各县管理和领导。

1956年8月7日，广东琼剧团成立，该团为集新剧团原班人马，共72人；12月6日，新群星剧团改为国营海口市琼剧团，全团67人。

1959年1月，广东省政府宣布由广东琼剧团、海口市琼剧团、文昌县联合剧团整编、合并成立全民所有制的广东琼剧院，下设3个演出团。2月，全区剧团进行整编，相继改制为县属琼剧团。

“三改”工作除了提高艺人地位、在体制上国有化所有剧团之外，对琼剧艺术遗产的发掘、整理和继承革新，也起到很大的推动作用。

周庆辉介绍，从1952年至1965年，海南琼剧界先后发掘传统戏（包括古装戏和时装戏）剧目1000多个，搜集、记录琼剧脚本（少数为提纲）300多个，绘画了100多幅传统戏人物脸谱，整理、改编《红叶题诗》《张文秀》和《狗衔金钗》等传统戏70多出；创作了《红色娘子军》《石井村》《金菊花》等一批反映现代生活的剧目；新编历史戏《海瑞回朝》《郑成功》等10多个；移植兄弟剧种优秀剧目《刘胡兰》《江姐》《白蛇传》《梁山伯与祝英台》等200多出。同时，印发了一批剧本，杜绝了演出“提纲戏”的陋习。

表演艺术方面，除了发掘、整理老艺人的表演程式和特技外，还采取派出去、请进来的做法，与兄弟剧种交流，取长补短，提高了琼剧的表演艺术水平；音乐唱腔方面，搜集、记录了唱腔、大小曲牌、锣鼓谱400多首，按其使用整理、分类、编印成《琼剧过场音乐》《琼剧唢呐曲牌》《琼剧锣鼓谱》和《琼剧唱腔介绍》，整理、创作了“古腔”“争辩腔”和“江浪腔”等板腔。

从1968到1976年，海南行政区琼剧团和各县琼剧团及毛泽东思想文艺宣传队，先后移植、演出《红灯记》《沙家浜》《智取威虎山》《海港》《平原作战》《红色娘子军》《杜鹃山》《奇袭白虎团》8部革命样板戏。

有人认为，移植现代革命京剧，“四人帮”规定一字不改、一招一式不变，剧种艺术特色几乎全无，琼剧空前萧条冷落，濒临绝境。周庆辉则认为，应该一分为二地看问题，移植京剧样板戏的10年，虽说是没有琼剧的10年，但样板戏善于通过唱腔来表现人物形象，而且大段唱词的处理有变化、多样化，更加看重音乐形象的体现，这些因素对琼剧艺人、编剧导演的成长和创新也不是全无益处的。

1977年后，琼剧再次唱响，不但内容更加丰富多彩，形式上也推陈出新、不拘一格。特别是进入21世纪以来，新编琼剧《百年苍翠》《下南洋》等一批扎根本土、面向剧种升级换代的创新之作，为琼剧的创新发展提供了有益的探索。

（陈耿）

《百年苍翠》剧照。陈德雄 摄

《下南洋》剧照。陈德雄 摄

海南土戏的“文明”变革

琼剧形成至今，已有300多年的历史。然而，由于史料的匮乏和遗失，其前200年的人物和故事，见诸文字的记载甚少，能够流传至今，已属吉光片羽。

琼剧界的大事，可以稽考的，当追溯到光绪二十九年（1903年）。那年秋天，琼剧名优郑洪明（1867—1905年）开始在家乡万宁谋划反清，一边借助演出唤醒民众，一边秘密壮大义军队伍。

虽然郑洪明的反清运动仅仅持续了2年，便以失败告终，却从此被赋予琼剧宣传“革命”的功能，直到五四运动和解放海南岛战争。徐成章、王文明和冯白驹等琼崖革命先驱不但是戏迷，还善于用琼剧启迪民众和打击敌人。

郑洪明一怒为妻母

清光绪二十四年（1898年）农历六月廿一，万州（万宁

海南省琼剧院演员下乡演出前化妆。刘飞越 摄

旧称）艺人郑洪明的“洪明班”和李珍岱的“妚七班”在龙滚墟唱擂台戏，精妙的演出博得村野戏迷喝彩不止。最终，郑洪明的戏班一举夺魁。这本是一件好事，后来却间接给郑洪明的家庭带来了惨剧。

“洪明班”折桂后，当地土豪邢俊德等人强烈不满，便勾结郑氏宗族的士绅，迫害郑洪明的妻子和母亲，还捣毁了郑家的房屋。这年8月，告官无门的郑洪明强忍失去亲人的悲痛，带着戏班离开万州，浪迹天涯。

4年后，郑洪明回到万州，酝酿惊天动地的大事。

郑洪明是今万宁大茂后田村人，7岁丧父，10岁开始给人放牛。光绪七年（1881年），他加入戏班，师从前辈杨庆瑞，专攻武旦，成功反串《武松打店》中的孙二娘、《木兰从军》中的花木兰等角色，让人难辨雌雄。

再后来，郑洪明的戏路越来越宽，文旦、武旦、刀马旦，样样都能。他还擅长南拳和刀枪，轻功也非常了得。在琼剧《秋香过岭》中，郑洪明创造了“前滚翻上岭，后滚翻下岭”的动作，刚劲、明快而不失洒脱，成为后学模仿的楷模。

英才遭妒。郑洪明受土豪构陷后，被迫离开万州，先后在海口、广东西营（今湛江霞山）、曼谷和新加坡出演《孙二娘》，名声大噪，他本人因此有“活母夜叉”之称。

1902年，郑洪明带友人黄家清重返故园，继续组班演戏，只是此时的他，醉翁之意不在酒。翌年秋季，他在后田村成立“三点会”，自称“会母”，提出“红旗飘飘，人马征召，革命起义，推翻清朝”的口号，借演戏之便，秘密串联，发展义军。

1904年4月，“洪明班”到儋州那大演出，在当地秘密召开会议，任命艺人李泰章为“三哥”，统领西路（澄迈、临高、儋州、昌化、感恩）义军，郑洪明自领东路（琼山、定安、文昌、会同、乐会、万州、陵水、崖州）义军，策划武装暴动。

光绪三十一年（1905年）二月底，郑洪明召集东、西两路军事首领在定安议事，不料走漏了风声，被清军围捕。郑洪明夺得官马后，连夜赶回万州。三月，郑洪明在万州黄竹塘、鸡衣岭集结义军300多人，手持耙头、双锏、铁尺、双刀、剑戟、长棍，他本人佩戴六响转手枪，于星夜一举攻破万州城，杀死兵丁多人，州官张存楷趁乱逃脱。第二天，郑洪明开仓放粮，救济灾民，并剪掉辫子，揭竿而起。

不久，郑洪明率义军转战陵水，但连续几个月攻城不破。十月中旬，他们遭到清军围剿。义军向新村港撤离，又遭到清兵截击。双方大战一天，伤亡惨重，义军首领李泰章、黄家清、黄家照殉难。

郑洪明突出重围后，取道海路返回万州，不想次日被捕，十月下旬被杀害，年仅38岁。

《中国戏曲志·海南卷》记录了郑洪明的壮烈之举。他罹难后，当地人为了纪念他大义凛然的作为，拯救民众于水火的志向，将其活动据点“旧州铺仔”改为“大茂市”，即今万宁市大茂镇。

徐成章给土戏换新腔

如果说郑洪明的反清遭遇是悲壮的，那么，或许是受其启示，后人在借由琼剧宣传革命时，则很有技巧。像琼崖革命先驱徐成章（原名徐天宗，1892—1928年）等人，就先革琼剧的命，再革反动势力的命。

徐成章也许不会唱戏，却是一位琼剧活动家。1907年，他到府城读中学，两年后就与徐天炳、梁秉枢等爱国学生开展反清宣传活动，成为海南早期的同盟会会员。

徐成章从云南陆军讲武堂毕业后返琼，1921年在加积（今嘉积）任公安局长，并在海口与王器民等创办《琼崖旬报》。他还与王文明一道，邀请琼剧艺人吴发凤、郑长和等人在海口南门组织“琼崖土戏改良社”和“琼崖优伶界工会”。

土戏改良社专门研究琼崖剧本，或著作，或改良，并改编旧戏，编纂新本，以实行社会改造。该社编辑的土戏剧本有《大义灭亲》《爱国学生郭钦光》《蔡锷出京》《灭种婚姻》《破除旧礼教》《爱国女秋瑾》《救国运动》《林格兰就义》等十几种，以时装戏（文明戏）的形式上演。

1927年，国民党背叛革命，屠杀共产党人，“琼崖土戏改良社”在白色恐怖的影响下也随之解散，海南戏曲舞台开始萧条冷落，土戏走向衰落。两年后，冯白驹等人在母瑞山建立革命根据地，组织红军剧团，深入乡村演出，有些职业艺人也闻讯前去。

琼剧理论专家、国家二级作曲家周庆辉认为，在徐成章等人的推动下，琼剧在五四运动之后担当起了重大的社会责任，而戏曲的社会责任，在元代就已萌芽，如关汉卿的《窦娥冤》，唤起了民众对社会不公的共鸣和谴责。

“当时的琼剧演唱者更多是由话剧演员充当，由于目的是宣传进步思想，因此念白多，且缺少旋律，但是句句押韵，倒也让观众喜闻乐见。”周庆辉说，“时装戏给琼剧唱腔贡献最大的是，带来了‘数字板’，即每句唱词有二、三、四、五或七个字不等，如后来上演的传统琼剧《搜书院》中就有‘二字板’。”

文明戏开戏师爷吴发凤

五四运动后，在北京、上海读书的海南籍学生带回话剧《东方的早晨》《醒狮》，由琼崖中学（琼台师范学院前身）和东路中学（今嘉积中学）师生用海南话演出，风靡一时。琼剧演员吴发凤受其启发，萌发了写时装戏的想法。

20世纪20年代初，吴发凤根据文昌中学编演的一个海南方言话剧《社会第一钟声》，改编成琼剧剧本《社会钟声》，仍由文中学生主演。排练时，吴发凤专程从海口赶到文昌，指导学生掌握音乐板腔、表演技巧和舞台装置等内容，一个月后《社会钟声》在文昌县教场坡试演，轰动整个县城。不久后，原班人马到海口演出，盛况空前，观众人山人海，剧场还需要警察来维持秩序。

《社会钟声》是琼剧上演的第一出文明戏，其作者吴发凤一生的身世却极其坎坷。

吴发凤生于1870年，原名吴家悦，文昌公坡水北村

吴发凤像。

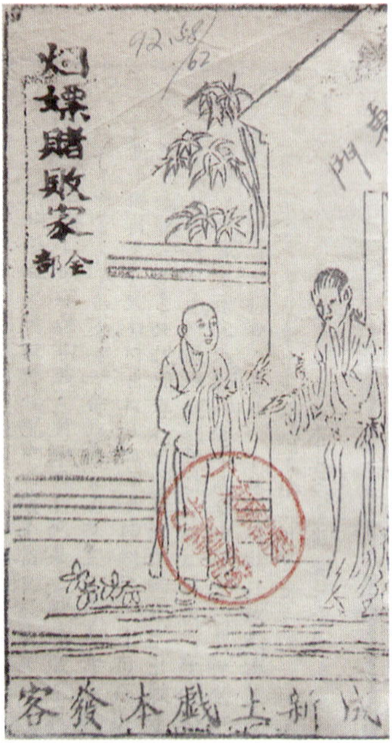

吴发凤文明戏剧本《烟嫖赌败家》。

人，读过私塾，天资聪慧。因父亲去世，他只得辍学当挑货郎，有一次被货商抛弃在万州，于是沦为乞丐。后来，他被一“发”字戏班收留，充当杂工，继而学艺，专习老旦，“发凤”是他的艺名。

从1902年开始，吴发凤搜集民间故事和历史掌故，编写提纲戏，为班主和名伶所欣赏，成为各个戏班争相聘请的“开戏师爷”。文明戏盛行时，吴发凤的代表作除了《社会钟声》，还有《林格兰就义》《新旧婚姻》等，他还当选为“琼崖优伶界工会”的主席。

日军侵琼后，大批戏班解散，谋生之路全无，吴发凤流落他乡，过着贫病交迫的生活。

有人做过统计，吴发凤一生创作和改编的古装戏和时装戏剧本121册，其中时装戏74册。1945年8月，日军投降，吴发凤于9月回到家乡，发现当年埋藏的手稿和刻板多数已经霉烂，痛心疾首，次年郁郁而终。

海南已故文史专家岑家梧先生，在其《海南汉人戏剧概说》一文中写道，为了研究土戏的唱腔特点和演变历史，曾在1932年冬天访问过吴发凤。

也是在那一年的冬天，湖南籍中学教员田曙岚开始骑行海南岛，并在4年之后即1936年出版的《海南岛旅行记》中，将海南土戏称为“琼剧”。

（陈耿）

琼剧戏班：沉浮总在烟雨飘摇中

“戏班”是过去的提法，也是民间延续至今的叫法，它其实就是“剧团”。有据可考的琼剧戏班是清代嘉庆年间成立的“琼城梨园班”，迄今已有约200年历史。

琼剧戏班的历史，从某个角度来看，其实折射了琼剧发展的历程，既有坎坷也有辉煌，既有高山也有低谷。

在琼剧发展的漫漫长河中，一个个戏班犹如一叶叶扁舟，在“时光河流”上不停地航行，或消失，或新生……

最早的琼剧戏班

据《海南岛志》载：“元代，海南已有手托木头班，来自潮州。明中叶，土人仿之，就有土戏。”这是有关海南戏曲的最早记载。

而有戏班名称、有事迹可考的最早戏班社是清嘉庆年

1985年，海口市琼剧团赴泰国演出受到华侨热捧和侨领接见。
海口市琼剧团 供图

间成立的“琼城梨园班”，其前身是明天启年间至崇祯年间入琼的福建漳州“老三春班”。他们初住于海口，一边演出，一边教徒，后来因旅演艰难，部分艺人返回家乡漳州，部分艺人留下落户海口、琼山、定安、澄迈等地。清嘉庆年间，他们重新集合在一起，吸收本地木偶班艺人，更名为“琼城梨园班”。全戏班近百号人，艺员有白玉娃、金公仔、吴福光、林童、梁振玉等。清道光十五年（1835年），该戏班应邀到越南西贡演出，带去的剧目有《琵琶记》《白兔记》《金印记》《方世玉打擂》等，深受广大侨胞欢迎，开琼剧出国演出之先河。

自“琼城梨园班”以后，海南岛各地成立的土戏班社数以百计，较有影响的有嘉乐班、泰昌班、琼顺班、福堂班、东安利班、联珠公司班、万年春班、色秀年班、琼汉年班、概顺连班等。

据老艺人梁家樑、陈敬军生前讲述，海南早期戏曲班社一般都在农村生成，由资方出资经办，聘请艺人组班，班主由资方担任；也有的由名生、名旦与资方合资组建，邀请其他艺人入班，班主由资方和名优担任。其中一些是以名优的名字命名的戏班，如“成桂班”“歧彩班”“长和班”等。按照海南各地俗例，每逢“公期”都要“绑班”演戏。每年正月至七月是戏班演出旺季，称为“戏春”；十月至十二月，一般没有戏演，加上雨水频繁，称“雨水春”，戏班多要散班停演。旧时戏班多为班主制，班主在散班时选好“十大台柱”，即以正生、正旦为主，贴生、贴旦、梅香旦、须生、婆脚、杂脚为辅，加上掌板（鼓师）、首手（琴师）组成，并预付定金。其他次要艺员待来年再聘，并议定演出薪金。

早期戏曲班社的演出设备相对简陋，演出场地要求不高，演出质量较低，故戏班也被称为“草台班”或“厚皮班”。但是，艺员体制齐全、分工明确，每个文武大班有三四十人，有文戏佬倌、武戏佬倌、文排（掌调）、武排（掌板）、邀戏（开写脚本或提纲）、掌班（联络员）、账房、衣箱、杂箱、燃灯、厨房、夫杂（为班主和名伶佬倌抬轿子者）等司职人员，这些人员统归班主管理。

至于戏班伶工的演出报酬，差别极为悬殊。名角演一晚大多有二十个光洋，甚至更多。班主组班前，预付的定金少则几百个光洋，多则一千个，有的名角还有股份，散班时还可以得到分红。一般演员和乐工报酬很少，最低的只有一个光洋或百余个铜板，班主管饭，菜要自己掏钱买。尽管演出薪金低薄，但为了养家糊口，他们在散班前还要求班主或名角收留，希望来年能继续在戏班中演出。

从旧戏班里过来的老艺人梁家樑说："早期戏班乡下生乡下长，一年四季都是在乡下演出。艺人也都是农民出身，一卷铺盖就走南闯北，睡公庙祠堂，吃田头农家，演出认真却报酬微薄，但还是苦中有乐的。"

文明戏班 在硝烟战火中历练

1931年10月30日，琼崖特委在《反帝宣传工作大纲》中指出："琼崖戏剧团及各地演剧，党要注意指导演出帝国主义屠杀炮轰中国人民，国民党军阀勾结帝国主义……惨事。"多种历史文件确凿有据地证明：抗战时期，海南特委重视以戏曲为革命斗争的宣传工具，并指导剧团在根据地的演出活动。

在五四运动影响下，海南各地纷纷组织演出文明戏的班社和剧团，如府海学生在琼崖中学成立的琼崖十三属学生联合会剧团，文昌中学青年学生张明凯、吴克寰、陈崇雅等人组织的"学生班"，编演宣传民主进步的话剧、琼剧，继而成立演文明戏的华南、明新、二南等剧团，演出了《社会钟声》《省港大罢工》《爱国运动》《新旧婚姻》等一批文明戏。

林文英（又名林格兰，原文昌县清澜港四亢村人）就是文明戏极力宣传的一个英雄人物。1926年，剧作家吴发凤根据林文英的革命事迹编写成《林格兰就义》一剧，由华南剧团首演，一时轰动了文昌及海府地区。不久，泰国琼籍华侨得知后，特邀剧团到曼谷演出。首晚演出，剧场座无虚席，林格兰的英勇事迹使观众深受感动。演到林格兰就义时，全场感动哭泣。演出结束后，全场观众起立默哀，久久不愿离去。第二天，华侨自发买来花圈，放在剧场周围以示哀悼，然后带领剧团全体人员瞻仰林文英在泰国的旧居及其遗物。华侨还给剧团赠送银款，鼓励其多排演反映辛亥革命的时装戏，体现了华侨的爱国主义精神。

日军侵琼以后，海南戏班纷纷散伙，在农村地区仅存个别中、小班社，境况十分艰难，时演时散，朝不保夕。很多艺人被迫出走东南亚，海南戏曲陷于绝迹。在琼崖工农红军和各地赤卫队进行艰苦卓绝的斗争中，为了配合抗战宣传，一些小型戏班开始成立，编演鼓舞群众斗志的文明戏。

在革命斗争最困难的情况下，母瑞山根据地组织成立了"红军剧团"，演出《省港大罢工》《社会钟声》等文明戏。曾任琼崖红军第一独立师师长的梁秉枢，在《琼崖工农红军战斗史片断》中回忆道："红军组织琼剧团，自编革命剧本，排练公演，把群众的文娱生活搞得活跃起来，这对于宣传和鼓舞士气起了一定作用。附近白区乡村的群众，知道母瑞山的红军演出的琼剧极其精彩，便不辞劳苦、爬山越岭来观看我们剧团的演出，一时名声大噪。后来，万宁有一个地方剧团的生角、旦角，也跑来看我们演出。受我们的影响，他们要求参加红军剧团，使那个地方剧团也解散了。"琼崖特委书记冯白驹及其他同志，还集体创作了讴歌男女青年投身革命的现代戏《双朵云》，在红军所在地琼东第四区演出。

1931年初，琼崖特委东路红军成立"东路琼剧团"，团长为林树全，艺员有蔡永鸾、陈世经、纪永凤等三十多人，排演了《打倒白色恐怖》《原形毕露》《烈女报夫仇》等剧目。剧团随东路红军在革命根据地六连岭一带，配合土地革命战争宣传演出。

广东琼剧院在荒坡上诞生

海南解放后，离散艺人重新归队组织琼剧团，民营戏班似雨后春笋般涌现，废除班主制，所有戏班登记挂钩，并更名为剧团。1953年，为贯彻政务院有关戏曲改革精神，海南戏曲界开展“改戏、改人、改制”的“三改”工作，建立了两个很有影响的改革试点剧团：集新剧团和新群星剧团。

1953年，海口市新群星剧团部分演艺人员合影。这是目前能够找到的最早的琼剧戏班旧照，图中后排自右向左为吴桂喜、郑长和、王秀明、陈烈三。海南省琼剧院 供图

集新剧团由艺人潘辉生、王正堂、王黄文等在海口发起成立。1956年，广东省人民政府将该团改为全民所有制，更名为广东琼剧团，主要演员有王黄文、陈华、陈丽梅、王凤梅、王广花、红梅、苏庆雄等。该团积极上演优秀剧目，不演爆肚（提纲）戏，不演通宵戏，建立

1956年，广东琼剧团成立时在广州合影。海南省琼剧院 供图

导演、演出、学习、财务等经营管理制度，是第一个建立党、团组织的琼剧团体。发掘、整理的传统剧目有《红叶题诗》《搜书院》《卖胭脂》和新编历史剧《海瑞回朝》等。

新群星剧团由艺人陈烈三、韩文华、郑长和、王秀明（艺名“三升半”）等发起成立。1956年改名为海口市琼剧团，主要演员有陈烈三、林道修、韩文华、王秀明、郑长和、李长城、吴桂喜、陈乐元、陈育

明等，整理演出的传统剧目有《龙滚江救嫂》《乌鸦戏凤》《林攀桂与杨桂英》及新编历史剧《王佐断臂》等。

提起这两个重点团，陈育明感慨地说：“这两个团集结了当时最强的演员阵容，个个都是大名鼎鼎的艺人，行当齐全、主创精干，演出了不少优秀剧目，将琼剧戏班推上了发展的最顶峰。”

1957年，广东琼剧团随广东代表团赴京演出，载誉归来后，艺员们依然住在海口市解放路简陋的竹戏院里。团长王黄文对海南区文教处副处长郑放说：“应该要些土地来解决艺员的宿舍问题了。”郑放说：“要地可以，但还是和海口市琼剧团联合起来向政府申请更好。”郑放还说：“以后要成立琼剧院，两个团合并要地也好为以后建院打基础。”在郑放的积极奔波下，“剧团要地计划”很快得到实现，政府划出海口“三里亭”（今海府路69号）的一块荒地，作为剧团的永久驻地。

1958年下半年，海南区文教处开始着手“广东琼剧院”筹建工作。广东琼剧团和海口市琼剧团作为合并对象，但还是达不到定编人数，两团领导多次协同文教处讨论补充人员问题。有人认为琼海县琼剧团可以并入，该团有台柱“新长和”王正堂，名声大，并入后会如虎添翼。但更多人推荐文昌县联合琼剧团的王英蓉，她刚随广东琼剧团赴京演出《张文秀》取得成功，很有发展前途。但是一提此事，立即遭到时任文昌县委书记黄白天的断然拒绝。他的理由简单而且态度坚决：“文昌县人民也需要王英蓉，要调就把全团人员调走，不调就一个都不要动。”最后的结果是：文昌县联合琼剧团全体人员都调入广东琼剧院。

“三里亭”被确定为广东琼剧院驻地后，广东琼剧团和海口市琼剧团的艺员开始自力更生、同心协力，挥锄拿铲来开发建设自己新的家园。在斩棘挖土平展地面中，他们经常会挖出棺材板和人骨头，妥善处置以后，便在这片荒地上建起两排新瓦房，左排为海口市琼剧团人员居住，右排为广东琼剧团人员居住。人们还在瓦房周围种植了一些木棉、梧桐、凤凰、木麻黄等树苗。

1959年1月20日上午，广东琼剧院成立大会在大同戏院隆重举行。参加大会的人员除了广东琼剧团、海口市琼剧团、文昌县联合琼剧团约200名艺员外，还有海南区戏曲改革委员会的陈鹤亭、林炬、邢诒平、范会青、韩栖洲等。

“县镇剧团”的辉煌岁月

20世纪七八十年代，琼剧界迎来了新的春天。据海南文化部门统计：登记在册的专业剧团达26个，每个县都有一个代表本县最高水准的琼剧团；业余剧团更是遍地开花，渗透海南岛每一个角落，最多时达1000多个，几乎每个乡镇都有一个业余剧团，每个村都有一两个业余琼剧演员。曾经主持创办过海南黎族苗族自治州通什琼剧团的符策超说：“自治州琼剧团从1969年开始创办，靠自筹经费、政府补贴坚持下来，除满足自治州观众观看琼剧的需求外，还走遍全岛到各地演出，靠卖票演出维持到建省撤州。”

当年的“县团”，被那个年代的海南群众视为“精神极品”来追求。

每逢“县团”下乡演出，都会出现万人空巷、人山人海的景象。就是平时田间地头、茶余饭后，只要一提到文昌县琼剧团，立即会提到洪雨、夏炎、晴阳、艾艾、金桃和《白云塔》《红泪影》；一提到万宁县琼剧团，立即会提到陈进和、胡蝶、吴桂卿和《广东开科》《金菊花》；一提到澄迈县琼剧团，立即会提到李和平、王蔚武、曾桂英、刘琼玉和《三堂会审》《哑女告状》……还有琼海、定安、琼山、屯昌、保亭、白沙等“县团”都拥有颇具知名度的招牌艺员与剧目，并且都有一个共同点，就是以演出古装戏为主。为了参加各个时期的琼剧调演，也会创作演出一些现代剧目。独有文昌县琼剧团，是当年海南唯一一个专演时装戏的琼剧团体。

文昌县琼剧团于1960年创办，首任团长韩南元，主要演员有苏庆云、符怡蝶、洪玉泰、云国美、周爱英、罗月莲、韩悟光、林明存、朱永法、王式炎、陈益效、韩爱娥等。1962年，该团演出时装戏《三里湾》打响知名度以后，文昌县委宣传部部长兼副县长英若十分高兴，他像给自己的孩子取名字一样，给剧团里的主要演员开艺名，给洪玉泰开艺名“洪雨”，韩悟光艺名是“晴阳”，周爱英艺名是“金桃”，云国美艺名是“艾艾”，陈益效艺名是“海啸”，韩爱娥艺名是“白贻”，王式炎艺名是“夏炎”，林芳銮艺名是“谷鹦”，颜若梅艺名是“紫徽”，邢益光艺名是“益雅”等，成为当时文昌县琼剧团的一大亮点，更使那些主要演员的名声如日中天。

文昌县琼剧团最初是白手起家，没有办团经费，没有宿舍住也没有练功房，但还是靠自力更生、刻苦学艺，“传帮带”出了一批各具表演特点的演员。例如，韩悟光擅长演郭建光（《沙家浜》）、郑民威

(《大义灭亲》)等胸怀大志的英雄人物;《雷雨》里的周朴园是夏炎最拿手的角色;陈益效则是“甘草演员”,什么角色都能演,如《年轻一代》里的王喜满、《芦荡火种》里的刁德一等;洪雨擅长演具有英雄气概的女性形象,如《江姐》里的江雪琴、《龙江颂》里的江水英、《沙家浜》里的阿庆嫂等;云国美则是大家闺秀、善良民女的最佳扮演者,如《雷雨》里的繁漪、《糟糠之妻》里的周婉贞等;韩爱娥则是演双枪老太婆、柳母一类老旦形象的不二人选。

这些演员、这些剧目,让文昌县琼剧团在当时红遍了海南岛。1981年,海南区党代会在琼海召开,文昌县琼剧团在琼海演出由云国美、韩悟光、陈益效、韩爱娥主演的时装戏《白云塔》,连演十四场,场场爆满,好评如潮。老艺人韩悟光回忆说:“《白云塔》在琼海演出之后,又移点回文昌县重兴公社演出,也出现了人山人海的现象。四、五角钱一张的戏票,供不应求,只好在剧场里临时增加座位,在农民家租借来的长椅上糊上号码牌出卖戏票,演出当晚很多车辆从重兴剧场堵到了文南中学。第二天早上,人们在剧场及周围拾到几箩筐当晚人满为患而挤掉的鞋子……”

不过,1988年海南建省办经济特区后,由于受多元文化的冲击,加之琼剧演出墨守成规、剧目陈旧落套,观众大量流失,趋向老龄化,演出市场越演越窄,上门来“绑戏”的需求也日渐减少,几乎吻合了“公祖饲戏班”的戏言。尤其是民营琼剧团,原来驻扎或设置联络点于“琼剧镇”大致坡的民营琼剧团有20余个,到2014年仅存六七个在惨淡经营。

(潘心团)

拜师收徒薪火传

2020年8月20日，82岁的著名琼剧表演艺术家、国家级非物质文化遗产琼剧国家级代表性传承人陈育明在海口收徒。时隔11年再次举行收徒仪式，他感慨良多："琼剧演员既要学艺术，也要学做人，要认认真真演戏、堂堂正正做人。过去老师们是这么教我的，我希望徒弟们接好琼剧表演的接力棒，让琼剧更好地传承下去。"

人们常说名师出高徒。自古以来，戏曲等非物质文化遗产以人为载体，讲究口传身授、言传身教，"师傅带徒弟"这种方式成为培养传承人的有效方式。十余年来，"拜师收徒"让拥有三百余年历史的琼剧焕发出新的艺术魅力和光彩。

"科班馆"里学演戏 "十个先生九本册"

"方言土语生珠玉，古调新声入剪裁。老辈耕耘新辈

2020年8月20日，陈育明收徒仪式在海口市群众艺术馆举行。陈望 摄

继，海南应有百花开。”在陈育明收徒仪式上，活动背景板上书写的这两句诗格外引人注目。这首诗的作者是田汉，这是他在60年多前琼剧演出团首次晋京演出结束、演员们即将离京前写下的。三百余年间，在一代又一代琼剧演员的传承下，琼剧这个海南唯一的大戏剧种才能以独有的绚丽色彩屹立在中国地方戏曲艺术之林中。

琼剧的拜师收徒仪式究竟从何时兴起，具体包括哪些仪式和内容？记者采访了海南省多位资深琼剧表演艺术家和琼剧历史研究专家，都没有得到确切的答案。

“过去50多年间，我从来没有参加过拜师仪式，学习的主要方式就是在剧团中跟班学习。”陈育明告诉记者。

“从1954年入行到2005年，我没有参加过拜师仪式，也从来没有看到过别人举行拜师收徒仪式。”年近八旬的钱汉堂是当年广东潮、琼、汉剧赴京汇报演出团的成员之一。他曾听过去的琼剧老前辈说过，在清朝末年，他们进入“科班馆”学习琼剧前会举行简单的仪式：人们将生鸡血滴入酒碗中，师傅和徒弟一起饮尽，最后还要起誓。

海南方言对传授各种技艺的师傅统称为“三父”。有文献记载，过去教授琼剧音乐的“文馆”里都会安设“华光祖师爷”（戏班尊拜的祖师爷）神位，先由师傅召集众学徒跪拜祖师爷，然后授艺。

《琼剧亲历见闻录（上）》中收录了琼剧老艺人李才喜、吴兴发等人对当年学艺生涯的回忆。过去，琼剧授徒形式有两种：一种是开馆授徒，一种是跟班学艺，少有例外。当时教唱戏的叫“科班馆”；教音乐的叫“文馆”，也叫“八音班”。那时教的东西没有统一教材，都是开馆师傅懂什么就教什么、懂多少就教多少，他们根据自己的经验由浅入深、由易到难进行口传身授。“科班馆”教刚入行的艺人做戏、唱戏，“文馆”教曲牌和演奏风格，教授的东西大同小异，又不完全相同，所以那时有“十个先生九本册”的说法。

除了入“科班馆”学习，学徒学习琼剧的第二种方式是跟班学习，即学徒在戏班、剧团里边学边演，从跑龙套开始学起、演起，向大牌演员求教，要多问、多看、勤学苦练，还要处处讨好师傅。在琼剧发展史上，许多琼剧“大佬倌”（地方戏曲知名艺人）也是通过跟班学习才最终有所成就的。旧时跟班当学徒的，要帮师傅背行李、打床铺、端茶倒水、请吃请喝，好不容易才能学到一招半式，那时的学徒大都深感学艺艰难。

这从老一辈琼剧表演艺术家郑长和的回忆中也可见一斑。郑长和9岁丧父、母亲改嫁，后因家贫辍学，就挑起糖糕担叫卖谋生。14岁那年，郑长和挑着糖糕到离家二三十里外的长坡圩，在戏馆门前摆担叫卖。为招揽顾客，他唱戏叫卖，竟也唱得有板有眼，声音又洪亮。戏馆师傅见他长得眉清目秀，决定收其为徒。旧时代，戏馆规矩严厉苛刻，学徒在师傅面前平时要低头垂手，饭前下跪磕头，无钱交学费的还要递烟奉茶，兼做担水扫地等杂活，边打杂边学戏，苦挨一年才能参加演出；演戏头两年没有报酬，只供饭吃。1959年，郑长和曾撰文抒怀，提到自己这段艰苦的学艺经历。

钱汉堂告诉记者，“科班馆”就是过去的琼剧艺校，专门教人学习琼剧，馆里的师傅教学水平参差不齐，许多人理论水平不足。学生学习期限一般在1年到3年，出科（毕业）后才能成为职业演员。学习期间，几乎每天要早起练嗓子和基本功。有些人出科后还要为“科班馆”无偿服务几年，只包吃住，不给工钱。

海南地方志书《万宁县志》记载，从1878年至1928年50年间，民间艺人自发出资兴办“科班馆”，培养和造就大批琼剧人才。当时演出的剧目有《林攀桂上金銮》《张文秀》《五娘上京》《张生上京》《玉堂春》《西厢记》《春香过岭》《拜月亭》等，其内容多含嘲讽乱世、揭露丑恶之意，对民众起到了一定的教育作用。

跟班学习，成就众多琼剧大家

1950年5月，海南解放，离散的琼剧艺人重新组建剧团，面向社会大量吸纳琼剧新人。1953年5月，广东省广州市戏曲改革委员会海南分会成立。为贯彻政务院“关于戏曲改革工作”的指示，开展改戏、改人、改制“三改”工作，并以海口集新、新群星剧团为典型，逐步推进改革工作。

1954年，12岁的钱汉堂成为集新剧团的一名演员。他告诉记者：“当时没有举行什么拜师仪式，我们对师傅十分尊重，每天都在他们的指导下认真练功。”

“人们都说一天不练，三天才能补回来。我们每天早上六点半就用腹带绑住腹部，然后用一根棍子顶住丹田处练习发声。”钱汉堂说。一次，他在翻跟斗时偷懒少翻了一个，马上就被师傅发现了，还被师傅用藤鞭抽了一下。

陈育明1952年初入新群星剧团时，琼剧发展正处于新老交替之时。当时的新群星剧团群星璀璨，有郑长和、韩文华、王秀明（艺名“三升半”）、林道修、陈丽梅、吴桂喜等众多名演员，许多人早已扬名海内外。他很幸运能得到这些知名演员的指导，“进团后，我跟着郑长和、韩文华、王秀明等知名演员学习。海南解放后已经没有过去那种拜师仪式了，但在我心里，他们就是我的师傅”。

当时，新群星剧团里尊师爱徒、勤学苦练蔚然成风。“每天天还没亮，我们就跟着郑长和等老前辈，从大同戏院步行到大英山公园去吊嗓子、练呼吸、压腰腿等。师傅们教得认真，我们也学得十分刻苦。有些人在练声过程中嗓子练哑了，休息一阵又继续接着练。有些年轻的女演员练习压腿时太疼了，都忍不住掉下泪来。”陈育明至今仍记得，有一次，琼剧泰斗郑长和语重心长地对他说："侬啊，吃这碗饭不容易，不勤学苦练可不行啊。"

"剧团里人与人之间互相尊重、和睦相处，如同一家人。团里年轻一辈对老师们十分敬重，除了平时递水送茶，排练演出时还会为老师们抹汗扇风。下乡转场演出时，徒弟很早就起床收好自己的铺盖，接着就赶去替老师收拾。乘车时，好座位要先让老师坐，还要为老师背包袱、拎行李。这些都是我心甘情愿主动去做的。当时，我还为此专门写了一篇感悟文章《学艺术与学做人》。"在《粉墨春秋50年——我的琼剧从艺之路》一文中，陈育明如是说。

年轻演员对前辈十分尊重，许多知名演员对剧团年轻演员倾囊相授、悉心指导，这种方式为琼剧的传承发挥了重要作用。

琼剧名家王秀明热心提携后辈、培养新人，主要体现在他后期演出的《挑女婿》《宝莲灯》等剧目中。1955年，王秀明提出用"以老带新演对手戏"的方式来培养新人，并以身作则，首先由他同新演员陈惠芬主演《挑女婿》来示范。这个戏演出后，一时轰动海口。因为在演出时说一口纯正的文昌话，陈惠芬不久就获得了"文昌旦"的美誉。"《挑女婿》演出几场后，王秀明老师就主动对我说：'育明，李俊生这个角色以后由你来演，同惠芬相衬一点。我毕竟老了，年岁不饶人呀！'他一边说，一边指点我如何来演好这个人物。这些事已过去了几十年，但我至今仍记忆犹新，永世难忘。"陈育明回忆道。

"每个老师都有各自的表演特色，在学习的过程中要认真吸取各家之长。过去，每逢郑长和、韩文华、王秀明等老师上台演出《林攀桂》《嵇文龙》《张文秀》等拿手好戏时，我就在剧场幕布旁认真揣摩，学习他们的唱腔、表情和表演动作。当他们演到精彩的地方，剧场沸腾起来，我不禁在心中和台下的观众一起叫好。在台下，我练习他们的经典桥段时，也会得到他们手把手的指导。他们的言传身教让我终生难忘、受益匪浅。”陈育明说。

时光荏苒，岁月如梭，得到众多名师指点的陈育明，成为琼剧界最知名的艺术家之一。他是业界公认的“琼剧金嗓子”，其独创的“育明腔”深受群众喜爱。和前辈一样，陈育明将自己多年所学倾囊传授给后辈们，并多次为他们的演出甘当配角。他对黄庆萍和陈素珍等人强调“四功五法”（即唱念做打和手眼身法步）的学习，教导她们字正腔圆方能唱好戏。

过去，正是通过剧团跟班学习这种方式，陈育明等众多观众熟知的琼剧名家从刚开始的跑龙套到演配角，最后才逐步成为剧团的台柱子。

新时代名师收徒续华章

进入21世纪后，以京剧、豫剧等为代表的戏曲剧种，重拾拜师收徒、师傅带徒弟等中国戏剧的优秀传统。

2006年，海南省琼剧院全面推动琼剧人才招募和培养工作，该院领导班子决定恢复琼剧拜师收徒传统。当年7月28日，琼剧表演

2006年，梁家樑(右)向符传杰传授琼剧表演技巧。李幸璜 摄

艺术家梁家樑、李桂琴收符传杰、李丹叶为徒暨拜师仪式举行，这是半个世纪来琼剧界的头一回。

此后，拜师收徒的传统逐渐拓展到海南省其他专业琼剧院团，成为培养琼剧精英的手段之一：2007年，陈进和收吉劲旅为徒，王英蓉收林川媚为徒；2010年，符致椿收张昌义为徒……

2009年，在海口市美兰区大致坡镇中国戏剧家活动基地，从艺50多年的“金嗓子”陈育明接过徐德强、陈德彬、符祥辉三名徒弟递上的茶水，这是他首次举行收徒仪式。名师收民营琼剧团的演员为徒，在海南省还是第一次。

“2008年，琼剧被列入第二批国家级非物质文化遗产名录。作为琼剧国家级代表性传承人，我感到自己肩负着传承琼剧培育新人的重任。为了更好地发挥传帮带的作用，我在钱汉堂等人的建议下，2009年首次正式收徒。”陈育明说。

“其实，琼剧界恢复拜师收徒仪式前，业内有两种不同的声音：一种声音是拜师收徒仪式已经半个世纪都没有举行了，现在是否还能起到培养人才、促进琼剧发展的作用；另外一种声音则是这种方式是传统戏曲界培养精英人才的重要方式，应该恢复这种优良传统。”陈育明说。从前些年省琼剧院等专业院团拜师收徒的情况来看，他认为这种方式有利于培养琼剧人才，促进琼剧艺术事业的传承和发展，“在一些年轻演员身上，我看到了他们师傅当年的一些风采和神韵”。

多年来，促进琼剧艺术不断发展的是国有剧团和民营剧团两支队伍。为了带动提升民营剧团的演员素质和演出质量，陈育明2009

2006年，李丹叶（左）向李桂琴学习琼剧表演技巧。李幸璜 摄

年收徐德强等三位民营剧团演员为徒。

2020年8月，陈育明第二次在海口举行收徒仪式。此次拜入陈育明门下的是海口市琼剧演艺有限公司（前身为海口市琼剧团）演员吴叙勇和海南省文化艺术学校琼剧表演专业教师叶建宏。

“过去，我们从师傅们那里学到了受益终身的琼剧表演技巧。如今，我们也要像当年的师傅那样，将自己的毕生所学毫无保留地传给年轻一代。”陈育明表示，然而令人担忧的是，如今许多海南孩子不会讲海南话，未来琼剧谁来听、谁来传？除了通过拜师收徒这种传统方式培养年轻演员外，琼剧传承还要从娃娃抓起，大力推动琼剧进校园活动。

业内人士表示，十余年来，琼剧拜师收徒仪式逐渐恢复，目的是鼓励琼剧青年演员积极向老一辈学习，汲取琼剧表演艺术家数十年来积累的丰富舞台经验，推动琼剧在传承中不断创新发展。

（徐珊珊）

那一年，琼剧首次晋京演出

1957年，他们风华正茂，因为琼剧首次参加晋京演出，在北京相逢相会。

光阴转瞬即逝。他们都已是年过七旬的老者，久别重逢，百感交集。

2017年3月，当年参加晋京演出的琼剧老前辈陈育明、钱汉堂和在京观看了演出的海南乡亲陈川望在海口重聚。在他们的讲述中，那段海南琼剧发展史上值得珍藏的往事一一浮现在我们眼前。

"非常幸运能参加晋京演出"

1957年4月，广东潮、琼、汉剧赴京汇报演出团160余人参加晋京演出。琼剧团上演剧目是《张文秀》《狗衔金钗》《卖胭脂》。这是拥有300余年历史的琼剧首次晋京汇演。

钱汉堂是当年赴京演出的琼剧团成员。谈起当年第一次参加晋京演出的情形，他依然眉飞色舞、激动不已："当时，我只有15岁，还是个'小仔屎'(海南方言，意为小孩子)。我不仅在晋京汇报剧目《狗衔金钗》中扮演黄狗这个角色，还担任了剧团字幕幻灯的候补放映员，便非常幸运地入选了晋京演出队伍。"

陈育明当时只有19岁，得知能去北京表演琼剧，他兴奋得好几个晚上都翻来覆去睡不着觉。

1957年，从海口乘船到广州后，陈育明、钱汉堂和琼剧团的同伴们又乘火车奔赴北京。4月28日晚，坐了三天两夜火车的琼剧团成员终于抵达北京。

"长途颠簸后，大家到北京的时候都已经很疲倦，但是一看到雄伟壮观的天安门广场，都激动得欢呼起来。"钱汉堂说。

"到达北京的时候已是深夜，我们都非常激动。很多人都在谈论一路上的各种见闻。"陈育明说。

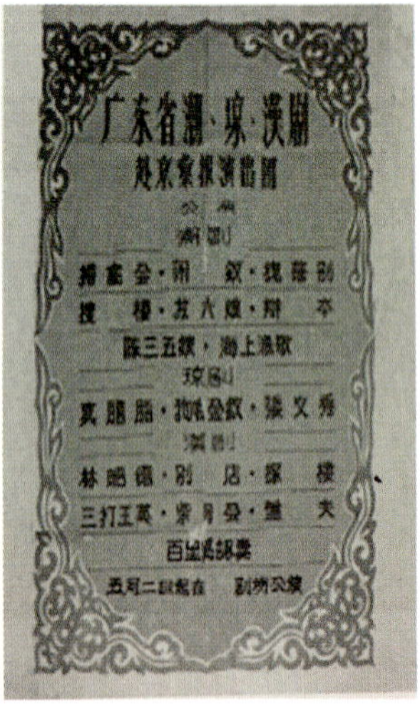

1957年，广东潮、琼、汉剧代表团晋京演出宣传海报。

精彩琼剧声动京城

进京的雀跃心情逐渐平息后，一些琼剧团演员开始担心："北方人听不懂海南话”“琼剧只是地方小剧种，在中国曲坛影响不大”，演出会不会出现上座率低，演出效果不佳的情况？

进京后，会讲一口流利普通话的钱汉堂，除了要演出，还被抽调到总团负责接待工作。据他回忆，抵京第二天一早，文化部副部长夏衍就来探望剧团成员，鼓励大家不要太紧张，“不要认为是小剧种，又是晋京演出就过多担忧害怕。过去一些小剧种进京演出，也出现过上座率高、观众评论好的情况。不管上座率高低，你们都要思想安定，从容应对”。

汇报演出团在北京一共逗留了42天。当时，陈育明在《张文秀》剧目中扮演按察（古代官员）的角色。

“在全国戏曲大家庭中，琼剧当时还只是一个名不见经传的地方小剧种。能够进京演出，让我们这些演员都深受鼓舞。”陈育明说，在北京1个多月，他们不仅要上台表演，还观摩了京剧、评剧等大剧种艺术家们的精彩表演。

“在政协礼堂，我们观看了梅兰芳、袁世海等大师演出的《霸王别姬》，精彩演出令人至今难忘。”陈育明回忆道。

1957年5月15日，毛泽东、刘少奇、周恩来等党和国家领导人在中南海怀仁堂观看了代表团联合演出并上台接见了演职员。

“除了在中南海怀仁堂的演出外，我在当年的‘五一’群众大游行中也见到了毛主席。”谈起这段往事，陈育明至今仍然非常激动。

1957年“五一”劳动节前夕，陈育明和演出团部分成员被选中参加首都五十万人“五一”大游行活动。“5月1日凌晨2时，我们就来到北京东单附近集中。下午2时许,我们组成的文艺队伍高呼口号通过天安门广场,接受毛主席等党和国家领导人的检阅。"陈育明说。

在京期间,琼剧团成员还在中央舞蹈学校剧场、中央军委礼堂、全国文联礼堂、全国政协礼堂进行专场演出,受到了多位中央领导人以及文艺界人士的接见和好评。

田汉在汇报演出团离京前,给潮、琼、汉三个剧种各赠诗一首,写给琼剧的是:"凤梅垂老又红梅,舞妙歌清几俊才。文秀不堪人盗盏,茂芳偏遇狗衔钗。方言土语生珠玉,古调新声入剪裁。老辈耕耘新辈继,海南应有百花开。"

最是乡音解乡愁

"少小离家老大回,乡音无改鬓毛衰。"远离海南故土、在异国他乡工作生活的人,最渴望听到的是那熟悉亲切的海南乡音。而海南乡音的代表——琼剧,在异国他乡的乡亲中特别受欢迎。

"当时,许多在京工作的海南乡亲,得知家乡人第一次在北京表演家乡戏,纷纷奔走相告,欢欣雀跃。"祖籍文昌、在北京工作生活已经60年的陈川望,用一口流利的文昌话对记者说。

1957年,年仅19岁的陈川望离开海南,到北京工作仅一年。得知海南乡亲参加晋京演出后,他和陈封民等在京工作的琼籍乡亲到剧院观看了演员们的精彩表演。

"当时,我坐了半个小时左右的车到达剧院。看到熟悉的琼剧,感到非常亲切，犹如回到家乡一样。”陈川望说。

陈川望和陈育明的祖籍都在文昌，两人是小学同学。由于生活的变迁，两人先后离开了家乡。“没想到，多年后，我们两个人会在北京重逢。”陈育明说。

演出间隙，陈川望、陈封民等人带领陈育明、钱汉堂等一些琼剧团成员游览了北京城。“在海南乡亲的热情陪伴下，我们第一次游览了北海公园、中山公园、劳动人民文化宫，第一次吃了北京烤鸭，非常高兴。”钱汉堂说。

2017年，在接受记者采访时，鬓染白霜的陈川望和陈育明都不约而同地拿出了当年和海南乡亲在北海公园合影留念的照片。一大一小的黑白照片，记录下了当年那段令人难忘的岁月。

“时光荏苒，首次进京的珍贵历史时刻，成为我们心中最值得珍藏的宝贵记忆，鼓励着我们不断为传承琼剧而努力。”陈育明说。

1957年，陈育明（左一）、钱汉堂（前排右三）和陈川望（后排右四）等人在北海公园合影。受访者 供图

（徐珊珊）

琼剧“生脚”竞风流

琼剧生角（也称“生脚”）可谓人才辈出，老百姓可能忘了他们的名字，却难以忘记他们的艺名，如“老长和”和“新长和”、“大文华”和“小文华”，又如“箍桶生”梁家樑、“金嗓子”陈育明，以及吴多东等“吴氏三兄弟”。

且看这些名字：谭永儒（“黑痣生”）、陈俊彩、田巨昌（“鸡蛋生”）、陈文清（“雪梨生”）、罗立书（“烟屎生”）、李积锦、谭歧彩、王秀明（“三升半”）等，都是早期琼州梨园称雄一方的“大牌‘生脚’”。

『三升半』王秀明。海南省琼剧院 供图

及至近现代，郑长和、王正堂、韩文华、陈

华等“生脚”的名号仍如雷贯耳，他们的故事让广大戏迷群众津津乐道。

旧时“生脚”趣事多

大约从清朝道光年间起，随着土戏“生脚”金锦堂随“琼城梨园班”漂洋过海到越南西贡演出，开琼剧出国演出之先河，金锦堂也成为首批赴东南亚旅演的“正印‘生脚’”。金锦堂乃琼山东山人，早期在木偶戏班里“牵公”唱戏，长相俊美，活似金童，人称“金公仔”。旧时，艺人为了卖弄噱头，表演形式大都粗俗下流，“金公仔”却不随波逐流，遵循戏文规范，且作风正派，乐善好施，故同行称他为“艺人之楷模”，民众称他为“合格‘生脚’”“君子‘生脚’”“双格‘生脚’”（演技、品德都合格）。后期成名的“生脚”汪桂生、郭庆生、田巨昌（艺名“鸡蛋生”）等，都承袭了“金公仔”从艺做人之风范。

早期琼州梨园有取艺名的习惯，很多是观众根据艺人的表演或生活特征而取的。如清末艺人田巨昌，感冒唱戏时声音沙哑，吃了戏迷提供的“半生不熟的鸡蛋”，声腔果然越唱越响亮，观众便戏说他是“吃半生熟鸡蛋‘生脚’”，叫他“鸡蛋生”。

1928年的中元节，嘉积镇商民集资邀请名生陈雪梨、郑长和演对台戏。陈雪梨出名比郑长和早，观众担心郑不是陈的对手，输了会身价大跌。首晚演出，观众都想一睹胜负，戏场非常热闹。陈雪梨演《吉彩平赠银》，郑长和演《林攀桂》，均是他们的拿手好戏，精彩纷呈。观众两边奔跑看戏，喝彩鞭炮声不绝于耳，结果旗鼓相当，平分秋色。第二天晚上改演时装戏，陈雪梨演《杜鹃怨》，郑长和演《双自由》，仍是难分输赢，观众两边叫好，商家只好加制金牌一并奖励。

金声薪传依然绕梁

1959年，广东琼剧院成立。从此，琼剧“生脚”真正为观众所熟悉，一路传承下来的“老长和”“新长和”“大文华”“小文华”以及后来的陈育明、梁家樑等，他们或被观众闻其声，或被观众睹其形，具有高超过人的表唱艺术功底，不愧是近代琼剧舞台上响当当的“生脚”。

郑长和（1892—1967年），祖籍琼海塔洋，早年随团旅演于东南亚国家。20世纪30年代，他携“长和班”到柬埔寨金边演出。因条件限制，只能在侨民临时搭建的一间草棚戏院里演出。然而“长和班”不负众望，演出空前成功。中华人民共和国成立后，旅柬侨民为纪念郑长和那次访演，筹资在原址上建造了一幢钢筋水泥做成的戏院，取名“长和戏院”。郑长和独创的“长和腔”又叫“三接板”“三折板”，其特点是唱腔在高音区迂回，音节之间不留空隙，昂扬激越，有一波三折之势，听了令人荡气回肠。郑长和曾担任广东琼剧院首任副院长、全国文联委员。

王正堂（1906—1979年），祖籍琼山云龙，艺名“新长和”，是“老长和”郑长和的传人。他从小喜欢看“老长和”演戏并仿唱其唱段，从艺后更是勤于向“老长和”讨教表演路子及唱腔技巧。1928年，王正堂在海口瑶园永乐戏院演出《广东开科》，郑长和与妻子吴桂喜前去观看。演出结束后，有观众问郑长和："他（指王正堂）的演唱做派像不像你?"郑长和笑而不答，吴桂喜接嘴直夸："像，像，太像老郑了！"

韩文华（1906—1969年），艺名"大文华"，祖籍文昌公坡。他从小爱戏如命，在饲牛坡上一边骑牛一边唱戏，村里人都说他将来定是个"生脚才"。1924年，韩文华在泰国从艺演戏，返琼后搭过成桂班、"九老爹"、文华剧团、华丽琼剧团、新群星剧团等，均掌小生正印。1959年，他随团并入广东琼剧院后，一直任二团正生兼副团长、团长，主演的《春水浇桃花》《荔枝换红桃》《红泪影》《朝阳沟》等誉满琼州。

有"小文华"美誉的陈华（1924—2000年），祖籍琼海塔洋，他承袭师傅韩文华的衣钵，把琼剧"生脚"的唱功做派推上了巅峰。陈华的名字几乎是与"梁山伯""张文秀""文东和"紧紧连在一起的。他与名旦红梅、王英蓉搭档主演的《梁山伯与祝英台》《张文秀》《红叶题诗》成为琼剧难以逾越的经典。陈华的唱腔结实透亮、音域宽阔，如行云流水般流畅，是琼剧小生行当的"招牌声腔"。

陈华不但能演，还善编会导，是一位很有文化涵养的"生脚"。他是琼剧《还乡曲》的编剧之一，整理过《节德悲歌》《借亲配》等剧目。1983年，陈华退下舞台后，乐于撰写回忆录和诗词，著有讲述舞台生涯的传记《我的舞台生涯》。1988年，他在欢迎新加坡琼籍作家访问团晚会上，即兴吟咏一首诗《迎嘉宾》："珠崖建省添新雅，召来星岛诸作家。中华儿女满天下，炎黄子孙本一家。欢聚一堂叙桑梓，畅谈共建吾中华。今日清茶捧在手，明日再来赏百花。"随后，他以粤剧中板演唱了这首诗，博得满堂喝彩。

琼剧名生陈育明、梁家樑，退下舞台后仍然心怀琼剧，收徒教戏，默默发挥余热，他们都是国家级非物质文化遗产——琼剧国家级代表性传承人。

“县生”们的辉煌岁月

改革开放以来，海南各县级琼剧团涌现出一批颇受观众好评的好剧目、好演员。当年县级琼剧团的正生都称为“县生”，在本地区堪比当时的歌星影星，被戏迷追捧崇拜。

“黎生”王宏夫扮演的苏东坡。梁学武 摄

提起文昌县琼剧团，必提《白云塔》《红泪影》和苏庆云、韩悟光、陈益效，这些“生脚”在时装戏里的白色西装领带形象，在人们的记忆中经久不衰。还有万宁的陈进和、琼海的钟厚昌、定安的谢雄林、澄迈的王蔚武、白沙的王宏夫等，他们都演出了自己的成名剧目，撑起了一个个县

吴多东(左)和弟弟吴多军同台演出《风流才子》。梁学武 摄

级琼剧团的辉煌岁月。

起步于白沙琼剧团的王宏夫，是琼剧界迄今唯一一位“黎族‘生脚’”，成名时装戏是《人生》《魂断蓝桥》。1990年，他调入省琼剧院后，因主演《苏东坡在海南》中的苏东坡获得成功，从而使琼剧首次问鼎“文华新剧目奖”。

“吴氏三兄弟”也是琼剧“生脚”界的一道亮光。吴多东成名后，将胞弟吴多江、吴多军也带上琼剧之路，并且成为剧团独当一面的“生脚”，实在难能可贵。

（潘心团）

韩文华：从放牛娃到琼剧宗师

20世纪30年代，是琼剧名角不断涌现的辉煌年代，郑长和、韩文华、陈华等一代琼剧大师粉墨登场。

而韩文华则是琼剧界一个无法被复制或超越的时代符号。

韩文华不仅是琼剧界的一位大师，更是一代宗师。他与名旦林道修组建的“新群星琼剧团”，培养出琼剧表演艺术家陈华、陈育明等，繁荣了琼剧表演艺术。

韩文华（1906—1969年）。海南省琼剧院 供图

琼剧界及戏迷们一直敬仰韩文华，不仅以他的名字命

韩文华（右）在现代琼剧《朝阳沟》中饰演党支部书记。海南省琼剧院 供图

名琼剧剧本，还将他的弟子陈华称为“小文华”，足见韩文华艺术成就的深远影响。

作为琼剧表演艺术领域的佼佼者，放牛娃出身的韩文华在10多岁时已表现出过人的才华。他在饲牛坡上一次次即兴的琼曲吟唱，被周围的听众熟悉并喜爱，村里人都说他将来定是个“‘生脚’才”。

韩文华虽然没有经过琼剧的专业训练，却凭借自己对琼剧的痴爱自学成才，依靠独特的唱法及表演方式开创了一个属于他的时代，其唱腔被称为“文华板”，其主演的《春水浇桃花》《荔枝换红桃》《红泪影》《朝阳沟》等誉满琼州。

上台前喝上一小口酒

有些记忆总让人牵肠挂肚。韩文华的儿子、海口市琼剧团原编剧韩锐准，每天晚饭后都会到海口市第十三小学附近散步。故地重游，纵然年深岁久，那段搬张小板凳坐在后台听父亲唱戏的日子，他仍历历在目。

这里是大同戏院的旧址，20世纪70年代被改建为现在的海口市第十三小学。很多六七十岁的琼剧戏迷对这里有着美好的回忆，不时回来走访。

20世纪40年代，大同戏院由韩文华、林道修等人买下来，改为股份制戏院，作为新群星剧团的演出基地。当时的“新群星”与“集新”被称为琼剧界的“两大军团”，两个剧团的班底几乎囊括了海南琼剧界的精英，如“新群星”有小生“大文华”（韩文华）、“三升半”（王秀明），花旦、青衣有林道修、陈丽梅等，备受戏迷追捧。

大同戏院地处海口中心城区，交通便利，票价便宜，在这里演出的琼剧受到海口市民欢迎。演员们在工作日期间只演夜场，但逢周日或者春节期间，群众看戏热情高，便从下午2点至4点演出日场，到晚上7点半又开始演夜场，11点半结束。

“演出的剧目有《乌鸦戏凤》《三娘教子》等，几乎场场爆满。如遇到韩文华等名角演出，更是一票难求。”“老海口”钱汉堂至今依然清晰记得当年琼剧演出的繁荣景象。

琼剧作曲家吴梅说，母亲是韩文华的铁杆戏迷之一，只要有韩文华演出的剧目必定到场，且必坐第一排。当时年仅七八岁的他每次都会跟母亲进场听戏，由于年纪小还成为很多戏迷给韩文华送礼物的转交人。

“演出时，戏迷经常会买一杯咖啡送给韩文华，而有些疯狂的戏迷会把戒指从手上脱下来，丢到咖啡中当礼物。”吴梅说。

由于经常在后台走动，吴梅了解到韩文华的一些“与众不同”。韩文华每次化妆后，必定在帘角边的一个衣箱上默坐候场，酝酿情绪，这个衣箱被同行称为“文华专座”。出场之前，他会饮一口酒，这是他的“提神酒”“开声酒”，饮了酒的他登台时神采飞扬，嗓音洪亮，达到最佳的精神状态。

饮酒唱戏是韩文华独有的特色，在琼剧界他也得了个“醉酒公”的戏称。

每天用肚皮顶着竹竿练气

“父亲小时候双亲早亡，家境贫寒，家里人希望他多干农活挣钱，他却从小爱唱戏。当时唱戏被人看不起，所以家里一直反对他唱琼剧。但是，爱戏如痴的父亲仍然不顾一切远赴东南亚演出。”2014年，韩锐准说。

1924年，韩文华跟随老乡前往泰国从艺演戏，最初在某戏班学艺，后入韩熙畴组建的南方剧团学生行戏，有“新栽‘生脚’”之誉；1930年，与名旦陈成桂搭演，声名日隆；1934年返琼，韩文华先后在各大戏班领小生衔出演，誉满琼州。

“韩门”弟子之一、琼剧表演艺术家陈育明说：“小时候在乡下看韩文华演出时，觉得他似乎是为琼剧而生，有着优秀的声腔，声音洪亮，下乡演出时不用麦克风声音也能传出二里外。”

韩文华的艺术生涯主要集中于民国时期。那时，扩音器等传播设施还不普及，也没有幻灯片，所以当时艺人演唱的速度都比较慢。

韩锐准说，当时的艺人为了让观众能欣赏到清晰的唱词，个个都苦练唱功，一大早便起床用一支竹竿顶着肚皮苦练丹田气。父亲也是这样苦练的。

戏迷李乙帆说，虽然大家使用的都是“慢功夫”，但韩文华并不一味求慢，而是慢中求变，起伏万端。韩文华的唱腔字字清晰，似断非断，在断句时习惯使用“咮”“那咮”“罗虾”等过门词，具有浓郁的乡土气息。他凭借娴熟的演唱技巧，一字一句均力求变化起伏，韵味隽永，其唱腔也被戏迷称为“文华板”。

此外，韩文华还推动了文明戏的发展。20世纪40年代，《新人之家庭》《清冰爱情妻》《空谷兰》《戏泪影》《糟糠之妻》《爱情与黄金》等一批新剧诞生。在当时的知名“小生”中，韩文华的表演富有情感，颇受广大戏迷的喜爱。有编剧还特地为他写了一部戏，以他的名字命名为《文华卖西饼》。

教育弟子强调创新

在琼剧舞台上，他是万众瞩目的“生脚”；在日常生活里，他穿着朴素，没有半点明星架子。

据韩锐准回忆，父亲穿着朴素，平常都是一件黑纱布对襟衣，一条唐装布裤,一顶白纱毡帽,一双人字口黑布鞋,一把黑布伞。后辈在整理他的遗物时,发现只有两套旧西装和92元人民币。

海南省琼剧院创作研究室主任潘心团回忆,早期戏班下乡演出,一走就是一年半载,都是在乡下,一村演过一村,睡农家屋,吃农家饭,和农民朝夕相处,还有艺人和农民认了亲。当年琼剧名伶韩文华随团下乡演出,常常在农家院子里席地而坐,一壶米酒一碟萝卜干,与农民兄弟拉家常,亲热得如一家人。

“下乡演出时,我们早早起来练声,韩文华先生偶尔会过来指导我们,如何学习丹田发声,让声音更有力、洪亮,传得更远。”“韩门”弟子黄良冬认为,老师是性情中人,平时寡言,但对弟子爱护有加。

由于知名度高,而且乐于教人,陈华、陈育明、梁家樑等一批有潜质的琼剧新星都聚集到韩文华身边。

在陈华的回忆录中,他自述在“歧彩班”拜韩文华为师,跟他学艺3年多,后来被称为“小文华”。

“对于学生的表演,他总要求多观察,多创新。”黄良冬一直记得韩文华的教导。

不少琼剧界人士也评价,“韩门”弟子有一个特点:每个人都有自己的表演风格。其中的关键在于他们不但善于“师古”,更重要的是能“出新”。师古只是前提及基础条件,并不能确立艺术家的艺术地位,只有“师古而出新”,才能最终赢得观众的认可和喜爱。

(陈怡)

“小文华”陈华：艺不惊人誓不休

陈华曾师从琼剧名生韩文华，唱腔、动作都模仿得颇具神韵，在海南解放前便有“小文华”之美誉。陈华并未满足于此，他不断地学习进取，终成自己独特的唱腔风格——“陈华腔”，得到艺术界普遍认可。他不仅是一位知名的琼剧表演艺术家，也是儿女们心目中的好父亲。

风趣节俭的严父

陈华生有两男两女。老三陈邦华对父亲最深的印象是父亲的风趣，“我父亲很会讲笑话，常常把全家人逗得前俯后仰，他自己却不动声色。同样一个故事，我们怎么讲都不好笑，他配上动作和表情却可以讲得很风趣，这应该跟他是一个演员有关系”。

陈华的4个儿女中，老四陈红月是唯一继承父业的，

由陈华（左）和王英蓉主演的琼剧《红叶题诗》剧照。海南省琼剧院 供图

她是中国戏剧家协会会员、国家二级演员。“没有演出任务的时候，父亲不喜欢外出应酬，而是在家里看书，高兴时就唱几句戏文；兴致高的时候，他就喝上几杯小酒。”陈红月说，“他很节俭，抽完烟舍不得丢掉纸烟盒，而是展开来练毛笔字。他最容不得我们浪费粮食，要求碗中的每一粒饭都必须吃干净，甚至在饭桌一侧的墙上贴上古诗‘锄禾日当午，汗滴禾下土。谁知盘中餐，粒粒皆辛苦’。”

陈邦华和陈红月的母亲白燕曾是一位名旦，1967年去世，兄妹俩自小便缺少了母爱。而作为父亲的陈华并未因此在生活上一味骄纵他们。他们记得小时候，每次听到卖冰棍小贩的吆喝声，就会对父亲说：“爸，口水流了！”陈华却说：“那就咽下去。”

虽然陈华在子女吃零食这件事上表现得很抠门，但孩子们在学习上有什么需要，他都舍得投入，一点都不含糊。

违抗父意的小子

1993年，陈华在自传《我的舞台生涯》中回忆道：自己几岁的时候就开始喜欢琼剧，看完琼剧后还爱连哼带唱几句。有一次被做生意的父亲听到了，挨了一顿训斥。因为父亲希望陈华要么好好读书，要么长大后跟他做生意。

在家里父亲不让唱戏，陈华就跑到田野或在荒坡上唱。赶上戏班来村里或附近村庄演出，他总是瞒着父亲去看个通宵。看多了，他还有模有样地模仿起舞台上演员的动作和唱腔，久而久之便与琼剧结下不解之缘。

10岁那年，陈华被父亲送到离家10公里远的嘉积镇读小学，暑假时才回村。假期快结束时，父亲从城里回来接他去上学，恰逢村里来了戏班，要连演三个晚上的琼剧。陈华想看完戏再回城，遭到了父亲的拒绝。在前往嘉积镇的路上，陈华佯称肚子疼要方便，然后在灌木丛的掩蔽下跑回村里。但父亲后脚也跟了上来，气愤之余拿棍子打了他一顿，好在经母亲求情，陈华终于可以看两晚上的戏后再回城。

1944年，陈华的父亲到海口、府城一带做生意。此时，嘉积当地的“玉香班”贴出招生广告，陈华便抱着试试看的心理去应试，不想被录取了。班主王玉香看他年纪不大，声音清脆，但个子不高，就教他演“娃娃生”。

王玉香是陈华的启蒙老师。在他的训练下，陈华学会了用气、咬字、行腔和归韵等基本功，戏越演越多，名声也越传越远。在海口的父亲知道后，写信回家责怪母亲管教不严，还骂陈华是“败家仔”，但毕竟鞭长莫及，陈华照样演他的戏。

勤奋好学的演员

1945年，日本投降后，“玉香班”解散，另一个戏班“岐彩班”的班主谭岐彩看中了陈华，想吸纳他一起演出，但陈华的父亲不允许。陈华被迫在嘉积镇帮父亲摆摊做买卖，但“身在曹营心在汉”。第二年春天，陈华悄然离家，投奔“岐彩班”去了。当时班里有著名的生角韩文华、丑角陈乐元等人，他的启蒙老师、演旦角的王玉香也在戏班里。

陈华的父亲到戏班里找儿子，谭岐彩料到他会来，便事先将陈华藏起来，然后三言两语就将其父打发走了。后来，谭岐彩亲自做陈华父亲的思想工作，肯定了陈华的演戏才能，终于说服了老人家。从那以后，陈华才可以心安理得地专心学戏、演戏。

陈华（1924—2000年）运腔自成一派，被誉为『陈华腔』。
海南省琼剧院 供图

在“岐彩班”，陈华决心拜韩文华为师，跟他学艺。

每年冬季都有人想以高价挖走陈华，却都达不到目的。

“在追随韩老师的三年多时间里，我老实地做人，认真地学艺。看到老师有空，就有的放矢地虚心求教，老师演出我就站在幕边看，边看边学，学他的唱法、表情、动作……反正他的一招一式，我都不折不扣地学。日积月累，真的有点像他，故而观众给我送了一个绰号——小文华。”陈华在自传中写道。

陈红月说，父亲喜欢读各种各样的书籍，家里还备有《辞海》和《辞源》这样的工具书。

在2010年12月16日举行的“缅怀陈华、红梅、林道修表演艺术研讨会”上，琼剧表演艺术家陈育明说：“陈华先生和我都是韩文华老师的门徒，他学历不高，只有小学文化水平，但勤奋好学、博览群书，不断汲取营养丰富自己，是琼剧演员中文化素养极高者。我曾在他家中看到，书架上有文艺理论、名人传记、唐诗、宋词、元曲和明清民歌等书籍。演出之余，他还赋诗填词。作为师弟，我深深敬佩他一生好学的精神，并以他为楷模永远激励自己。”

大胆创新的“陈华腔”

我国著名画家齐白石说过：“学我者生，似我者死。”这句话放在文学、戏剧和书法等其他艺术领域，也同样行得通。陈华模仿韩文华得到认可，但并不停留在“小文华”的境界沾沾自喜。

“观众反映说：小文华演出很卖力，但演什么人物都是一道汤，没有个性。"陈华写道。这些宝贵的意见促使他从此无论扮演什么角色，都把挖掘典型环境中典型人物的个性放在首位，时刻记住每个人的形象、风貌、举止和个性特征。

除了揣摩人物个性外，陈华在唱腔的运用上也大胆创新，根据自身音域宽广的特点，以腔带情，情景交融，自成一派。后来，观众将其唱腔特色誉为"陈华腔"（也称"陈华板"）。

琼剧理论家周庆辉认为："尽管陈华多唱高亢的'外线中板'，但他音域宽，腔调能高能低，高而厚，低而实，高低自如，听他唱戏是一种美的享受。"

陈华的琼海同乡、作家王锡钧分析，"陈华板"不是自然天生，而是他（陈华）博采众长，在气口功夫上将传统的"下腹式"运气法与现代歌唱采用的"胸腹式"运气法融会贯通，使之吐纳自如，唱戏犹似

陈华和红梅主演的琼剧《梁祝》剧照。
海南省琼剧院 供图

闲聊;他的发声自有一套诀窍,以丹田作为底气支力点,充分发挥人体各个共鸣腔的功能和协调作用,在传统的“五音四呼”基础上吸收西洋科学的发声法,注意声法的疏密,既保持了戏曲唱法的演唱风格,又汲取了歌唱方法的旋律特点,让声音富有弹性,悠扬动人;他的唱腔“字真”“腔纯”“板稳”“韵浓”,行腔干净利落,让人百听不厌。

“陈华腔”在陈华的代表作《张文秀》《红叶题诗》《梁山伯与祝英台》《彩楼招亲》和《狗衔金钗》中都有运用。

陈育明说:“陈华善于结合自己的声音特点,超越前人的唱法。比如在《梁祝》中,他巧用高腔、中板等多种唱法,高低起伏,唱出了梁山伯的复杂心情。这样的唱法,最早源自郑长和,但在陈华那里又有了发展。”

由于陈华的唱腔优美,因此长期受到观众喜爱,至今仍有不少戏迷在模仿。海南省琼剧票友协会里就有不少人在学他的腔调,每次进社区和到农村义演时,唱得最多的也是陈华的折子戏。

（陈耿）

琼剧“金嗓子”陈育明

《红楼梦》中的贾宝玉、《红叶题诗》中的文东和、《海角惊涛》中的冯白驹、《泪血樱花》中的秦滔……在数十载从艺生涯中，陈育明塑造了一个个让琼剧戏迷喜爱的舞台角色。他的足迹不仅遍及海南的乡村城镇，还远及东南亚。他曾10多次率团到东南亚国家和我国的港澳台地区演出，受到海外华人华侨的热烈欢迎。1989年，在出访新加坡时，当地的《联合晚报》亲切地称他为“海南首席小生”。

2009年2月，记者拜访了72岁的琼剧表演艺术家陈育明。

东郊“阿沈”唱名远播

“我的一生与琼剧相连，不知道是不是命中注定的。我的启蒙老师是父亲陈颖秋。”陈育明的思绪飘回到童年，“我的家在文昌东郊桥头村。小时候，村里有个八音队，我

陈育明在琼剧《三看御妹》中的扮相。海南省琼剧院 供图

们那里俗称‘文排’。逢年过节村里人都会邀请‘文排’演出。没有演出时，演员们都会在村里的空地上吹拉弹唱。小孩嘛，就喜欢热闹，每次演出队排练的时候我都会去看。听久了，慢慢也学会了那么几句琼剧，平时玩的时候也会随兴唱上几句。”

有一次，在邻村教书的陈颖秋回到家里，听到正在屋里玩耍的陈育明竟然能唱出整段的琼剧选段，他才发现原来儿子竟有这样的天赋。于是，爱好琼剧且拉得一手好琴的陈颖秋，开始有意识地教陈育明唱一些曲牌和名家唱段。

“我还记得，那时父亲教我唱的是《叹五更》和《文武两少年》这两个选段。”陈育明说，“看到我这样喜爱琼剧，父亲不但教我唱，还经常带我去看。只要有好剧团到东郊演出，我们父子每场必到。”五六岁时，陈育明已是“唱”名远播了，连同村的“文排”队也邀请他加入演出队伍去配唱，“那时候，文昌很多人都知道东郊‘文排’队里有个‘阿沈’(陈育明曾用名陈沈)呢。”

加入“新群星”　“金嗓子”琼剧界扬名

1952年，刚上初一的陈育明因家境困难不得不辍学去工作。之后他到琼山县一区六小任教员，那年他年仅15岁，是当时琼山县年龄最小的教员。就在这一年，他的人生有了重大转折。

“那年暑假，我到海口去看干爸干妈。听说‘新群星’剧团在招人，我就到剧场试唱，一下子就考上了。”陈育明就这样开始了他的专业琼剧演艺生涯。进入“新群星”后，他得到剧团许多前辈的指点，“进团后，我跟着韩文华、王秀明、李长城几位老艺人学艺。尽管中华人民共和国成立后已经没有过去那种拜师仪式了，但在我心里，他们就是我的师父。每天天不亮，我们就跟着老艺人们，从大同路的宿舍步行到大英山人民公园吊嗓子、压身段”。

1953年，学艺小成的陈育明接到了他在琼剧舞台上的第一个角色——《梁祝》中的书童四九。上场后，开腔第一句：“相公喂，多远才到杭州城，行行已软这双脚……”清脆悦耳的唱腔刚落地，便声惊四座。此后，戏迷们便亲切地称呼他“四九生”。

1956年，陈育明首次担纲主角，在琼剧《宝莲灯》中扮演沉香。1957年，他被抽调进京作汇报演出，演出结束后剧组成员受到毛泽东和周恩来的亲切接见。陈育明在琼剧界开始崭露头角。1959年，粤剧大师马师曾、红线女来琼，听了陈育明的演唱后，当即送他一个雅号：金嗓子。

“四九生”“文昌旦”喜结良缘

陈育明的琼剧表演事业在进入佳境时却遇上了挫折。1959年，陈育明患上了肺结核，他不得不休演在家安心疗养。

但正是因为这场病，陈育明与爱人陈惠芬结下了一生的情缘。文昌姑娘陈惠芬当时与陈育明同在一个剧团，由于长相靓丽、唱腔甜美，很受戏迷们的喜爱，戏迷们送她外号“文昌旦”。

“那时，剧团里的年轻演员经常同练功、同演出，结下了深厚的

1962年，陈育明与陈惠芬喜结良缘。陈育明 供图

友谊。我们练功后经常满身大汗，姑娘们在洗练功服时会顺道帮团里的男演员洗，我的衣服当然也包括在内。”陈育明笑着说，“当时很多姑娘抢着帮我洗练功服，阿芬也在内。”但在那时，一心学戏的陈育明还没有谈恋爱的念头。

“生病后，团里很多同事都到医院来看我。有一天，阿芬和团里的姑娘们一起来了，大家都站在病床前安慰我。阿芬没有说话，只在一边静静地站着。不经意间我看到她的眼眶红了，她快速地转过脸擦了擦，我感动极了。”陈育明回忆道。

半年后，陈育明的身体恢复，重返琼剧舞台。不久之后，他和阿芬成了一对甜蜜的恋人。1962年，“四九生”与“文昌旦”结婚了。从此，他们风雨同舟，相伴至今。

66岁出演《鉴真大和尚传奇》

从扮演《梁山伯与祝英台》的书童开始，陈育明的表演渐入佳境。截至2002年,他从艺50年,演出剧目上百出。

琼剧戏迷们非常喜爱这位琼剧表演艺术家。钱汉堂在1965年曾与陈育明同台演出琼剧《像他那样生活》。他还记得,由陈育明主演的这出改编过的琼剧,创下当年一个月内同地点演出38场次的纪录。

钱汉堂说,当时这出戏的戏票供不应求,于是出了"一人限购两张票"的规定。很多人为了能买到戏票,拿着铺盖睡在卖票窗口前排队,"那时候的情形,就跟后来抢购春运火车票一样"。

陈育明创造了琼剧表演史上的许多纪录。他塑造了《泪血樱花》中的秦滔,获得海南行政区"百花奖"表演一等奖,创造了琼剧现代戏演出场次最多的纪录;他主演的《三看御妹》《梁山伯与祝英台》《海角惊涛》《红叶题诗》等10多个剧目,先后由广东电视台、海南电视台拍摄成舞台戏曲片公开播映,在海内外引起了较大反响。

2003年,从艺51年的陈育明接到了《鉴真大和尚传奇》的剧本,"鉴真五次东渡日本无功而返,第六次东渡方才成功,那时已是66岁高龄。而我接到这个剧本时也刚好66岁,这是我走下舞台前接的最后一部戏,非常有戏剧性"。

为了让琼剧表演技艺得到更好的传承,2009年初,72岁的陈育明在大致坡民营剧团里收了三个徒弟。他说:"虽然我的舞台生活已经画上一个句号,但我这颗心将永远心系琼剧。我能教给徒弟的,就是认认真真演戏、堂堂正正做人。"

(许春媚)

琼剧“旦脚”：文静又婉娇

再精彩的电影或戏剧，如果没有女角就会逊色许多，也会失去很多观众，尤其是女性观众，琼剧也是如此。海南观众习惯称琼剧正旦为“旦脚”，就是舞台上的一号女主角。

如果说，琼剧舞台上“生脚”（正生）是“顶梁柱”，那么“旦脚”（正旦）便是“半边天”。

长期以来，海南观众看戏的习惯是一出琼剧中什么行当都可以缺，唯独不可缺“生脚”和“旦脚”。一台戏如果有两到三对“生旦”就更好，并且“生脚”要帅，“旦脚”要靓。因此，艺谚有云：“‘生脚’儒雅且洒潇，‘旦脚’文静又婉娇……”

早期旦行身世坎坷

清代至民国期间，由于受封建思想影响，女人抛头露面演戏不是一件体面的事，很多旦行角色都由男艺人扮演。但是，也有个别敢冲破世俗樊笼登台演戏的女艺人，如道光年间的“倾城旦”白玉娃（约1799—1860年）和妚船（约1789—1855年），她们是道光时期土戏的两大“苦旦”。白玉娃曾随“琼城梨园班”到越南西贡演出《琵琶记》《槐荫记》，成为最早到南洋演出的琼剧女艺人之一；妚船以“婉转柔韧、凄冽幽怨”的声腔闻名于世，因习戏为业，父亲与她“断绝”父女关系。

清末的“盖世名花”李凤兰，民国的“三才旦”“三奇旦”之一琼丽卿、“广府旦”燕丽屏等，都是那个年代稀少的“旦脚”。

但不论女旦怎样锋芒毕露，早期琼剧舞台还是显得“阴衰阳盛”，旦行不是被人看低，就是没有好的归宿。清末民初的“旦脚”妚二（1863—1920年），会同积善都（今琼海嘉积镇）人，因成功扮演《白

『巧笑倩兮，美目盼兮。』女性扮演的旦角给舞台带来了真正的阴柔之美。图为琼剧《双珠凤》剧照，陈素珍在剧中饰演霍定金。陈德雄 摄

牡丹》中的牡丹仙子被人誉为“白牡丹”。她貌美如花却身世坎坷，嫁人为妾还落寡，在南洋旅演中遇豪商欲强纳为妾而不从，返琼后又遭府官强暴而抗争，并被诬陷与勒索，晚年贫寒死无棺葬。有民谣叹曰：“牡丹味醇醉半仙，凋时尝客足下贱。高歌妙舞也无价，长栽路旁有谁怜？”

“夫妻档”“旦脚”各领风骚

中华人民共和国成立前后，剧团体制逐步规范，艺人身价日渐看涨，投身梨园的女艺人开始多起来。“旦脚”新人辈出，撑起了琼剧舞台的“半边天”，甚至出现了不少夫唱妻随的“夫妻档”艺人，如郑长和与吴桂喜、陈华和白燕、苏庆雄和红梅等。

吴桂喜（1912—1993年）是海南解放前后琼剧舞台上如日中天的“旦脚”。她出身梨园世家，小时受父亲吴梅吉（琼剧知名武生）的影响，后拜著名鼓师“珍袋仔”李玉锦为师，长期与名伶张禄金、陈成桂搭班演戏，拿手戏有《西厢记》《文君卖酒》《吉彩屏赠银》等，并与夫君郑长和搭档演出《王桐香告御状》《双自由》等剧目，被观众誉为“女花旦行首”。1984年，吴桂喜回忆起早年跟师学艺时说：“练功中最艰苦的是学‘假小脚’了。‘假小脚’就是饰演小脚女人时穿的一种小脚鞋，很像高跟鞋，穿起来似芭蕾舞的顶脚尖。在穿小脚鞋练习怎么站稳时，脚前后要各点一支粗长的香，脚跟一弯就会被香火烫到……”

名生陈华的妻子白燕(1931—1967年),从小生活在广州、香港,海南方言说得不好,但容貌秀美。1953年,她经海南戏改会副主任林松轩(林炬)引荐进入集新剧团,师从男旦王凤梅、王广花习“旦脚”,演过《穆桂英》《断桥》《红楼二尤》等旦行戏。她勤于钻研,是中华人民共和国成立后掌握琼剧旦行表演程式最多的“旦脚”之一。1960年后,白燕潜心琼剧培训与教学,培养出的旦行新人有冯爱莲、洪雨、伍桂梅、史月云、王华玉、周玉兰等,为当年各县琼剧团输送了一批名旦。

“凤梅垂老又红梅。”红梅(1928—2000年)的出现,使琼剧旦行进入了一个“黄金时代”。20世纪50年代,红梅在海口参加街头剧演出时认识了苏庆雄(著名文武生),此后结为夫妻。婚后,红梅的表演艺术日臻成熟,代表剧目《梁山伯与祝英台》《秦香莲》《搜书院》等都是那个时期的成果。她独创的平喉唱腔——“红梅板”韵味婉转,自成一派,长期享誉琼剧界。

值得一提的“夫妻档”“旦脚”,还有“文昌旦”陈惠芬和兼有“父女档”之称的王小文。

陈惠芬的丈夫是琼剧国家级代表性传承人陈育明,她第一个女主角戏《挑女婿》与王秀明(艺名“三升半”)、李长城、陈乐元、游琼珍等名伶搭档主演。她在回忆扮演该剧张丽英一角时说:“身段划桨、勾莲等动作是桂喜老师教的,唱腔是道修老师教的,这个戏在大同戏院演出,一票难求,好评如潮。”从此,陈惠芬稳坐海口市琼剧团“第一‘旦脚’”长达三十多年。

王小文的父亲是“海南第一须生”王黄文(年轻时也演过旦角),她的丈夫是琼剧名生胡俊杰。她在旦角行当取得的成就,也有背后这两位男士的一份功劳。王小文与吴坤和搭档主演的《红色娘子军》选场“常青指路”,于1974年9月赴穗参加广东省文艺调演,同年11月“找到了救星看见了红旗”唱段被珠江电影制片厂拍摄成纪录片《粤海轻骑》。

琼州梨园三大花旦

1957年,王英蓉与陈华搭档,赴京成功会演《张文秀》“偷包袱”选段,成为那个时代琼剧旦行的领军人物。

王英蓉从文昌县联合琼剧团出道。1959年,广东琼剧院组建时,为了收获王英蓉这颗“旦脚”“种子”,把整个文昌县联合琼剧团合并过来。她果然不负众望,1962年又在琼剧电影《红叶题诗》中成功饰演女主角姜玉蕊,蜚声海内外,被誉为“琼剧电影明星”。王英蓉的女儿王小蓉,曾是20世纪80年代海南实验琼剧团的“首席旦脚”,主演过《昭阳宫冤》《五女拜寿》《张文秀》等剧目,成为琼剧界为数不多的“母女档”“旦脚”。

全国劳模莫爱花是琼剧旦行采用“子声”(假嗓)演唱第一人。1954年,她考入集新剧团后,剧团就要求青年旦行演员要学会用“子声”演唱。莫爱花回忆说:“王凤梅老师教我唱‘子声’时,要求把嗓音提得高高的、尖尖的,使用丹田力来唱,把肚子唱得硬硬的才好。”

王英蓉在琼剧《孟丽君》里的扮相。梁学武 摄

她在《秦香莲》中饰演的皇姑、《卖胭脂》中饰演的许三姐，把琼剧“子声”唱腔唱成了经典。

被香港《明报》誉为“琼剧花旦王”的李桂琴，是改革开放后活跃于琼剧舞台的名旦。她时装、古装兼演，闺门、武旦皆能，主演的样板戏《沙家浜》、现代剧《红树湾》《石井村》、古装剧《汉文皇后》《百花公主》《彩楼招亲》，深受琼剧观众喜爱。李桂琴身为琼剧省级代表性传承人，将青年演员李丹叶、梁冰、陈虹静等人收为弟子，默默为琼剧艺术做自己力所能及的事。

此外，20世纪七八十年代，还有一批活跃在农村琼剧舞台上的优秀“旦脚”，她们的名字同样在琼剧观众心中根深蒂固，如海口市琼剧团的黄庆萍、陈素珍，文昌县琼剧团的洪玉泰、周爱英、云国美，澄迈县琼剧团的李和平、曾桂英、刘琼玉，万宁县琼剧团的胡蝶，琼海县琼剧团的伍桂梅，琼中琼剧团的周玉兰，等等，她们在琼剧舞台上塑造了一个又一个文静又婉娇的“旦脚”形象。先是角色使演员成名，《刁蛮公主》中的“凤霞”使陈素珍成名，《雷雨》中的“四凤”使洪雨成名，《哑女告状》中的“掌上珠”使李和平成名，《女驸马》中的“冯素珍”使胡蝶成名，后来这些名旦又使一批剧目和一批市、县琼剧团扬名。当年，各市、县琼剧团能够办得红红火火，与她们的声名和付出是分不开的。

（潘心团）

苏炎娣：她使琼剧更有“情”

1957 年至 1977 年，有一位在海南生活和工作了 20 年的女子，致力于继承、创新和发展琼剧唱腔音乐。正是在她和一大批老艺人的共同努力下，琼剧结束了没有底本的历史，也告别了抒情不足的缺点；她还带领学生整理出多部琼剧唱腔的音乐资料，如《琼剧唱腔介绍》《琼剧音乐介绍》《琼剧过场音乐》《琼剧唢呐曲牌》和《琼剧锣鼓谱》等。

她叫苏炎娣（1923—2017 年）。2011 年，旅居美国多年、行动不便的苏炎娣在女儿的陪伴下，再次回到海南看望她的同事和弟子们。记者也借机采访了她当年的弟子周庆辉、张拔山和李桂琴等人。在他们的叙述中，苏炎娣和琼剧的故事徐徐展开。

徐广泽和夫人苏炎娣的结婚照(1950年)。

结缘琼剧的福建女子

1952年,祖籍福建同安的印尼归侨苏炎娣,考入中央音乐学院理论作曲系。1957年毕业后,她随丈夫徐广泽(著名橡胶专家)来到海南,被安排在广东琼剧团艺术室工作。苏炎娣虽然不大懂海南话,但结识了许多老艺人,观看过大量的琼剧演出。当时琼剧音乐没有简谱或五线谱,只有用汉字编写的“工尺谱”。于是,苏炎娣一边看琼剧,一边记曲谱,以这种方式开始学习和研究琼剧音乐。

1960年,“广东海南艺术学校”(1996年更名为“海南省文化艺术学校”)成立,苏炎娣调入该校。也是在这一年,后来成为国家二级作曲、琼剧历史和音乐理论专家的周庆辉考入艺校,成为苏炎娣的首批学生之一,向她学习音乐理论和琼剧唱腔分析。

周庆辉是海南省首部琼剧史专著——《琼剧志》的主要撰稿人。“苏老师在海南非常留意年轻琼剧人才的培养,重视琼剧音乐基础理论的建设，把握琼剧的发展和走向。我目前的这点成绩，得益于苏老师带我入门。"周庆辉说。

从1958年开始，苏炎娣就经常面向全岛剧团举办多种培训班，当年琼剧界的许多年轻人都受过她的点拨。

1959年1月，广东琼剧团、海口市琼剧团和文昌县联合琼剧团整编，成立广东琼剧院。几个月后，嘉积中学高中毕业生张拔山考入琼剧院，他一边工作，一边跟随苏炎娣学习戏曲音乐。在苏炎娣教过的众多学生中，只有张拔山一人是学习琼剧作曲的。为此，他经常晚上到苏老师家单独接受培训，所用教材全部是中央音乐学院的教科书。苏炎娣的付出没有白费，张拔山后来逐渐成长为琼剧界的顶梁柱，1979年被调到海南琼剧学校补苏炎娣之缺，培养了不少新人。张拔山年近古稀时，依然活跃在琼剧界，在琼剧编曲方面贡献才情。

周庆辉说，由于音乐在戏曲中从属于唱腔，处于伴奏地位，因此很多从事音乐工作的专业人士一般不关注戏曲音乐。苏炎娣在中央音乐学院读书时，老师们希望能有一批学生建立起中国戏曲音乐的理论体系（当时我国有300多个戏剧品种）。为此，她开始研究戏曲音乐，甚至主动报名下乡，跟着河北梆子戏班到处演出，并喜欢上这一地方剧种高亢、激扬的风格。她本人性情也很豪放，有男子气概，平时还爱抽烟喝酒。

"苏老师初到海南时，虽然还不懂琼剧，但她看了很多戏，而且勤于记谱，渐渐发现占据一部琼剧70%板腔的中板变化极多，便提出了正线中板（平和）、内线中板（忧伤）、外线中板（高亢）和反线中板（低沉）的划分方法，这些说法一直沿用至今。”周庆辉告诉记者。

对待学生亲如子女

苏炎娣在给琼剧记谱时发现，如果按照苏联的音乐理论去记谱，就要增加很多“升降号”，非常不利于辨认。因为琼剧唱腔音域较宽，苏炎娣改用简谱记下琼剧曲谱，避免出现过多的“升降号”，极大方便了认谱、弹奏和演唱。

据周庆辉介绍，1964年至1965年间，苏炎娣组织了一个工作组，专门调查和搜集失散在民间的琼剧板腔，先是油印了一本《琼剧唱腔介绍》，此后又主持编写了《琼剧过场音乐》《琼剧唢呐曲牌》和《琼剧锣鼓谱》等资料，这些琼剧资料虽然未正式出版，却是海南琼剧界的珍宝。

苏炎娣在研究琼剧的过程中还发现，琼剧没有集中的核心唱腔，以至于主要人物无法抒发内心的情感，在舞台上表现力不足。以在海南民间流传多年的《红叶题诗》为例，在没有经过田汉润色和拍成电影之前，整部戏词声多而声情少，即叙事的成分多，但抒情的唱腔少。这样的戏剧很难引起观众的情感共鸣。

苏炎娣一直想弥补琼剧抒情不足的缺憾，她曾将豫剧《社长的女儿》改编成适合抒情性演唱的琼剧，甚至发动海南的琼剧创作和编剧工作者多写抒情的唱腔稿。在她的倡议和指导下，久而久之，

苏炎娣(中)、周庆辉夫妇和琼剧名角陈育明(左二)、李桂琴(右一)的合影。
周庆辉 供图

琼剧逐渐走向声情并茂的风格。

1959年初广东琼剧院成立时,琼剧名旦李桂琴随海口市琼剧团并入琼剧院,被苏炎娣收为弟子,就住在苏炎娣家。

李桂琴从苏炎娣老师那里得到的最大收获便是如何做人。“她为人厚道,关心学生,自己从南洋买回来的录音机和自行车任由我们使用;对曾经伤害过她的人,事后她也不计前嫌,甚至对方后来有困难上门找她帮忙,她也毫不推辞。”苏炎娣对待李桂琴就像女儿一般,百般呵护关爱,但是一旦发现她的缺点和问题就会立即指出,一点都不客气。

在艺术方面,苏炎娣也给予李桂琴很多细节上的指点。譬如,李桂琴刚入琼剧院时，唱戏会有颤音。苏炎娣便对她说："声音别颤抖，抖了不好听，要自然而然地流露出真实的情感。每个人的声音都各有特色，不要跟别人比，要跟自己比。"苏老师的很多教诲至今依然萦绕在李桂琴的耳畔，不曾忘却。

对琼剧的创新与发展功不可没

周庆辉说："苏老师是琼剧唱腔音乐理论专家，艺术实践很少，一般不作曲，主要的艺术成果是为琼剧电影《红叶题诗》编曲（苏炎娣是第一编曲，第二编曲为'一代鼓师'陈培英）。"

苏炎娣在琼剧的创新与发展的过程中功不可没，虽不轰动，却实实在在。在她和王黄文等艺人的努力推动下，琼剧除了唱腔音乐有了创新之外，在戏曲改革方面还废除了没有底本的"排场戏"，建立了以剧本为底本的制度，演奏和演唱才有"本"可依。

在此之前，琼剧演出凭借口耳相传和死记硬背唱腔、唱词，实在忘词就临场发挥，它的缺点是伴奏乐队倘若跟不上，演员就会在台上出洋相。

谈到苏炎娣对琼剧的贡献，张拔山对记者说："专业音乐工作者参与琼剧音乐的研究和创作领域，苏炎娣老师是第一人。她普及了基础乐理知识，提高了琼剧演员和音乐人员的音乐理论水平，培养了一批音乐、唱腔创作人员和研究人员，搜集整理了一批宝贵的琼剧传统音乐资料，其中包括大量的乐谱和录音，特别是资深老艺人的唱腔和演奏录音，可惜后来都流失了。好在大部分乐谱被保存下来，让后人受益匪浅。”

2011年，张拔山根据苏炎娣的乐谱资料以及原有的琼剧“工尺谱”，编写《琼剧传统乐曲选集》和《琼剧传统唱腔选集》，以供琼剧专业学生和各市县琼剧团使用。

1977年，苏炎娣随夫调往广州，在广东省艺术研究所工作。但她对琼剧有难以割舍之情。第二年，她重返海南，着手写作《琼剧唱腔音乐研究》一书。有一次，她在定安县招待所突发中风，不得不回广州治疗。“苏老师无法进行更深层次的研究，这对琼剧也是一大憾事。”周庆辉说。

1998年，在学生们的邀请下，苏炎娣回海南与弟子们相聚一堂，共叙别后之情，在周庆辉家住了一月有余。不久后，苏炎娣随女儿迁居美国，一直都有书信寄给海南的学生。

周庆辉至今还珍藏着两张拍摄于1998年的照片，一张是苏炎娣与周庆辉夫妇和琼剧名角陈育明、李桂琴的合影，另一张是苏炎娣的单身照，照片上的她满头银发，表情慈祥，肤色在海南的阳光照耀下，显得格外健康。

（陈耿）

万物皆有归宿处——送别英蓉

没有哀乐，只有琼剧《张文秀》的经典唱段在静谧的大厅里回荡。

这是一场不同寻常的追悼会。2011年7月7日上午，海南文艺界在海口殡仪馆告别一代琼剧名家、琼剧国家级代表性传承人王英蓉。

金乌欲坠隐西山/留余晖/映纱窗/倦鸟知还相呼唤/并翼投林影双双/愁满怀/空自叹/俯首含泪暗思量/万物皆有归宿处/游子何故不还乡？

一生都在唱戏的英蓉，此时静静地躺在鲜花中，再也无法开口歌唱。只有那唱也唱不完的琼剧《张文秀》选段，在大家聚集送别她的时刻，一遍遍地替她唱着，引人愁肠百结，泪花涌动。想想那些如珠似玉的唱词，似乎就是为英蓉准备的。“万物皆有归宿处/游子何故不还乡？”此刻的英蓉，就像叶落归根一样，回到了她灵魂的故乡。

1939年，英蓉出生在琼海大路镇。那一年日本人踏上海南岛的土地。很少有戏迷知道这位善解人意、爽朗大方的俊女子曾是一位孤苦寡言的独生女。父亲在她年幼时就过世了。在烽火连天的日子，母亲带着她改嫁他人。她很小的时候就要放牛、砍柴，帮母亲做家务。她真正看到琼剧，是1953年上小学的时候。那时，琼剧演出占领了海南城乡的主要市场，下乡演出的剧团常常被围得水泄不通。英蓉好羡慕台上那些喜则欢笑、怒则发火、伤心则哭泣的演员，他们的尽情尽兴让英蓉心生感动。人们发现，每次剧团离开后，英蓉总能将花旦或小生的唱腔和甩袖动作学得惟妙惟肖，她少女的眼神和身段因为唱琼剧而变得不像她自己了，更像舞台上的那个唱也唱不完的美花旦。

前来吊唁英蓉的琼剧编剧钟少彪说，天生为琼剧而生的英蓉，一唱琼剧就忘掉了一切。1955年，16岁的英蓉如愿考上文昌县联合琼剧团，跟随琼剧前辈谭歧彩学艺。幸运的是，她这一去，就学会了谭老师的拿手好戏《张文秀》。这位步入琼剧殿堂没多久的新人，以其纯美浑厚的嗓音、传神的表演，将剧中三姐演绎得令人心旌摇荡、如痴如醉。当年的《海南日报》曾发表评论文章，称其为“后起之秀”，英蓉一夜之间成为戏迷互相传颂的女明星。

海南省琼剧院院长陈军介绍说，1959年冬，周恩来总理及其夫人邓颖超来海南视察工作，王英蓉和陈华主演的《红叶题诗》得到周总理的赞赏。1960年，在周恩来总理的指示下，《红叶题诗》剧组赴京为全国两会代表演出，受到毛泽东等老一辈领导人的接见。1959

年，王英蓉还扮演了琼剧《红色娘子军》中的朱红（即后来电影中的吴琼花、芭蕾舞剧中的吴清华）。她以《张文秀》和《红叶题诗》与前辈、同辈艺术家王黄文、陈华、林道修、韩文华、红梅、陈育明、梁家樑等一代名伶，共同创造了琼剧的辉煌，把发端于草台里巷的琼剧推上了艺术的殿堂。在她的身上，浓缩着琼剧几十年的荣辱兴衰；从她的身上，可以窥见琼剧发展的脉络。

《红叶题诗》剧照，左一为王英蓉。
海南省琼剧院 供图

一步步看着英蓉成名的琼剧前辈周庆辉与记者一起追忆英蓉的往昔。他说，（英蓉去世）两周前，海南广播电视台一档栏目还专门制作了节目介绍英蓉的事迹。没想到，节目还在制作中，英蓉还有很多话要说，她却突然离世，给琼剧界留下了很多遗憾。

眼眶发红的李明玉是琼剧导演，与英蓉共事多年，她们结下了姐妹般的情谊。李明玉说：“我们都喜欢把她叫作英蓉姐。她永不变老的心，让你感觉不到岁月曾给她心灵留下的创伤。”

英蓉从演绎《张文秀》中的王三姐开始，逐渐成为琼剧舞台上备受瞩目的明星。从此，英蓉陆续成为《红叶题诗》中雍容深沉的姜玉蕊、《宝莲灯》里的三圣母、《春草闯堂》里的春草、现代戏中的刘胡兰和朱红等。她以独特的唱腔唱出了千差万别的人物性格，塑造了不同时代众多的艺术形象，声名远播，影响了一代又一代的后辈们。

追悼会上，刚从法国演出回来的琼剧表演艺术家陈素珍，似乎还没有从悲伤中回过神来。作为中国戏剧梅花奖得主的陈素珍，尤其感念英蓉做人的无私、做事的认真。陈素珍说，自己从王英蓉身上得到的教诲太多了。王英蓉单纯的心灵、对琼剧炽热的情感，让她毫无保留地将自己的经验和体会传授给后辈。王英蓉常常不顾自己体弱，亲自指导年轻的演员们，为她们的一点点进步而感到欣悦。

海南大学教授王春煜也在送别英蓉的人群中。作为英蓉的戏迷，王教授为她的离去惋惜不已。他说，回想当年海南，王英蓉是继琼剧名角红梅之后最让琼剧戏迷追捧的偶像之一。她的名字也传到了南洋。英蓉婉约俏丽，细腻中见真情，音质高亢却清脆明亮的唱腔为她赢得了不同群体的追捧。尤其在《红叶题诗》中，英蓉一出场，一开腔：“重门深锁幕垂帘……”一个锁在侯门人未知的大家闺秀形象活灵活现。英蓉漂亮的扮相能立即抓住观众的视线。当年英蓉一出场，台下的欢腾一点不亚于现在的超级“粉丝”，只不过那时的观众要含蓄一些，他们将内心的热爱化作学唱英蓉著名的唱

1957年4月，京剧大师梅兰芳先生在京与琼剧艺人合影（左起：王英蓉、陈华、梅兰芳、范仁俊、红梅）。

段，将她珍藏在记忆深处，一辈子难以忘怀。

海南省琼剧院副院长莫青桥说，看过王英蓉舞台表演的人，都难以忘却她韵味十足、吐字清晰、行腔自如的独特风格。她的声腔空灵、意境悠远，有时典雅大气，有时又哀婉深情，自由流畅，令人印象深刻。她顾盼有情的眉目加上修长袅娜的身材，创造了琼剧舞台上一代名伶的美好形象。然而，王英蓉绝不仅仅是在唱腔上赢得了观众，她唱、做、念、打的功夫也不是一般演员比得上的。

和英蓉共事多年的潘心团，对她的艺术与生活颇为了解。他说，退下琼剧舞台以后，英蓉时时刻刻牵挂着琼剧艺术，她担任海南省琼剧院艺术指导，只要院里排演新戏或开展有关琼剧的艺术活动，她都热情参加。2007年，王英蓉将海南广播电视台首届“呀喏哒嘀”琼剧大奖赛冠军得主、优秀青年演员林川媚收为弟子。

海南省琼剧院编剧符实说，英蓉是一个不善于用言辞来总结自己的人，她一生最好的总结写在她所演绎的众多角色中。堪称中国地方戏曲经典的《红叶题诗》，不仅成就了王英蓉，也让琼剧达到历史上的巅峰。

此刻，英蓉俏丽多姿、顾盼有情的大幅照片正在注视着与她一一道别的人们。她美目有神，似有百种情思，《红叶题诗》上那个千娇百媚又刚烈坚韧的姜玉蕊依然神采可见。几年前接受采访时她曾说过，《红叶题诗》已经过去那么多年了，可依然还有那么多人记得它，这是一名演员一生最大的安慰。她不知道此生除了琼剧，还有什么东西能够如此永久地占据她的心。

（蔡葩）

世间不见红线女
琼岛长忆红豆香

2013年12月8日，粤剧大师红线女因病去世，享年88岁。红线女生前与海南的缘分不浅，琼剧传统剧目《搜书院》改编成粤剧后，红线女的演绎让这个剧目红遍大江南北。此后，红线女与马师曾访琼演出粤剧《搜书院》，一度万人空巷。

2013年12月13日，红线女追思会在广州举行。隔海相望的海口阴雨绵绵，仿佛老天也在为红线女哭泣、惋惜，倾诉着恋恋不舍之情。抱恙在家休养的琼剧界老前辈钱

红线女。（1925—2013年）

汉堂通过新闻，时刻关注红线女追思会的动态。他说："作为红线女的'粉丝'，我想用自己的方式向'女姐'（戏迷对红线女的亲切称呼）表达缅怀之情。"

琼剧表演艺术家陈育明提起红线女时眼眶湿润："我对红线女一直心怀敬佩，她作为前辈，虽属不同剧种却不忘提携后辈。"

她的演绎 时人误将琼剧《搜书院》当粤剧

曾在广东琼剧团工作的钱汉堂因为参与接待工作，与红线女有过两次见面之缘。

1956年7月12日，广东琼剧团在广州成立。第二天上午，红线女和马师曾代表广东粤剧团造访刚成立的广东琼剧团，那是钱汉堂第一次见到"女姐"。

当时，广东琼剧团的演员都很兴奋，想一睹粤剧界"角儿"的风采。经考虑，琼剧团仅安排11名主要演员与红线女夫妇交流。钱汉堂当时14岁，是团内年纪最小的演员，并没有资格出席交流会，却因为被安排在现场斟茶倒水，意外获得与红线女面对面的机会。

钱汉堂回忆道，红线女当时刚从香港回来一年左右。当天，她化着淡妆，衣服是素色，给人感觉很朴素。不过，她头上的烫卷短发和手上挽着的小手袋等细节还是透露出时尚的气息。

遇到他人问候时，红线女会点头微笑，说得最多的话是"你好""谢谢"，没有一点架子。

红线女在粤剧《搜书院》中的扮相。

“她对我说的第一句话是：‘小同志，麻烦你帮我把茶换成白开水，谢谢！’我当即用粤语回答她‘唔晒(不用谢)！’。得知我会粤语，她还上前问候，感觉很亲切。”钱汉堂说。

在交流会上，红线女的话不多，主要是跟琼剧名旦红梅沟通，因为她们都曾饰演过《搜书院》中的婢女紫莺一角，且都是各自剧种中饰演该角色的优秀表演者。很多人不知道，正是粤剧版的《搜书院》牵出了红线女与海南的缘分！

《搜书院》本是琼剧传统剧目，早在清光绪年间就有演出。1954年，琼剧艺人挖掘遗产，经口述整理，由当时的集新剧团(广东琼剧团的前身)排演。

随后，为了丰富剧本，海南将《搜书院》的剧本抄送至广东各地的兄弟剧团一起研究，希望完善剧本。这个剧本受到极高的认可，同年广东粤剧团（广东粤剧院前身）将琼剧《搜书院》改编成粤剧演出。由红线女和马师曾联袂演出的粤剧版大获成功，曾造成《搜书院》是粤剧而不是琼剧的误解。

她的演出 椰城海口万人空巷

据了解，《搜书院》粤剧版的推出拉近了红线女与海南戏迷的距离。陈育明曾跟着卡带学习红线女独创的“红腔”唱法，并将学习心得用于琼剧唱法创新。

1958年，广东粤剧团首次在海口戏院演出粤剧《搜书院》《秦香莲》，引爆海南戏剧演出市场。其中，红线女与马师曾主演的《搜书院》最受关注。

时任海口戏院主任的陈建浓回忆，当时排队买票的人非常多，把戏院围了一圈，挤得水泄不通。而且，不少排队的人都带了席子，累了铺开就睡。

“当时，一斤猪肉七八毛钱，而这一场演出的门票卖到一块多，但1000张左右的门票仍被抢购一空。”钱汉堂说。

钱汉堂、陈育明等琼剧界人士获得现场观赏、学习的机会，感受了“红腔”的魅力。陈育明记得，红线女在第一幕出现时，现场立即响起热烈的掌声，掀起第一波高潮。演出过程中，场内鼓掌声频繁响起，观众反响热烈。

“最让我难忘的是红线女在表演《柴房自叹》场景时，她扮演的婢女由于被主人误会而被关入柴房禁闭，她在现场唱出那段广为传唱的南音：情惨惨、泪涓涓……尽显红腔的惊人魅力，那热闹的现场瞬间变得鸦雀无声，令人惊叹。”钱汉堂说。

演出很成功，但是由于限制入场人数，无法满足大量戏迷的观看需求，广东粤剧团最终决定将演出的场地从海口戏院搬至海口广场(今椰树门)。

陈育明介绍，当晚海口万人空巷。由于之前他已在戏院看过，所以没有去广场围观。据说现场有3万多人。由于戏迷过于热情，演到第二幕时，现场逐渐失控，主办方只好中断演出。“环卫工人第二天打扫广场时，现场整理出几箩筐的鞋子，都是人挤人、场面混乱留下的。”

在钱汉堂的记忆中，虽然那一晚的演出以被迫中断收场，却是中华人民共和国成立以来海南戏剧界最热闹的一次。“红线女来琼演出机会难得，我找人借了相机拍摄，但是由于年代久远没保存下来，非常遗憾！”陈建浓说。

跟随红线女多年的蔡永喜介绍：“红线女对海南印象很好。1984年她曾打算再到海南演出粤剧，最终因为丈夫身体不适放弃巡演，没能第二次踏上海南岛。”

戏未落幕，斯人已逝。“他朝有谁会知，不问有谁人知，红烛洒过英雄泪……”2013年12月13日，在红线女广州追思会上，灯光投射银幕，红线女衣着华丽的纱裙，身段优雅，唱着一曲《红烛泪》，仿佛未曾离开。

她的成就 粤剧因她得名“南国红豆”

红线女生于1925年，原名邝健廉，广东开平人，出生于粤剧世家。1955年，她加入广东粤剧团（今广东粤剧院），从此再也没有离开。

在传统旦角基础上，她融入了京腔、昆腔及西洋美声技法，创造出著名的“红腔”，使粤剧旦角唱腔发展到一个崭新的阶段。

1956年，红线女和马师曾进京演出粤剧《搜书院》。周恩来看完她的表演后评价：“昆曲是江南兰花，粤剧是南国红豆。”从此，粤剧便有了“南国红豆”的美称。随后，红线女相继主演了《关汉卿》《山乡风云》等堪称粤剧经典的佳作。毛泽东为此亲自给她写信说：“活着、再活着、更活着！变成劳动人民的红线女！”

在70多年的表演生涯中，红线女主演了《搜书院》《关汉卿》《山乡风云》等堪称粤剧经典的佳作，不仅让粤剧“红腔”传遍大江南北，连苏联和东欧的评委也被她的《荔枝颂》所征服。金日成和胡志明曾点名要看红线女、马师曾的粤剧表演，联合国更是在1985年将“杰出艺人奖”和“表演艺术奖”两项殊荣颁发给她。

因为主演了近200个粤剧剧目、参演过近百部电影，红线女于2001年在美国纽约林肯艺术中心获得“2001年度最杰出艺术家”终身成就奖。2009年，84岁的红线女获得中国戏剧家协会颁发的“终身成就奖”。

（陈怡）

琼剧男旦:“芙蓉难比我美人妆”

说起琼剧男旦,人们自然而然就会提到泰斗级人物林道修。其实,在琼剧界中,善于扮演女性的男艺人数不胜数。且看这些名字:傅銮香、李琼梅、庆寿兰、姚赛姣、梁凤姣、符赛玉、天上月、水底月、陈成桂、王凤梅、莫赛花、陈丽梅、梁玉莲、王广花……这些“女艺人”名字的背后都是男人。他们为何以女艺名示于人前、“弃男从女”呢?

男艺人为何“弃男从女”?

从清末民初至中华人民共和国成立初期,琼剧男旦犹如雨后春笋般涌现。一时间,琼剧舞台上男演员反串女角色成为琼州梨园的一种时尚。

男人因何取女人艺名呢?据史料记载,他们都是早期进入科班馆学艺的艺人。入了科班就得遵守科班的规矩,每个学员都要按科班名统一开艺名，比如入“凤”字科班，所有学员的艺名都得有个“凤”字，如王凤梅、唐凤彩、王凤姣等；入了“丽”字科班，所有学员的艺名都得有个“丽”字，如陈丽梅、王丽花、郑丽芳等。

男旦人才济济，可说是早期琼剧的一大特色。

虽然国内兄弟剧种也有男旦，但没有琼剧这么普遍，从著名文武大班到农村小小班仔，每一个戏班都有几名男旦。这些男旦在戏班中不但起着“开心果”的作用，而且还是戏班赖以生存的顶梁柱。

在那个年代，究竟是什么原因促使那么多男艺人在舞台上“弃男从女”呢？琼剧老艺人梁家樑、莫爱花认为，当时的观念是“五子不入流”，戏班仔被列为“五子”之一而被人看低，女人演戏更是被视为伤风败俗。故而女子从艺少之又少，只有个别敢于冲破传统世俗观念的女人才敢投奔梨园，罕见地在舞台上一露芳容。

女艺人少，但剧中女角色又必不可少，这就使得很多男子饰演旦角。

“心明亮如天上月”

早期男旦大都有一个共同的特点：初时入乡村科班馆启蒙学艺，出科后在小戏班里演小旦，继而演闺门旦、彩旦或武旦，晚年之后改演老旦，“旦味”十足，声名远播。

“天上月”和“水底月”，多么富有诗情画意的艺名，他们都出于定安雷鸣。“天上月”原名王绍文，“水底月”原名吴桂兰。他们分别入“仪”字和“桂”字科班，出科后都入农村小戏班演戏。

“天上月”前半生主要游走在岛内各文武大班，饰演贵妇淑女一类角色；后期栖身于农村中小班社，以演小家碧玉一类角色见长。他在《破镜重圆》中饰演寡妇王氏一角，有这样一段唱词：“……人家种瓜得吃瓜，我种南瓜吃瓜花。我王氏，走路低头不看横，丈夫命短才守寡。我平素，心明亮如天上月，为何而今命运衰。月有圆时也有缺，独只有，破镜重圆要问天上日月。”尤其是“心明亮如天上月”一句，让人印象最深。“天上月”长相俊美，白白胖胖，富有女人味。观众评论说，王绍文是如天上月亮一般的花旦，故得“天上月”艺名。

“水底月”则擅长饰演小家老旦，演技富有生活气息。他在《补锅》中饰演母亲一角，是一位农村妇女形象。剧中有一段“筛米”动作，“水底月”的表演如同现实生活的翻版，形神俱似，非常生动形象。

凤梅、广花留美名

王凤梅、王广花，这两朵同样出自定安的“金花”，尤其值得称道。

王凤梅，15 岁入黄竹墟“凤”字科班馆学艺，师从名旦李銮香与名净李銮富。他先后在升平乐班、文华班、同乐戏剧公司演戏，长期与郑长和、陈成桂、王秀明、韩文华、陈烈三、陈丽梅等人搭班。王凤梅不识字，但记忆力特别好，只要听别人唱一遍，他就能把整本戏的唱词记住。他的演唱不是简单模仿，而是善于在别人的表演基础上发挥创新，形成自己独具特色的“凤梅板”。王凤梅先后在《搜书院》《卖胭脂》《狗衔金钗》《孔雀东南飞》等琼剧中饰演老旦形象。1957

王凤梅在琼剧《搜书院》中扮演老夫人。
海南省琼剧院 供图

年，王凤梅随团晋京主演《卖胭脂》《狗衔金钗》，著名戏剧家田汉先生观后赠诗勉励琼剧："凤梅垂老又红梅……"王凤梅培养的学生不只有红梅，还有吴金梅、潘远英、莫爱花、谭飞飞等。

王广花，小时候跟随民间歌舞八音队学盅盘舞，后跟木偶班学戏，18岁入"广"字科班馆。他出科后在馆主组织的洪利班出演《西厢记》《彩凤上京》《三江考才》等剧，崭露头角。王广花长期与"新长和""新积锦"、莫丽驹等人组班演戏，演技日进，声名远播。海南解放后，他又与王黄文、新长和、陈丽梅、潘辉星等人组建"集新剧团"。王广花年轻时长相身段俱佳，扮相活像古代的大家闺秀，有"菩萨旦"之称。他身段步法富有弹性，独创"8字程途"，观众有"广香唱戏广花做"的说法。他长期演贵族闺门戏，尤其擅演喜剧，故还有"快活旦"之誉。

谈到恩师王凤梅、王广花，老艺人莫爱花深有感慨地说："我入集新剧团时，凤梅、广花已是两位德高望重的艺人，他们的表演各有特点：凤梅老师用'子母喉'演唱，声质粗厚。比如他在《梁祝》里扮演的师母，对梁山伯唱的一句戏：'英台本是女扮男装……'粗厚的子母喉音，一字一顿，很有韵味。广花老师则是貌似淑女，声质平软，在扮演女角上更有女人味，他在团里经常指导年轻演员走频频步、三寸金莲步。在排演赴京剧目《张文秀》时，广花老师就手把手教王英蓉和我两人学走王三姐的台步……"

郭远志：时装男旦第一人

郭远志（1901—1972年）是时装戏男旦的领军人物。五四运动时期，他就参演了文昌中学学生演剧队的《爱国运动》《三圣娘与博士脱皮鞋》等进步话剧。

20世纪20年代后期，他与邢德新、符致明、林鸿鹤等艺人搭班演戏，多次赴东南亚各国旅演，在马来半岛招收当地琼剧爱好者，创办了巴生乐群剧社，排练上演时装戏。日军投降后，郭远志返琼，同文昌艺人云昌霓、林道修、朱永法、林鸿鹤等人组织二南剧团、文昌县联合琼剧团，专门上演"文明戏"，演出的剧目主要有《大义灭亲》《爱情与黄金》《红泪影》《清冰爱情妻》《爱河潮》等。

著名时装旦角罗月莲回忆起与郭远志同团演出的日子，流露出怀念之情："郭老师是原文昌县联合琼剧团的团长，他对艺术的态度认真严谨。我和王英蓉既是团里的演员，又是他的学生。他经常教我俩学走台步，学‘三足垫’。记得我接演《糟糠之妻》中的剑花一角时，郭老师教我唱两句戏‘朱唇粉脸穿绫罗，芙蓉难比我美人妆……’必须按照他的板腔学，如果老是学不好他就不教了。所以我俩平时既敬他又惧他。”

罗月莲还说，郭远志演时装花旦是独一无二的，他表演的最大特点是咬字非常清楚，感情非常丰富。郭远志是文昌中学学生，有文化涵养，理解角色准确到位。他平时烟酒不沾，只喜欢看报纸。

谭飞飞：最后的男旦

近代男旦除了家喻户晓的林道修，还有颇得其真传的徒弟谭飞飞（1934—1997年），他也被视为琼剧男旦的最后一粒“种子”。

谭飞飞早年在农村小班开始演戏生涯，拜名武生何茂和为师。中华人民共和国成立后，他入新群星剧团、海口市琼剧团演戏，师承林道修招式、声腔，故有“道修二”之称。谭飞飞曾在琼剧电影《红叶题诗》中饰演文夫人，在《红灯记》中饰演李奶奶，颇受观众赞赏。

1981年，谭飞飞参加广东省中等艺术学校教学汇演，凭《打金枝》中的皇后一角获表演奖，其演唱的“劝宫”唱段，巧步陈烈三遗韵，感情真挚，韵味无穷，成为琼剧的典范唱段，长期以来为广大戏迷所仿唱，并被中国长白山音像公司录制成磁带传唱海内外。

笔者曾有幸见过谭飞飞，他笑容和善，不论天阴天晴，手里都撑

谭飞飞（左二）在琼剧电影《红叶题诗》中饰演文夫人。海南省琼剧院 供图

着一把黑布伞，见着艺友同仁便问长问短、谈笑风生，举止言谈间隐约流露出女人神态。据谭飞飞的儿子谭文辉回忆，他父亲退休后经常到琼剧院邀请艺友喝茶聊天，对外人很大方，对自己很节俭，晚年中风几年后离世。

（潘心团）

“海南梅兰芳”林道修

2008年，随着电影《梅兰芳》的热播，“‘海南梅兰芳’林道修”这个话题重新被提起。这个荣誉称呼，是戏剧大师田汉1962年到海南文昌时，看到琼剧名伶林道修的表演时脱口而出的惊叹。

海南戏迷对林道修的痴爱，尽在诙谐欢快的顺口溜中。直到今天，琼北乡村还有一段谚语在老人中流传：“锣响鬃光，鼓响心乱；去迟无座位，去早空肚归。哼！不怨神，不怨鬼，只怨道修那猴狲。”可见林道修的表演魅力在民间的长久影响。

从中华人民共和国成立初期到1966年，是林道修艺术生涯的巅峰时期。此时，他的名声远扬东南亚。他在《白蛇传》《梁山伯与祝英台》《苦凤莺怜》《秦香莲》《拜月记》等名剧中精彩绝伦的演出，至今仍余音袅袅、丽影犹存。

林道修（1924—2000年）。林道修亲属 供图

道修旋风

2008年，80岁的琼剧剧作家周虹在接受记者采访时满怀敬意地说，林道修创造了独具魅力的“道修板”。他善于吸收前辈的“叠步”“横步”“路叹”等台步，提炼出自己别具一格的台步风格——“三足垫”。其唱腔的高音部直到现在也没有琼剧演员能超越。作为剧评人和剧作家的周虹，回忆起林道修当年的风靡程度，用了“道修旋风”来形容。

1962年，田汉来到海南文昌，适逢林道修在文昌县城主演传统剧目《荷池映美》和《春水浇桃花》。田老怀着浓厚的兴趣一连看了两个晚上，对林道修的艺术功底与精湛表演赞不绝口。他的唱腔虽与京剧不同，但他扮演的角色从气质到内涵，都隐约有梅兰芳的影子。他婀娜灵动的身段，如仙女行云般的“八丁步”；他情真意浓的唱白，令台下凝神细看，时而鸦雀无声，时而忘情鼓掌。他颇似京剧大师梅兰芳的韵味，尤其令田汉惊叹不已。演出结束，田汉见到还穿着戏装的林道修时，当即称他为“海南的梅兰芳”，后来成为海南琼剧界的美谈。

少小回乡结缘琼剧

1930年，年仅6岁的林道修和爷爷从泰国回到文昌潭牛老家。此时人们还看不出这位眉清目秀的小男孩日后会成为琼剧史上难以超越的表演艺术名家。

1942年，林道修刚满18岁。性情温和的他身材修长，眉目灵秀。他悄悄地爱上了琼剧，乡间偶有的琼剧演出常常让他欣喜若狂。他高兴时也唱，忧伤时也唱，有婉转悱恻的缠绵，也有珠玉落银盘的清脆响亮。但是，旧时艺人地位低，道修的亲人不希望他成为村中的“戏子”，认为那样会有辱家门，有意阻拦他跟班学艺。

2008年12月10日，记者在海南省琼剧院拜访了林道修的妻子王劳卿。当时已74岁的她，对过往的一切荣誉或苦难都已释然，对夫妻同台演出《苦凤莺怜》的情景恍若隔世，对“海南梅兰芳”的说法也很淡然。这位曾是原琼海县琼剧团当红演员的琼山女子，1958年嫁给林道修，陪伴着道修度过后来悲喜交加的人生。她觉得道修在世时活得太苦。道修是一个很安静的人，说话也轻柔，受了委屈就默默忍受，让人心疼。

王劳卿回忆，1945年日本投降后，活跃在南洋的琼剧名角纷纷回琼组织戏班，海南琼剧界迎来战后第一次复兴。琼剧著名丑角林鸿鹤早闻道修唱名，便将道修从乡下带到海口，让他加入专业的戏

林道修（左）夫妇当年同台出演《苦凤莺怜》剧照。林道修亲属 供图

班。道修从此迈出男扮女旦的第一步。这期间，琼剧名伶汇聚琼岛，王秀明（“三升半”）、韩文华、王凤梅、潘辉星、陈烈三、陈丽梅等已经是当红琼剧明星了。此时的道修只能在他们身边扮演丫鬟角色，自己没有戏时则躲在幕后，从缝隙中细心观察他们的表演，暗地里把前辈们的演技记在心里。

那时，琼剧常演通宵戏，前辈们有意培养这棵好苗子，经常安排林道修担纲上半夜的女主角，没想到这一安排竟成就了日后一代男扮女装的“梅兰芳”。林道修演吴发凤编写的《有情人终成眷属》《糟糠之妻》《爱情与黄金》《爱河潮》《红泪影》《空谷兰》等琼剧,每一个女性角色他都仔细揣摩,唱得荡气回肠,演得情深意切,“看道修”成了战后戏迷醉心的乐事。

王劳卿说,道修专心于戏,常出乎别人想象。只要开始化妆,他就沉默不语,在心里积聚着情感,过一遍戏中人物的对话,细细体味角色的感情起伏。这时候哪怕是火烧眉毛,他也会泰然处之。因此,林道修在台上饰演的女性人物除了唱腔、表情,内心透出来的形体语言也是神似的,令人如痴如醉。

孤独里酿出美酒

林道修于泰国出生,少小离开双亲,后来父亲早亡。他骨子里对在异国艰难谋生的母亲怀有超乎寻常的思念,对母爱的渴望自然潜藏在他的意识深处。带他回乡的爷爷后来也撒手归西,道修于是成为一个孤苦的孩子。

天生多愁善感的道修,对细微事物怀有强烈的内心感受,这为他后来展现丰富细腻的感情、把女性人物演绎得淋漓尽致做了最好的情感准备。道修悟性极高,演戏逼真、好看、耐看,演到开心之处,能让人发出笑声;演到悲苦之时,能引发台下愁肠百结。独特的生活经历和情感体验,反而成就了他旦角之功业,奠定了他作为海南琼剧名家的地位。

1950年，海南解放。林道修正好是26岁的年华。他参加了琼剧名伶王秀明、韩文华、陈烈三、陈丽梅等人在海口组建的新群星剧团。在新气象中，林道修出演了琼剧《荷池映美》《春水浇桃花》《空谷兰》《樊梨花》《荔枝换红桃》的女旦角色，名声大振。

“一个生活中的风骨男子，在舞台上竟然创造了如此逼真神妙的女性形象，真的令人迷惑。”曾跟随林道修学艺的琼剧演员王燕飞说。林道修通过娇好的身段、变化丰富的表情和婉转灵动的眼神，生动表现人物的喜、怒、哀、乐。他善于运用“水袖”的流动和飘逸来表情达意，更让他的表演艺术升腾到常人难以达到的境界——那袖口上一公尺长、洁白柔软的白绸，在道修的“玉手”中随剧中意境颤动。人们的眼睛追随着他手中之袖，凝神细看，心随之欢跃或悲伤。

告别道修

2000年，林道修在文昌老家悄然告别人世，享年76岁。作为从旧时代走过来的艺人，林道修的一生可谓浓缩了一代琼剧名伶的悲喜命运，映衬出时代的风云变幻。他一生有过三位妻子。1940年，他16岁时，村中父老为他张罗了一门亲事，娶符姓女子为妻。1944年，妻子为他纳了妾。20岁的他成为两个善良女子的丈夫。1958年，道修与同行王劳卿结合，此后和她共同切磋技艺，生儿育女，共同面对生活的快乐与磨难，惺惺相惜。

1978年，林道修重返舞台，此时他已54岁了。令观众惊喜的是，已经消失10年的林道修重新登上舞台，在出演《秦香莲》中的秦香莲一角时，风度气质仍不减当年。所不同的是，受尽人情冷暖的道修，此时的唱腔多了几分老道和沧桑，观众激动难抑。海口戏院外到处是等待高价票的“道修迷”，盛况空前。

王劳卿说，道修复出后同样受到热情的欢迎，这说明道修是有真功夫的。1993年，海南省文联、省剧协为他举办隆重的舞台生活50周年艺术研讨会，表彰他对琼剧事业的卓越贡献。大致坡中学的师生们将一面绣有“海南梅兰芳”几个大字的锦旗送给他们心中的艺术家。

以戏为生的林道修，留下了他的精神气韵，留下一个个令人难忘的女性形象。在琼剧史上，在听过他灵魂心曲的人们心中，他是一个温暖而神奇的名字；他的名字和京剧大师梅兰芳联系在一起，见证了一段琼剧曾经辉煌的历史。

（蔡葩）

琼剧名编剧林炬：为亮堂世界“燃烧”此生

琼剧理论家周庆辉在评价早期琼剧编剧时说：“林炬是一位很有才华的剧作家，他编过不少好本子，对琼剧的贡献是很大的。”

琼剧名生梁家樑回忆：“当年我报考新群星剧团时，林炬是戏改会副主任，又是监考官。他特地对我说：‘演戏是很艰苦的，要有吃苦的准备哦！’我记得很清楚，他是一个令人尊敬的师长。”

林炬（1910—1983年），原名林茂，又名林松轩，文昌文教镇宝典村人。早在文昌中学读书时期，他就是学校演剧队的积极组织者与参与者。在五四运动的影响下，演剧队成员不甘寂寞，热血沸腾，编写演出了一批宣传民主进步的海南方言话剧和文明戏。林炬就是从那个队伍里走出来的，胸怀远大抱负。他后来为自己取笔名为林炬，就是寓意自己要像一把燃烧的火炬，在那个暗淡的岁月里照出

拍摄于20世纪70年代的林炬全家照，后排站立者为林炬儿子和儿媳。

一个亮堂的世界。

曲折的从艺路

1928年，林炬考入广州市体育专科学校，毕业后当过一段时期的乡村中学教员。中华人民共和国成立后，土地改革运动在全国铺开，林炬也加入这场运动中，配合做一些实际工作。长时间扎根基层，看似与文艺无关，却为他后来从事文艺工作积累了大量原始生活素材。

1953年5月，广东省广州戏曲改革委员会海南分会在海口成立，林炬调任分会副主任。该分会成立后做的一件大事，就是贯彻政务院“关于戏曲改革工作”的指示，开展琼剧界改戏、改人、改制的“三改”工作，以当时集新剧团和新群星剧团两个有名的私营剧团作为改革试点。很多工作林炬都亲力亲为，他深入各私营剧团指导改革工作，改变旧式班社的班主制，把原来的班主所有制变革为集体所有制；积极倡导老艺人革除演无脚本的“排场戏”，排演有文学本子的古装、现代剧目。这期间，他牵头整理的《狗衔金钗》《张文秀》两剧，于1957年向中央首长汇报演出，成为琼剧历演不衰的经典剧目。

1960年，林炬调入广东琼剧院艺术室担任专职编剧。

创造琼剧经典

“看我子元多高兴，头戴花帽样式新。长袍是绫罗丝绢，好文雅风度翩翩。想到我，讲起读书头都眩，心乱眼花如疯癫。百家姓，读了三年又忘忆，姓牛姓马分不清。三字经读一百日，才知尊严是父亲……”

以上是1956年林炬编写的“花生”戏（注：清末到民国初年，在琼剧剧目中，花花公子一类人物逐渐增多，生行中随之增加一种新角色专演这类人物，称为“花生”）《做文章》里的一个唱段。这部“花生”戏，不但成就了琼剧名“花生”陈乐春、张学仿，还为后代“花生”行当争相仿唱，成为琼剧“花生”戏的经典唱段。

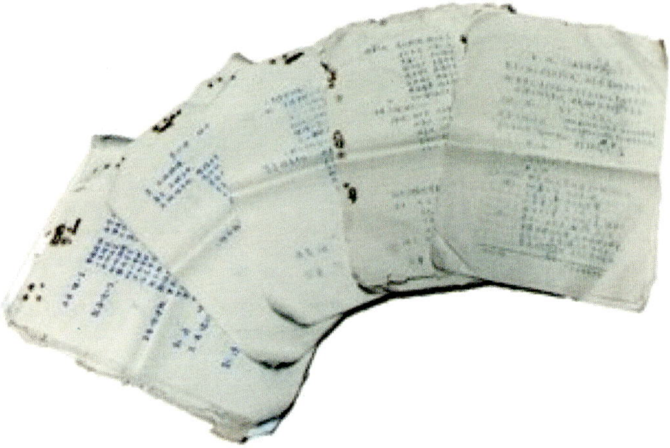

林炬的剧本手稿。梁学武 摄

从1953年起，林炬开始参与剧本整理、移植工作，经他笔墨所润几乎都是好戏一台，如现代戏《罗汉钱》《芳草碧血》，传统戏《嵇文龙》《宝莲灯》《十五贯》《狗衔金钗》《红叶题诗》《张文秀》《彩楼招亲》《孔雀东南飞》《孟丽君》《苦凤莺怜》等，台台出彩，为历代戏班艺人争相扮演。

《嵇文龙》原名《文龙迎亲》，由清末民初艺人郭庆生编写，在20世纪30年代是琼剧名生郑长和、"三升半"、谭歧彩的拿手戏。1954年，该剧由郑长和口述，林炬记录整理，杜家杰、范仁俊执导，集新剧团演出。剧中，陈华饰演嵇文龙，邱宏永饰演庞定国，红梅饰演王夫人。该剧1956年参加海南区职业剧团观摩会演时荣获剧目奖。

《彩楼招亲》原名《彩楼记》，中华人民共和国成立后，由老艺人郑长和、吴桂喜、林秋利、谭大春口述，林炬、石萍参考川剧、评剧演出本整理，改名为《彩楼招亲》。1958年，该剧由广东琼剧团演出，范仁俊导演，陈华饰演吕蒙正，莫爱花饰演刘翠屏，王黄文饰演刘相爷。

1957年，琼剧晋京演出的三台剧目《张文秀》《狗衔金钗》《卖胭脂》，有两个出自林炬和合作伙伴之手。晋京演出之前，《张文秀》在谭歧彩、卢半飞整理本的基础上，由石萍、陈鹤亭、林炬、王照慈、陈仕元重新整理，石萍、陈鹤亭执笔，同年获得海南区戏曲会演剧目奖，被人偶戏、临剧移植演出。晋京演出中，该剧的“拒劝”“夜会”两折，由谭歧彩、范仁俊执导，王英蓉饰演王三姐，陈华饰演张文秀。《狗衔金钗》是在定安华丽剧团演出本的基础上，经林炬（执笔）、石萍、陈鹤亭、王照慈、陈仕元重新整理，范仁俊导演，苏庆雄饰演莫子卿、红梅饰演陈氏、陈华饰演梅茂芳，还有名伶吴金梅、莫爱花、王凤梅、王黄文参加主演。这两部剧的剧本均由北京宝文堂出版单行本。

琼剧《红叶题诗》，最早于辛亥革命后由琼剧名旦陈成桂写成，原剧无时代背景，以反映文、姜、表妹三角恋爱为内容，喜剧结局。1958年，林炬根据老艺人王广花、唐凤鸾口述，重新整理成悲剧结局，姜焕维（后改为姜玉蕊）、文东和在君命、母命重逼之下，无力反抗，双双投湖殉情。同年，广东琼剧团演出此剧，陈华扮演文东和，红梅扮演姜焕维，王黄文扮演姜华，李丽珍扮演七王，黄楚琼扮演表妹。1959年，戈铁、石萍、田汉重新编写，数易其稿，才成为琼剧电影《红叶题诗》。

晚年生活充满温情

1980年，林炬退休后回到老家文昌。他的儿子林尤槐回忆说，父亲退休时没有办理户口，没有粮食，是家里挑谷子上缴公社粮所，广东琼剧院才每月按时寄粮票和退休金。

笔者2014年走访林炬位于文昌文教镇宝典村的老家，只见几株小叶桉树下，一排文昌民间传统的旧老瓦房。拙于言辞的林尤槐说，父亲晚年就住在这老屋的房间里，每天看剧本、写剧本，或与村里父老乡亲聊天，生活虽然平淡，但也过得安稳平静。

据林尤槐回忆，1982年，广东琼剧院的名旦红梅与导演范仁俊一同来文昌老家找父亲，和父亲共同整理编写《孟丽君》这个剧目。范仁俊在宝典村足足住了半个月，与父亲同吃同住，天天讨论如何编写《孟丽君》剧本。后来，他们一同回琼剧院，又住了半个月，终于把《孟丽君》剧本拿出来了。

1983年，新风琼剧团到文昌东阁演出。林炬虽然年迈体弱，但还是很想到剧场去看望同事们。林尤槐只好用单车将父亲送过去。半路时林炬感觉身体不适，林尤槐就把父亲扶坐在路旁，又拿来风油精给父亲擦，恰逢来东阁演出的同事傅辑珍，便一起把他送回家中。傅辑珍回到剧团后，将林炬病倒在路边的事告诉团里同仁。剧团立即派人开车到宝典村，把林炬送到东阁卫生院治疗。当晚，由于台风来临剧团无法正常演出，红梅、王英蓉等许多艺人都赶到宝典村看望他。十多天后，一代琼剧名剧作家林炬因心肌梗死过世。

（潘心团）

琼剧作曲家吴梅：总将新曲配古腔

吴梅是深受海口市琼剧团乃至整个琼剧界尊崇的琼剧作曲家。笔者2013年登门拜访他时，他正伏在书桌上创作琼剧移植剧目《清风亭》的唱腔音乐。

吴梅亲身经历了新旧两个琼剧时代，切身走过音乐唱腔从传统到创新之路。他能编剧，善作曲，懂演奏，还是海南文史研究者。

和许许多多老一辈琼剧工作者一样，一说起琼剧的话题，吴梅总是热情高涨，兴奋之情溢于言表，话匣子也彻底打开了。他滔滔不绝地从琼剧的起源聊到发展再到改革，从自身的从艺经历聊到老艺人的艺术成就再到对新一辈戏曲工作者的期许。谈吐间，老人清晰活跃的思维、风趣幽默的言语、平和乐观的心态恰如春风扑面而来。

吴梅在自家书房。受访者 供图

耳濡目染爱上戏曲

吴梅1933年生于海口，祖籍广东梅州，祖父于清道光年间迁来海口。吴梅与琼剧结缘，离不开环境的影响。

吴梅的父亲青年时在南洋的外籍轮船上当海员，和韩文华等许多琼剧艺人在泰国、新加坡相识，后来回海口开汽车、当店员和小职员，也入股办过戏班，与韩文华、“三升半”、陈丽梅等艺人搭班组团，成为挚友。由于家住海口博爱南路且邻近大同戏院，在吴梅的记忆中，家里常常是这些艺人演戏之余消遣放松的“俱乐部”。

吴梅的母亲是位勤劳的小商贩，和身边的一群家庭妇女都是十足的琼剧迷，一有新角登台或新戏上演，逢戏必看，一场不落。戏园里前两行座位上，少不了她们的身影。在这样的环境熏陶下，琼剧声腔、演员音容、丝弦鼓乐，早早就灌入他幼小的心灵。当同龄的孩子还玩味于演员的服饰妆造、舞台的道具布景时，吴梅已经对琼剧的音乐，即“文排”的各种伴奏乐器表现出极大的兴趣。戏一开锣，他就往乐队里扎，常常因听得入迷，久站不动。乐手们见他小小年纪如此痴迷，心疼他站着辛苦，便拿来小凳子让他坐在“头手”吊弦旁边看演出，一来二去，这个位置成了吴梅的“专座”。

1939年后，日本人统治下的海口，冷冷清清，死气沉沉，艺人们都逃到雷州半岛的广州湾、西营（现属湛江）避难去了。当局通过关系逼“请”韩文华、陈丽梅等组班出来演戏。那时，吴梅又有机会接触了如《林攀桂》《嵇文龙》《洞房嫁姨》《春水浇桃花》《荷池映美》等许多古装戏，还欣赏了《爱情与黄金》《新人之家庭》《文华卖西饼》等不少文明戏。吴梅说，那时候戏班白天还会演出《武松杀嫂》等水浒、三国武打内容的“军戏”，演出题材丰富。

日本投降后，海口的戏曲舞台又活跃起来。除本地戏班外，还有从南洋回来的名伶郑长和等艺人，加上广州来的粤剧大班也纷纷在海口上演。当时，吴梅只是个中学生，却什么戏都看，而且百看不厌。逐渐地，各种腔调板式深深地刻在他的心里，成为他今后进行琼剧音乐创作的源泉。

1952年1月，吴梅作为水产专业的学生提前毕业，投身到当时轰轰烈烈的“土改”等工作中。吴梅这时有了机会到陵水、琼海、三亚、乐东、临高、儋州等地区，边工作边搜集当地歌谣、琼剧曲调、民歌乐曲等许多第一手原生态资料。

那时，吴梅就发现有些海南话民歌与琼剧的唱腔有异曲同工之处，便一一地记录下来。这些原生态音乐，不仅给吴梅在琼剧作曲上提供了生动的素材，也为他研究琼剧的形成与发展提供了很多重要依据。

“拿来”丰富琼剧音乐

吴梅爱步行、好锻炼、喜读书，成天乐呵呵的。他接受新事物的能力特别强，有着一股“活到老学到老”的韧劲。他不以年迈作为逃

2011年，吴梅在新加坡指挥海协剧团排练。受访者 供图

避学习的借口，而是与时俱进地学会通过网络浏览戏曲界的新闻信息，关注行业动态，还利用各种搜索引擎在网上搜集创作资料、素材，尝试以电子邮箱、QQ、微信、微博等现代化工具与年轻一辈的同仁、戏迷保持沟通联系。在他身上，丝毫感觉不到一丁点与现代化社会格格不入甚至脱节的痕迹。相反的是，他紧跟时代的脚步，追赶潮流的步伐，让人隐隐感觉到他身上还散发着一股蓬勃向上的气息。

都说戏如其人，人如其曲。回过头来欣赏吴梅上百部作品时，就像在感受他的为人一般，在不经意间便发现了那点点滴滴的新奇之处。他巧妙地将不同的元素杂糅在琼剧的音乐唱腔之中，它们或带有宗教民俗色彩，如《梁祝》中“临终”一场，梁山伯所唱的“道斋腔”;或带有亲切纯真的民谣小调风味,如《红丝错》的摇子调唱腔;或带有异国风味的情调,如《泪血樱花》中的日本樱花主题音乐等。其创作素材形形色色,令人惊叹。

以吴梅的得意之作《梁祝》为例,他在老板腔的基础上,着重处理唱腔的音调,辅以“新”的场景音乐加深了剧本的主题,深化了人物形象。这出戏,吴梅匠心独运,特以琼剧的“程途板”音调,提炼成一支类似《梁祝》协奏曲的主题曲,贯穿了全剧,忽而在唱腔中出现,忽而在弦音之间回转,交替反复,补充了每一场情景的描述,其人物音乐形象鲜明、突出,给人留下了极其深刻的印象。剧中“山伯临终”,用什么唱腔来表达山伯的感情?琼剧的苦叹板过于喧闹,中板过于平淡,不能完美地表现出山伯的有气无力、奄奄一息。吴梅突发奇想,想起了小时候接触到的“关月娘”的仪式,遂在曲调中将海南道教的“道斋腔”融入其中;与此同时,适当借鉴了其他剧种的“吟板”,创造了一种类似于清唱,又不同于散板,且运用流水形式演唱的琼剧吟板,较好地表达了山伯临终时气息孱弱的状态。

《梁祝》中值得称道的还有“英台哭灵”。这段戏用传统的叹板和哭板来唱,很难调动演员的情绪。吴梅认为,英台此时已经失去了珍爱的知己,满腔的悲痛是按捺不住的,应该以一种放声痛哭的状态表现出英台的撕心裂肺,所以这里的唱腔就应该在琼剧传统哭腔的基础上,大胆地进行大幅度甩腔,通过这几次的甩腔将其悲痛之情犹如大江大河一般一泻千里,宣泄得淋漓尽致,成为刻画感情深度的创新唱腔。

吴梅在创作过程中，很重视细腻的创造、丰富琼剧板腔的旋律性和多样性，利用转调、节奏变化等作曲手法使腔调更加美化，争取每一句唱词所产生的曲调都极尽细腻、合理。他擅长在继承琼剧传统板腔旋律的基础上，去粗取精，参考吸取外来兄弟剧种的长处，融入海南原生态艺术营养成分；注意使古老的音调旋法与时俱进，赋予其新的时代因素，从而创造出脍炙人口的好作品。

重新归类琼剧板腔

吴梅对琼剧的板腔有过十分精细的分析研究，过去许多唱腔都是演员按照自己的声音条件，根据人物和剧情需要，以唱词为依据创腔的。琼剧的板式、腔调和结构，大多数演员都是一代一代由师傅身传口授承继下来的。后来，随着时代不断的变迁，从“土戏”到“琼剧”，特别是出现了“文明戏”以后，从剧本、戏文的要求出发，“琼剧”的板腔又发生了巨大的变化。中华人民共和国成立后，琼剧的表演和音乐的变化更大，这也是事物发展的必然规律。

明代戏曲理论家王骥德曾精辟地总结道：“戏曲声腔三十年一变。”这是铁一般的事实。中华人民共和国成立后，琼剧所继承下来的“传统”，已经和明、清、民国初期的腔调大不相同了。如“江浪腔”“古腔”等，都是后来剧团在演出中根据剧情需要创造出来的。

吴梅对琼剧各类板腔重新进行了分类，探讨了琼剧调式结构的关系、语言和曲调的关系、板式和转调的关系等琼剧演变规律，摸索出许多值得保留和推行的创腔经验。

例如，过去琼剧没有“摇板”（也就是“紧伴宽唱”，或称“紧拉散唱”“紧拉慢唱”），它虽是许多剧种普遍使用的板式，可是琼剧没有这种板腔，对剧情的开展、人物的塑造便有了限制。从此，吴梅在许多剧目中都尝试采用这种板式，还革新了“中板”演唱旋律变化、尾句拉腔变化等格式；创造了“吟板”（也叫无伴奏“清板”）、“流水板”（也叫“急板”，一板一眼快速行进的板式）以及“宫调式慢中板”“五更腔新板”“十字句慢板”等板腔，还革新和创作了不少过场音乐和新曲牌，如《凤冠梦》剧中吴乙九的升堂吹打曲牌等。

吴梅认为，无论如何创造革新，都不能脱离三个原则：第一，不违反戏曲声腔创腔原则；第二，不背离琼剧已形成的基本腔型结构；第三，不违背海南方言产生曲调发音的规律。

（黄婵敏）

琼剧《凤冠梦》剧照。海口市琼剧团 供图

《红叶题诗》再“出圈”

2021年11月24日，是传统琼剧《红叶题诗》内部彩排的日子。尽管已经是国家一级演员、中国戏剧梅花奖获得者，林川媚还是难抑心中的紧张。

当天上午，她特意抽出时间前往已故恩师王英蓉的家。注视着恩师的遗像，林川媚深深鞠躬，心中默念：“老师，我终于要演您的戏了。”这句话，她在心里藏了14年。

1962年，王英蓉出演电影版《红叶题诗》女主角，不仅造就了琼剧历史上的一座高峰，也成就了自己琼剧生涯的代表作。

时隔近六十载，《红叶题诗》终于复排。作为王英蓉唯一的徒弟，林川媚搭档同为国家一级演员、中国戏剧梅花奖获得者符传杰担纲主演，重现经典剧目，重燃观众热情。

此后一段时间，只要《红叶题诗》演出预告一出，在海南戏院门口就会排起长龙，观众一票难求。连续一个多

2021年复演版《红叶题诗》剧照。梁学武 摄

月，符传杰、林川媚带领优秀青年演员黄瑾、岱邦武、龙倩倩、邓蔺珊，为观众奉上十余场《红叶题诗》演出。不管是在海南戏院还是农村戏台，演员们的精彩演出总能赢得新老戏迷的满堂喝彩和经久不息的掌声。《红叶题诗》复演火爆，成为人们津津乐道的“现象级”事件。

复排经典 传承琼剧

对以林川媚、符传杰为代表的这代琼剧人来说，复排复演《红叶题诗》，有着非比寻常的意义。

《红叶题诗》是琼剧史上的扛鼎之作，讲述了这样一段故事。南宋新科状元文东和闲游西湖时，拾得红叶一片，上有表露少女抱负的题诗一首，文东和读后深感爱慕。一日，文东和随母给朝臣姜华拜寿，始知红叶之诗乃姜华之女姜玉蕊所题。是夜，二人相约花园，以诗为媒，互表爱慕之情，共结同心。就在文、姜两家定聘之日，宋皇下诏，准选姜玉蕊为七王妃。文东和与姜玉蕊坚贞不屈，双双投湖，以死抗争。

这是一出有近百年历史的传统剧目，最初由民国时期名旦陈成桂在辛亥革命后首编。1960年1月，周恩来总理来琼考察，观看该剧后赞誉有加。同年4月，《红叶题诗》剧组受邀前往北京做专场演出。1962年5月，时任中国戏剧家协会主席的田汉受周恩来总理委托，来琼对剧本进行修改润色，着力对南宋朝廷的"国步艰危日，民生困厄中"进行渲染，使该剧由单纯的才子佳人感情戏升华为体现"社稷兴亡，匹夫有责"的忧国忧民主题思想的作品，提高了该剧的

琼剧电影《红叶题诗》剧照。海南省琼剧院 供图

文学性、艺术性和观赏性。同年9月，该剧特邀张客执导拍摄，由王英蓉、陈华等主演。由此，《红叶题诗》成为第一部被搬上大银幕的琼剧作品。

琼剧电影《红叶题诗》问世后，轰动海内外，在琼籍乡亲中引起不小的震撼。"1985年，海口市琼剧团在泰国演出时，当地侨胞也点演《红叶题诗》，还力邀王英蓉加盟出演女主角。"海南省琼剧院创作研究室主任潘心团说。

此后，《红叶题诗》鲜有全本演出。

"究其原因，一是《红叶题诗》艺术水准高，民营和市县剧团都'拿不下'；二是剧团迎合'公期'市场，更喜欢喜剧题材，该剧自然越演越少。"潘心团说。不仅如此，随着经济社会的快速发展，在流行文化影响下，传统戏曲渐入低谷，琼剧也未能幸免。

在海南省琼剧院院长杨济铭看来，《红叶题诗》复排复演，是与时代的同频共振。

近年来，我国不断推动优秀传统文化复兴，海南也推出系列政策扶持传统戏曲发展。作为全国地方戏创作演出重点院团，海南省琼剧院先后打造了《下南洋》《海瑞》《王国兴》《冼夫人》等一系列精品琼剧，在出戏、出人、出影响力方面作出了很大贡献。

在中华优秀传统文化复兴的大背景下，进一步传承和发展优秀传统文化是新时代的召唤与使命。优秀传统文化回归，成为必然趋势。作为琼剧这一国家级非物质文化遗产保护项目的主要责任单位，海南省琼剧院2020年将《红叶题诗》列为2021年非遗专项资金重点传承剧目，启动该剧传承复排工作。

一出名戏 两代名角

阔别舞台多年，复排《红叶题诗》的消息一经传出便备受关注。“《红叶题诗》什么时候开票”成为戏迷们日常关心的问题，他们对演出更是翘首以盼。

林川媚把排演《红叶题诗》当作自己的一场考试，这不仅仅是回馈戏迷，更是回报恩师。

2007年2月，林川媚拜入王英蓉门下，成为王英蓉的关门弟子。就在前一年即2006年，符传杰正式拜琼剧表演艺术家梁家樑为师。琼剧界在多年后恢复“拜师收徒”，成为一段佳话。

姜玉蕊饰演者林川媚。海南省琼剧院 供图

垂暮之年的老一辈琼剧艺术家，将多年积累的舞台经验和表演“绝招”倾囊相授。梁家樑教符传杰水袖如何才能打得飘逸，蹉步怎样才能走得潇洒，唱词怎么才能咬得精准，对他的表演细节“锱铢必较”；王英蓉教林

文东和饰演者符传杰。海南省琼剧院 供图

川媚碎步、圆场如何行走，水袖身段如何展示才美，情感如何表现才能细腻得体，对学生的基本功严苛不已。

王英蓉与梁家樑这两位琼剧国家级代表性传承人，同时带出了两位获得中国戏剧梅花奖的徒弟，在琼剧界至今绝无仅有，可谓实现了两代人的夙愿。

2021年，恰逢王英蓉逝世10周年。从2007年拜师起的14年间，林川媚总遗憾自己未能完整演出过一部恩师的代表作品。如今继承老师衣钵，她总盼望着，在观众席里还能看到老师的身影，再对她点拨一二。

《红叶题诗》见证与承载着琼剧辉煌的历史，又何止林川媚心底藏着这样一份艺术与情感的传承？

在20多年的从艺生涯中，符传杰已在《海瑞》《王国兴》《圆梦》《红旗不倒》等多部精品剧目中担任领衔主演，屡登国家级舞台，斩获多项荣誉。然而，当他准备出演《红叶题诗》时，依然为如何演出亮点犯了难，不断思考揣摩前辈的一招一式、一唱一念。

2021年11月24日彩排当晚，90岁高龄的梁家樑行动不便，被人用轮椅推到剧场，仔细观看徒弟符传杰在舞台上的表现。这既是出于对经典剧目的敬畏和热爱，也是出于对中青年演员传承经典剧目的期待和关注。彩排结束，符传杰来到观众席，伏在老师膝前，紧握老师的双手，直到听到老师的肯定，才舒了一口气。

2021年11月26日，《红叶题诗》复排后首演。大幕徐徐拉开，伴随着“重门深锁幕帘垂，画堂春晓燕双飞。无限愁怀排不得，暂且移步出深闺”这一家喻户晓的内线中板唱段袅袅传来，沸腾的海南戏院瞬间安静了。舞台上，百转千回的剧情，经由演员们的一颦一笑呈现在观众面前；舞台下，观众“沉浸式”观剧，时而喜悦，时而唏嘘，掌声无数。演出结束后，观众纷纷起身为演员喝彩，掌声雷动，经久不息。还有一些热情的年轻戏迷蜂拥上台，向主演符传杰、林川媚献花，并合影留念。

名戏遇上名角，可谓琼剧的一大幸事。

（赵优）

海南木偶戏：一支“偶” 两朵花

兴于汉、盛于唐的木偶戏，在老艺人的推动下，在我国大江南北涌现出大量具有地方特色的剧种，不仅有提线木偶、杖头木偶、布袋木偶、铁枝木偶、药发木偶等剧种，而且每个地方的木偶剧还衍生出不同的种类，各具特色。

木偶戏在海南的发展也不例外，通过当地艺人的创新推广，主要形成两个特色剧种——临高人偶戏和海南公仔戏（文昌公仔戏、三江公仔戏）。2006年和2008年，这两个特色剧种先后被列入国家级非物质文化遗产代表性项目名录。

海南木偶戏至少有七百年历史

因艺人和木偶同台现身表演，临高木偶戏被称为人偶戏。海南公仔戏则是因为海南当地人习惯将木偶称为“公仔”而得名。海南公仔戏又分为两支，一支是文昌公仔戏，

2007年，人们在海口观看海南公仔戏。 汪承贤 摄

主要活跃在文昌地区；另一支是三江公仔戏，主要活跃在海口市美兰区三江镇。实际上，文昌公仔戏和三江公仔戏属同一种木偶戏。从地域上讲，海口三江镇和文昌相连，这种民间流传的艺术在同一区域流行是自然而然的事。两者不仅舞台布置、剧本相同，唱腔和表演方式也相差无几。

海南这两种木偶戏起源于何时？普遍的说法是元代。刚从内地传入海南时被称为“佛子戏”，主要为乡村的祭祀活动服务。至今，在临高、海口三江镇、文昌一带，村民在遇到重大民俗节日的时候，都会请戏团前来演出，以求福禳灾。陈铭枢在《海南岛志》(1933年)中称：“戏剧之在海南，在元代已有手托木头班之演唱，来自潮州。海南之有戏剧，当即肇于此时。”如果从这种手托木头戏算起，木偶戏在海南岛至少有七百年历史。但根据当地老艺人的说法，临高人偶戏源于南宋末期，比前者的说法还要早许多。

海南公仔戏和临高人偶戏成熟期均为清代康熙年间。临高县老艺人陈和成于1979年先后献出七代珍藏的10个老木偶，其中4个头部刻有“康熙”年号的标志，可见当时临高的人偶戏已经开始在民间风行。康熙年间，临高当地就有吴四龙、曹大锣、王香发、刘彩凤等30个人偶班社，足见临高人偶戏在当时已经发展成熟起来了。

海口美兰区文化馆整理的资料显示，在清康熙年间，海南公仔戏已形成“板腔为主，并有少量曲牌”的唱腔体系，全用海南方言演唱，主要板腔为中板。演出剧目除外地传入的杂剧、传奇剧目外，也有由本地艺人根据传说和本地故事改编而成的剧目。

海南公仔戏唱腔类似琼剧

海南公仔戏属于传统戏剧类非遗项目。早期的海南公仔戏由一人挑担演出，只有对白没有唱腔。清初，海南公仔戏中出现了生、旦、净、丑四种角色，有了四人戏班，两人操纵木偶，一人吹唢呐，一

海南公仔戏特别考验演员对木偶的操纵能力。张茂 摄

人打锣鼓。同时，这一时期已经发展出完整的唱腔体系，同现代琼剧唱腔体系非常类似。

但海南公仔戏表演场地比琼剧简单多了，仅3米长的狭窄舞台是用木板或桌子搭成框架的，前方用布幔矮矮地围一圈，后面则挂幕布。负责表演的演员站在幕布后方。演员后面则是木偶架，一字排开，挂着当天演出所需的木偶。木偶架后方，则是负责伴奏的海南八音乐手们。

海南公仔戏是用海南地方戏调、以海南方言来表演的一种木偶戏。海南公仔戏伴奏源于民间的八音，具有福建和潮州木偶音乐的传统特质。伴奏人员一般为5—8人。幕布后方的演员同样也不多，一般是3—5人，大多数情况下仅需3人。尽管参演的演员不多，但是海南公仔戏跟琼剧一样，分生、旦、净、末、丑角色。一部戏的木偶数量少则10多个，多则20多个，有时候甚至同时出场七八个木偶，演员需分饰多角，相当考验演员对木偶的操纵能力。

海南公仔戏是表演艺术与雕刻工艺的完美结合。为了方便操作和减轻操纵公仔的负担，海南公仔戏的公仔头部和双手都是木雕的，肩膀则用藤条竹篾编织而成。宽大艳丽的戏袍遮住了公仔的身体，公仔的手部、头部、眼珠由连接巧妙的细线、藤条相连，负责表演的演员嘴里“唱念”，双手则通过各种技巧将拱手作揖、跺脚、拂袖、跪马、射箭、滚翻、眼睛转动、嘴巴张合、双手抓拿等动作让公仔展现出来。露脸的是公仔，但为了表演逼真，站在幕布后操纵木偶的演员，根据剧情需要同样要展现出喜怒哀乐、变化万端的表情，以更好打动现场观众。

海南公仔戏剧目繁多，剧本主要来源于外来剧目、改编剧目和后来创作的新剧目,常演剧目有300多个,多为继承历史的传奇戏,如《三打白骨精》《白蛇传》《三英战吕布》等;也有改编、移植的古装戏,如《拜月记》《梁山伯与祝英台》《三江考才》等。

"人情""偶味"融于一体的临高人偶戏

1962年,戏剧大师田汉到临高县观看人偶戏和临剧演出后,称赞人偶戏为"稀有品种,不同凡响,表演灵动,唱腔动听",并赋诗云:"椰子林边几曲歌,文澜江水袅新波。此间亦有刘三妹,唱得临高生产多。"1981年至1992年,临高人偶戏曾先后两次进京演出,荣获优秀表演奖和优秀音乐奖。

临高人偶戏主要流传于海南的临高和儋州、澄迈部分地区,使用唱腔语言为临高话。临高人偶戏舞台前不设布幛,一般只在后方挂一块"背景"布。表演时,艺人持木偶登台,观众既能看到木偶,又能看到艺人的肢体神态、表演过程。表演过程中,常常"人""偶"合作,时而"人"替"偶"演,弥补"偶"的不足;时而以"偶"为主,通过"人"要尽"偶味",达到"人情""偶味"融于一体。

由于有人登台表演补充,临高人偶戏的木偶操纵技巧比海南公仔戏简单,演员一般一手托住木头,一手牵动两根控制木偶双手的木棍,根据剧情需要让木偶做出不同的肢体动作。早期的人偶戏演出,各行当角色演员均不化妆勾脸。直至20世纪六七十年代后,各行当角色演员均化淡妆、俊扮,不勾画脸谱。

临高人偶戏中的木偶同样分生、旦、净、末、丑等角色，脸谱非常丰富，正生和正旦都塑得十分俊俏，丑角则塑得十分丑恶，有的角色还根据不同的剧情需要有多种脸谱。20世纪80年代，临高人偶戏在北京、广东木偶专家的指导下进行了革新，不再用木头雕刻呆板的偶像，而是用纸在石膏制作的模具上糊成偶像，并上色描绘。这种新偶不仅形象更加逼真，还能皱眉、闭眼、转睛、张嘴、动鼻，木偶的双手也能抓、拿、取、拾，表演起来更加灵活。

临高人偶戏唱腔变化非常大，包括啊啰哈、朗叹、快板、“哩哩美”、7字板、丑角板、小放牛、嗳瞒哩、平板、月光光、白芙蓉、哭板等十多种，此外还吸收了琼剧板腔。唱词以四句为主，兼有六句、八句，甚至十多句；词句以五字、六字、七字为多。唱词不需押韵，但讲究平仄。

临高人偶戏的早期音乐伴奏乐队建制只有5—7人，只设竹笛、椰胡、三弦或秦琴、大小唢呐和打击乐。后来经过发展，伴奏乐队建制增至12—15人，增设了笛子、月琴、二胡、扬琴以及黑管、大提琴等。打击乐由原来的以中鼓为主转为以大小木鱼为主，兼用板、鼓、锣、钹等打击乐。

临高人偶戏和海南公仔戏一样，多演绎流传于民间的历史故事，代表剧目包括《孔明布八阵图》《武王伐纣》《王昭君和番》《海花》《莲花仙子》等一百多出。但临高人偶戏是有创新精神的，不仅创造出临高人偶戏这种国内较为独特的人偶同台表演木偶戏，而且还在其基础上创新出另一个富有地方特色的戏曲剧种——临剧。

（张期望）

海南斋戏：且歌且舞寄乡情

2020年，海南省第四批省级非物质文化遗产代表性传承人名单公布，海口市遵谭镇村民王云光和吴多平的名字赫然在列，成为海南斋戏的代表性传承人。

海南斋戏诞生于明代，至今已有超过400年的历史，曾入选第三批国家级非物质文化遗产名录。

琼剧的“老祖母”

“岁时伏腊走村氓，祝厘到处歌且舞。”海南明代进士王弘海这句诗，清晰地写明了当年海南祭祀活动的场面。随着外地剧种逐渐传入海南，海南的祭祀仪式吸收了“以歌舞演故事”的形式，又在其基础上融合了海南民间故事、歌谣、民间戏曲、音乐、杂技等艺术元素，逐渐演化为本土斋戏，类似于北方的傩戏，因而民间有“北有傩戏，南有斋戏”一说。

海口市遵谭斋戏团的部分成员。受访者 供图

“海南斋戏因为吸收了许多本土的文化精华，至今还保留着海南以前的文化因子。”研习斋戏数十年的王云光2020年接受采访时如是说。如今斋戏中还能看到明清时期的传说故事、剧目、乐曲、杂技、工艺的影子，并对后来文化艺术的发展有重要影响。王云光认为：“琼剧就是由斋戏演变而来的，海口人现在还把看琼剧说成‘看斋’。因此，斋戏也被一些专业人士称为琼剧的‘老祖母’，是海南民间喜闻乐见的草根艺术，对地方文化影响很深。”

在海南依然保留且传承海南斋戏的地区中，海口市遵谭镇是其中的代表。遵谭镇不仅历史悠久，还拥有数家斋戏团。年过五旬的吴多平就在其中一家斋戏团工作。该团2020年有数十名斋戏演员和百余人的八音配乐队伍，是海南颇负盛名的斋戏团体，曾受邀赴文昌、澄迈、琼海、万宁等多个市县演出，有时还要跨海到省外演出。

因为蕴含浓厚的地方文化气息，海南斋戏也是慰藉海外琼籍华侨思乡之情的重要形式之一。凡是琼籍华侨聚居的地方，都建有天后庙、关帝庙、水尾圣娘庙等。每逢“公期”，庙会都会请斋戏班演出，作为拜庙必不可少的一环。在斋戏的一腔一调中，海外游子的思乡之情得以安放。

五花八门的斋戏

海南斋戏与海南八音密不可分，其唱腔曲调以海南民间小调为主，演奏乐器基本就是海南“八音”，即“金、石、土、革、丝、木、匏、竹”，分为“文排”和“武排”两大类。其中，“文排”乐器包括“胡琴”“三弦”“箫”“管”“大笛”和“小笛”等；“武排”乐器有“子鼓”“小鼓”“花鼓”“帮板”“铜锣”“铙钹”等，属于打击乐的范畴。

“海南斋戏规模有大有小。”王云光说。小斋演唱1—3天，大斋甚至可以连续演唱5—13天。不管大斋、小斋，每一场斋戏的演唱内容都绝不雷同。“虽然唱本内容相同，但斋文会根据做斋的内容有所变化。”说到这里，王云光有些惋惜，“现在会写斋文的人已经寥寥无几，我非常喜欢写斋文，便主动承担起了这项工作。”

除了以规模区分外，海南斋戏还有另一种区别方法，即“清斋”和“幽斋”。

“清斋”，也叫“吉斋”，意在迎祥纳福求平安，剧目有《平安朝》《拜八仙》《五子登科》等。“比如有人喜迁新居时，就做五坛镇龙，祈祷新居一切顺利。出门前要求平安时，就做平安斋。”王云光说，清斋音乐轻快、高亢、悠扬，多包含喜庆、祝福调式。

海南斋戏戏本。受访者 供图

王云光举了个例子：在“五坛镇龙”中，有一个“赞七十二龙灯”的节目，需要72盏不同样式的小马灯，村民每家每户都要拿出2盏来。走场的有两人，一个叫旦角，一个叫小生，每人手拿2盏纸花，围着由9张桌子围成的场地转圈，在每张椅子前都要唱经，做完一套动作再唱一段祝福的戏。表演结束后，村民再把马灯拿回家中，寓意从此家中人丁兴旺，村中平安吉祥。

与“清斋”对应的是“幽斋”，也叫“白斋”，多用于丧葬或悼念死者，伴奏音乐低沉、幽远、缓慢，与清斋的轻快、喜庆明显有别。剧目有《灵保科》《幽关发》《过十殿》等。

斋戏代有才人出

“斋戏音乐丰富了海南民间音乐的宝库。保护斋戏，对保护民间文化艺术有重要作用。”王云光说。他虽然已年过六旬，却仍在亲自教斋戏，“我唱斋戏是从先辈处传承而来的，所以我也要将这门艺术继续

 传承给下一代”。

王云光近年教授的学生来自全省各市县。“除了海口地区之外，还有些学生是从定安、澄迈、琼海、陵水等其他市县专门赶来学习的。”对于这一点，王云光很欣慰。

吴多平告诉记者，自己的祖辈世代唱斋戏，“我初中时跟爷爷一起生活，放学后就跟着爷爷学斋戏，还帮爷爷写斋文，对斋戏的感情很深”。

“看到斋戏得到越来越多的重视、被越来越多人传承，我很高兴。”吴多平说，仅2019年，自己就带了几十名学员，“学员中，下至10多岁，上至50多岁，这说明斋戏自有其魅力，不管是哪一代人，都有对它感兴趣的人”。

“我既然承担起斋戏这份祖业，就一定要传承下去，不能放弃。”吴多平表示，斋戏的传承是为了满足地方民众的文化需要。入选为海南斋戏省级代表性传承人，更加坚定了他的决心，“我以后还会继续教学，只要有人想学，我就会好好教”。

除了民间保护外，政府也在不断为之努力。2013年9月，海南斋戏传习所及展示基地在遵谭镇东谭村揭牌，为斋戏传承人开展收徒授艺、教学培训、展示交流提供了重要场所。2017年，海口组织开展非遗图展与巡演活动，展演了包括斋戏在内的多项非遗项目。

“不管是展演形式，还是教学形式，都是对海南斋戏的保护和传承。”吴多平说，“现在政府和民间都更加重视斋戏的保护，相信这门民间艺术会发展得越来越好。”

（习霁鸿）

临高方言戏 传唱一甲子

2022年7月11日晚8点半，临高县加来镇多貌村响起一阵噼里啪啦的鞭炮声。“去看戏咯！”村民们或骑摩托车，或骑电动车，或手拿塑料凳子，或抱着瑜伽垫，纷纷向村中祠堂大院里的舞台赶去。大家都知道，鞭炮声一响，就是村里请的戏班要开演了。

当天，因捐款功德榜建成，多貌村邀请临高县木偶剧团到村中连演三天，演出的内容是临高本地特色剧种、县级非物质文化遗产——临剧。

从1961年正式诞生至今，以临高话为戏曲语言的临剧已传唱超过一甲子时光。

诞生 应群众之需求

由临高县旅游和文化广电体育局主编的《临高文化遗

临高县木偶剧团演员在化妆。李琬 摄

产》一书提及，在临剧诞生以前，每逢民间节庆，临高不少地方的群众会“绑”（请）其他市县的琼剧团来演出，其中新盈、调楼等沿海乡镇的群众尤爱看戏。

然而，由于琼剧以海南话为戏曲语言，而临高话有别于海南话，属于侗台语系，与壮语、布依语比较接近，临高本地居民看琼剧时常会遇到听不懂的情况。“以前剧团演出没有字幕，县城会讲普通话、海南话的还好，农村地区很多人只会讲临高话，听不懂也就看不过瘾。”临高县焕杰临剧团团长王有业说。

王有业出生于20世纪50年代，已年过七旬。他的父亲是临高县琼剧团（现已解散）的演员。在父亲的影响下，王有业从小喜爱戏曲，后来成了一名临剧演员。掐指算来，从9岁学艺起，他已经在台上唱了一个甲子。在王有业的记忆中，父亲所在的琼剧团大部分演员会讲普通话和海南话，他们经常受邀到省内其他市县演出。

"临高还有一种本土特色戏曲——人偶戏，是国家级非物质文化遗产。人偶戏是人和木偶同台演出，讲究的是人操纵木偶，是当地群众喜闻乐见的文化形式。但除此之外，群众也想看由人表演的戏曲。"原临高县文化局副局长全德亮介绍。全德亮是《临高文化遗产》一书的编撰者，对临高戏曲文化颇有研究。

1961年12月15日，在充分考虑群众文化需求的基础上，经临高县委、县政府批准，临高县临剧团成立。"当时，起源于民间祭祀活动的人偶戏主要在乡下演出，不能满足县城百姓的文化娱乐需求，县临剧团成立后填补了这一空白。"年过七旬的符尚深说。1963年，16岁的符尚深加入临高县临剧团，成为剧团乐队的二胡演员，见证了临剧60年的发展变化。

创编 集众家之所长

由于临高话与壮语更为相近，而琼剧在岛内群众基础深厚，临高县临剧团成立后，临高文化主管部门先后派该剧团的骨干前往广西百色壮剧团和省内琼剧戏曲学习班学习。

学成后，首批学员移植排演壮剧经典剧目《宝葫芦》，编创了历史上第一个临剧剧目，这标志着临剧正式诞生。在原有剧本的基础上，临剧版《宝葫芦》以临高话为戏曲语言，采用琼剧的表演程式进行演出，唱腔则采用人偶戏的经典唱腔“阿啰哈”。由此出发，临剧形成了基本的编创和表演形式：参考琼剧的表演形式，改编琼剧、壮剧、粤剧等南方剧种及木偶戏经典剧本。唱腔主要由临高人偶戏、临高渔歌“哩哩美”、琼剧唱腔的基础上发展而来。临剧《哑女告状》改编自同名琼剧，临剧《张文秀》改编自同名人偶戏。

目前，临剧有包括“阿啰哈”“嗳嗬哩”“小放牛”等十几种唱腔，能够较好地表达喜怒哀乐等各种情绪。

临剧《渔家黄金女》剧照。陈元才 摄

在乐队配置方面，与人偶戏伴奏以双唢呐为主不同，临剧的乐队规模在10—20人之间，乐器有唢呐、板胡、扬琴、琵琶、月琴、大胡、二胡、大提琴、单簧管等。

汇集众家之长的临剧用临高话演绎，深受本地居民喜爱。1968年解散前，临高县临剧团每年在临高及周边地区演出100余场。“也到省内其他地方演出过，但因为语言不通导致效果不佳，后来主要在县内及周边地区演出。”符尚深介绍。

目前，除国有剧团临高县木偶剧团，临高还有焕杰临剧团、临城望吉临剧团等7家民营临剧团。2020年前，8家剧团每年在当地演出临剧2000余场。“以前主要是节庆、公期时才有人邀请剧团演出，现在每逢婚丧嫁娶、孩子升学或遇到重要的事，人们都会请临剧团演出。”临高县木偶剧团团长符海滨介绍。

特色 以民谣民歌为养料

凡是艺术，都有其发源地。正因如此，很多艺术形式都有鲜明的地域特征。以临高话为戏曲语言的临剧，在剧本和演出的编创中，不论东西南北事，一般都会注入一些临高元素。

不论人物是否是临高人，故事是否发生在临高，一旦经临剧创作人员编排演出，所有人物唱念皆用临高话。剧中，从唐朝名将薛仁贵(山西人)、三国时期蜀汉名将张飞(河北人)，到明朝名臣海瑞(今海南海口人)，都说临高话。在一些剧目中，故事发生地点也被改成了临高境内，比如由琼剧《状元桥》改编而成的临剧《状元桥》，其故事发生地点之一就由文昌孔庙变成了临高文庙。临剧创作人员通过这样的方式对剧目进行本地化改造，即便不用字幕，本地观众也能听得明白，而且很有亲切感。

“临剧唱词多为临高民间歌谣、谚语或歇后语。有些剧目把夫妻恩爱、事理德行、生产生活等主题的临高民谣、民歌、戏曲化为‘戏歌’，然后运用到临剧的舞台表演中。”全德亮介绍。比如，形容夫妻恩爱的“一藤不结两种果，一树不开两种花”；介绍事理德行的“要学那毛鸡，行更催万户；莫学寒号鸟，懒睡不想做”；描述生产生活的“砍柴要上山，抓鱼要下水；靠人粮仓满，靠天粮仓空”等民谣、民歌唱词都出现在临剧中。

“剧团将这些唱词反复应用在主题类似、内容不同的临剧剧目中，以增加戏曲的乡土风味和地方色彩。”全德亮认为，目前，在临剧剧目创作以改编移植为主的情况下，编创人员更应增强乡土文化意识和乡土文化自觉，积极主动挖掘本地民间文化，多积累素材，并将其融入临剧剧目中，这样才能写出与众不同的、属于自己的东西。

（李琬）

“绑戏”闹春

光影交错的舞台上，演员们妆容精致、唱腔婉转动人。台下的观众看得如痴如醉……2022年2月10日晚，琼海市万泉镇青塘村，琼剧《晋宫风云》正在精彩上演。戏台上，一级演员、中国戏剧梅花奖获得者符传杰、林川媚，以及海南省琼剧院一团的演员，用精湛的表演赢得了村民的喝彩和掌声。

尽管天气凉爽，但一场近两个小时的戏演下来，演员们的戏服早已被汗水浸湿。谈起此次到青塘村的演出，符传杰笑着说：“我们是被‘绑’过来的！”

海南人爱看琼剧、公仔戏、木偶戏，爱到什么程度？逢年过节或遇有喜事，他们都要“绑戏”庆祝。

“绑戏”缘于爱看戏

什么是“绑戏”？“绑戏”是怎么来的？

2022年2月10日晚，澄迈县福山镇迈岭村村民在看琼剧。封烁 摄

如今说起众筹，人们很容易理解，这是募集资金的一种方式。在海南农村，大家众筹看戏，已经有数百年的历史，这就是“绑戏”。

青塘村村民陈义琼告诉记者，每当村里有大喜事，他们都会请琼剧团来村里唱戏。演出前，村干部发出通知，村民们奔走相告。演出当天，村里热闹非凡。戏团的篷布车进村后，全村男女老少都会在舞台前等候，“村民们纷纷从家里搬来凳子，小孩坐在大人的腿上或肩膀上，大家把舞台围得水泄不通，热闹极了”。

琼剧在海南有着深厚的群众基础。在海南不少乡镇、村落，每逢公期、军坡等传统民间节日，或有学子金榜题名、老人做寿、华侨回乡等，当地都会请剧团到村里唱琼剧庆祝。

尤其是每年农历正月和二月，琼北、琼东一带许多地方都会举办公期活动，需要琼剧演出为拜公等仪式营造氛围。于是，农村公期就慢慢催生出“绑戏”习俗。为了热闹，村民们“闹公期”一般都会请戏团来唱戏，借此也可以展示本村的经济实力。

一般从正月初三开始，琼剧、公仔戏等戏团就进入一年之中的演出旺季。“绑戏”又称“缚戏”，就是提前预定、锁定戏剧演出的意思。不少地方以村为单位，召集村民或乡贤凑钱预约戏团来村里演出。

由于传统节日前后“绑戏”的村庄太多，现在“绑”一场戏，通常还要提前签合同。到了约定的那一天，戏团就带着道具到村里为村民们演出。

群众“绑戏”热情高涨

“忙的时候特别忙，一般过年前一个月，春节演出档期就满了。”国家级非物质文化遗产项目海南公仔戏传承人冯海说。每年春节都是

公仔戏木偶。王聘钊 摄

戏团最忙碌的时候。

在冯海家中，记者看到了表演公仔戏的戏台。该戏台以两米多长、两米多宽、两米多高的铁架子为基础，靠背景板的一侧有两层红色幕布，两层幕布之间有一些空间。公仔戏演员通常会站在幕布之间，借助幕布挡住自己的身体，再用手灵活操控木偶，一边唱一边演。后台还有八音乐队配乐，和演员进行配合演出，很是热闹。

带着戏台、木偶等道具，冯海和戏团其他成员风里来雨里去，每到一个村庄都是最受瞩目的那群人。

符传杰对“绑戏”有很深的记忆。他说，20世纪六七十年代时，每逢春节，戏团成员都要在外待上两个月左右才能回家，“各村争着抢着‘绑戏’，哪一天去哪演出，戏团的行程都提前定好了。村民‘绑戏’不仅要出钱，有时还要出力”。

符传杰回忆，以前交通不便，戏团外出演戏的工具、道具、戏服又多，去村里演一台戏实属不易。常常是当天晚上的戏还没唱完，“绑”了下一场戏的村庄派出的壮劳力，就已经拉来牛车在戏台旁边等候了。“戏团东西太多了，村民们为了保证我们能按时到达，不耽误村里的演出，会提前一天来帮忙拉东西”。

同样的“好待遇”，也让定安县琼剧团团长黄茂安记忆犹新。过去戏曲在群众中的受欢迎程度比较高，有人通过专业的戏曲中介联系戏团“绑戏”。黄茂安说：“那时候，戏团工作人员和村民关系很亲近。村民经常邀请戏团工作人员到自己家中过夜，还会准备一桌丰盛的饭菜招待，并主动帮戏团收拾东西、搭戏台等。”

“绑戏”传递海南乡音

“绑戏”也不是什么戏都“绑”，而要根据不同的需求“绑”。符传杰介绍，每个村都有自己的需求和偏好，有的村喜欢看喜剧，有的村喜欢看悲剧，有的喜欢中状元的戏，有的喜欢拜花堂的戏，“比如今年村里有孩子要考大学了，那就‘绑’一出中状元的戏来看，图个好彩头”。

如今，在琼北、琼东一带，大大小小的琼剧团有50多个。村民们根据自身经济情况和筹款情况“绑戏”，选择合适的戏团并确定演出场次。

在文昌东阁镇一带，“绑戏”已成为闹公期的重要一环。村民们“绑”好晚上的琼剧演出后，白天要安排村里的壮劳力，抬着供奉的“公”挨家挨户走一圈。每到一户，全家人都要出来祭拜，并鸣放鞭炮以示隆重。晚上，琼剧开演前还要举办“拜八仙”仪式，让出了钱的家庭在戏台前“拜八仙”，祈求来年心愿达成。此后，戏剧才正式开演。

在海口龙舌坡社区，尽管人们生活在城市里，生活条件今非昔比，但“绑戏”的习俗依旧没有改变。在社区的空地上，人们临时搭建戏台，逢传统节日有时要“绑”八九天的戏，十分热闹。

琼剧表演艺术家、琼剧国家级代表性传承人陈育明曾说过，“众多老百姓的喜爱，是琼剧能够传承下来的重要原因。正因为琼剧有广泛的群众基础，所以才具有顽强的生命力。”

如今看来，琼剧、公仔戏也并非只有年长者才喜欢。每次戏曲演出，农村的男女老少都会齐聚一堂，一起看戏赏戏。在这些热心观众

2021年，海口市第十小学学生在唱琼剧。封烁 摄

中，就有不少年轻人。

“小时候每逢过年村里都‘绑戏’，现在我们挣钱了，也想出一份力。我们年轻人有责任传承发展海南的地方戏。”琼海市塔洋镇珍寨村村民陈力说。

（刘梦晓 张梦真）

老戏台新戏台：琼韵悠悠从此扬

2022年新春伊始，对许多海南人而言，家乡那一方戏台，正是传出年味的重要所在。一年又一年，锣鼓喧天、曲韵悠扬。它的土味、它的热闹和喜庆，永远烙印在海南人心中。

“一曲笙歌，音如流水；三声檀板，响遏行云。”演员在台上唱戏，唱尽悲欢离合；人们在台下看戏，感悟人间冷暖。时光流转中，那日渐斑驳的老戏台承载了太多成长记忆，是游子怀乡时难以割舍的精神家园。

年味的散发地

春节期间，海口、定安、文昌、琼海等市县的农村地区会热热闹闹地举办一年一度的公期、庙会活动，这是集体狂欢的日子。为添加喜庆，当地人往往会把“绑戏”作为公期、庙

会的固定搭配。白天，家家户户有宴席，宾主尽欢；晚上，大家相约到村里的戏台前看戏。

夜幕初降，平日冷清的露天广场灯火辉煌，戏台前人头攒动。在戏台前没有固定座位的年代，人们会携带草席、长凳前往，草席紧挨戏

2024年2月，定安县后山村村民观看琼剧。张丽芸 摄

台铺设，长凳争取占据正中靠前的位置。戏台上，工作人员忙着设置灯光、帷幕；台下，有人在调试音响。戏台旁有梳妆台，演员们围坐一起，对着一面面镜子涂脂抹粉，细细描眉。许多小孩，也有不少大人，会好奇地围观。

距戏台不远处的庙宇、祠堂，香火缭绕，村民们正络绎不绝地前去上香。噼里啪啦的鞭炮声，混杂着工作人员试音时用音响播放的琼剧唱段，瞬间搅热了戏场，声震村里村外。这也告诉人们，这个村今晚要上演大戏。

“拜八仙”是演出正式开始前的预热环节，也颇为热闹。愿意多出一份钱给戏班的富足人家，戏班便在台上演一套固定的念词做打戏，代其向神祈福。每到一户人家 “拜八仙”，这户人家的“萬叁叁”鞭炮便在戏台边燃放，声响往往盖过演员的声音。

这是小孩最喜欢的环节。“每拜完一次，台上演员都会从户主供奉的物品中抓几把糖撒向观众，人们一边欢笑一边哄抢，抢到就意味着吉利。”琼海市阳江镇岭下村村民马科科说。演一场戏，“八仙”往往要接连拜个十次八次，放鞭炮、抢糖的环节也有十轮八轮，其间台上台下欢声笑语不断。

拜完“八仙”，正戏开唱。台上情景焕然一新，音乐响起，清澈优美的唱腔回荡在村子上空。除了本村人，附近十里八乡的村民此时也已赶到现场看戏。才子佳人，苦读中榜，精忠报国，离舍团圆……剧目的故事类型并不新鲜，但台下观众依然看得投入，为戏中人物的悲欢牵肠。

看戏的专心看戏，无心看戏的也不会寂寞，玉米、甘蔗、番石榴、冰棍……坐不住的小孩会到小贩摆的临时摊位前转悠，一解嘴馋。有人对戏不感兴趣，却对后台很好奇，或跑到梳妆台边看演员化妆，或跑到戏台一侧临时搭的棚子里看器乐班子拉胡弹琴、敲锣打板。戏曲的根基在群众，乡村戏台让演出与观众零距离，在许多人心中埋下热爱琼剧的种子。

乡村戏台土味浓

乡村是琼剧发展的沃土。“20世纪80年代，琼剧演出在农村兴盛起来，很多地方村村建有戏台。”海南省琼剧院副院长、中国戏剧梅花奖得主符传杰说。

乡村戏台土味浓。椰林下、稻田边，人们寻一片开阔的空地，垒起土石台，在台上搭起简单的框架，便成了一处露天戏台。

文昌市东阁镇福田园村老村支书符国进介绍，为了满足看戏需要，20世纪80年代末至90年代初，该村村民、华侨自发捐建了戏台以及公庙。起初，戏台上的框架部分用竹木搭建，后来升级为钢管。戏台前还建起一排排混凝土长凳，有了固定座位。戏台后方建有一个方形石台，作为演员的梳妆台，但与多数乡村戏台一样，没有专门供奏乐用的副台。

乡村戏台设施简单，有时会给演出造成阻碍。比如，戏台没有顶盖，突然下小雨时，演出不停止，观众在台下撑伞看，演员在台上冒雨演。吃过淋雨的苦头，戏团后来都会自带布料铺设顶盖。

露天戏台，气温不能人为调控。“冬天天冷时，穿薄戏服就要挨冻。夏天最惨，热得满身汗，一场戏下来，换五六次打底衣是常有的事。被蚊子咬也是家常便饭。”符传杰说。

由于戏台搭建得不牢固，符传杰还碰到过灯光设施从空中掉落、戏台因淋雨而部分崩塌等情况，所幸这并不多见。符传杰说："以前演出前，我们的工作人员会提前考察场地，做好搭建工作。现在用手机联络很方便，我们会提前通过视频连线查看戏台情况，指导当地人员搭建。"

除了农村，乡镇居民偶尔也因各种喜事"绑戏"。戏台一般也是临时用竹木搭建的，演出时现场人声鼎沸，十分热闹。

戏台之"戏"亦悠长

有演出就有戏台。琼剧发展的背后，是戏台演变的历史。

南海出版公司出版的《琼剧》一书介绍，海南的固定性石戏台，为清代所建。清康熙至乾隆年间(1662—1795年)，海南各地的民间会馆、公馆、祠堂内，相继建起石戏台。嘉庆年间，海口数十间庙宇均建有固定戏台。这些戏台每次演戏，都会吸引附近街、坊、村庄的居民前去观看。

清末至民国初年，海口、府城等地，市镇戏园开始出现。其以要闹宽阔之处为场地，一般由地方豪绅富贾出资，用竹或枋木建成，设固定座位。光绪年间(1875—1908年)，海口建起第一家营业性演出场所——永乐戏院。随后，中华大戏院、冠梅戏院等相继建成。

部分老戏台(院)历经传承，至今仍在使用。在海口骑楼老街自在咖啡馆的后院，有一个自在戏台。该戏台所在位置以前是海口富商张天元的私宅，于1931年建成，1973年毁于台风，2014年重建，依古法修旧如旧，古色古香。现为海口市琼剧团驻骑楼老街固定演出点，逢周末有演出。

中华人民共和国成立后，海南各市县及一些工矿企业，相继建起营业性戏院、影剧院或礼堂，以供文艺演出、放映电影和召开会议使用。这些戏院、剧场，较之以前的演出场所，在演出空间、声光设置、卫生条件、防水设施等方面有了较大改进。改革开放后，农村庙会、节庆等各种民俗活动复苏，村民“绑戏”越来越多，因此也掀起了一波建戏台的热潮。

在城里，无论是政府建设的堂馆，还是高校礼堂，各方面条件都比以前的戏院、剧场要好。2010年，海南省歌舞剧院落成投入使用，成为海南首个具有多重科技组合和先进配套设施的专业演艺场所，是大型琼剧演出的首选场所。

而无论是乡村市井戏台的土味十足，还是城市戏院的专业先进，其背后不变的，都是海南人对“海南戏”那份浓浓的爱。

（苏庆明）

拾——歌

五指山牙胡梯田。郭爱平 摄

“歌岛”海南

又到一年一度的黎族、苗族传统节日“三月三”，当动人山歌唱起来、优美舞蹈跳起来，海南岛又进入一场涌动欢乐的“嘉年华”，黎族、苗族同胞更是沉浸在歌的海洋当中。

除了黎族、苗族民歌，海南岛多语言、多方言的移民构成，还孕育出了丰富多彩、风格各异的其他谣曲。

——编者

或悠扬婉转，或粗犷豪放，行走在海南的乡村，常常能听到具有地方特色的民歌民谣。聚居在岛上的人们，自古以来能歌善舞，耕作、聚会、樵牧、渔猎、祭祀、婚嫁、出生、祝寿、拜亲、会友，都是他们一展歌喉的场合。时间长了，新移民或旅居者便渐渐体会到“海南岛是一个歌岛”这句话所言非虚。

有曲调可唱的称为“歌”，靠吟诵传播的称作“谣”，但都以方言演唱。海岛上居住着黎、汉、回、苗等民族，语言、方

2014年首届海南方言歌曲演唱大赛上的黎歌演唱节目。受访者 供图

言繁多,各自在民歌的歌词、句式、曲调等方面有不同表现。海南岛上使用的语言、方言,主要有海南话、儋州话、临高话、黎语、苗语、回语、村话、军话、客家话、疍家话等,它们内容丰富,形式活泼,风格独特,具有鲜明的民族特色和地方语系特色。

黎语:情歌是最灿烂的一枝

全省操黎语的有一百多万人。在黎族聚居的保亭、乐东、琼中、白沙、陵水等地,黎族民歌传唱都十分普遍。他们唱歌有一套自己的腔调,如琼中、保亭的"罗哩调"(也称"罗尼调"),琼中的"水满调"等,常用的就有100多种。在内容方面,黎族民歌题材广泛,概括起来主要有劳动歌、情歌、时政歌、生活歌、故事歌,但情歌却是黎族歌谣这棵花树上开放得最灿烂、最芳香的一枝。

琼中黎族苗族自治县上安乡村民在唱山歌。
李英挺 摄

“三月三”这天，黎族青年男女聚在山间坡野，以歌为媒寻找伴侣，交流感情，倾吐爱意。黎族情歌中有不少长篇叙事歌，如《尔蔚》《甘工鸟》《抗婚歌》等，较有代表性的当数《抗婚歌》，叙述了一对抗婚情侣，不满父母包办婚姻，双双逃到遥远地方的经过，“我俩坐在山坡上，闷闷地拔着茅草尖，对着溪水和深潭痛哭。隔着滚滚的溪水，你在那边痛哭，我在这边饮泣……”

不过，在黎族人民心中，最有影响力的则是琼中什运等地传唱的《黎族祖先歌》，长达3000多行，是用咏唱的形式流传下来的，唱的是黎族的创世史。

苗语：一首歌三天三夜唱不完

据史料记载，海南苗族民歌主要产生并流传于海南中部的环五指山苗族聚居地区，已流传300多年，像琼中和平镇新兴村、吊罗山乡崩岭村、黎母山镇高利埇村等苗村，至今都可以听到苗歌，每年"三月三"歌手们都会进行苗歌比赛。

苗族民歌内容丰富、题材广泛，歌词以七言四句为一节，用苗语押韵，曲调虽单一却优美动听。一首叙事歌往往三天三夜也唱不完，比较有名的叙事歌有《盘皇歌》《水淹歌》《论皇歌》等。

此外，苗族民歌还有以祭典为内容的《祝神歌》《坛官歌》《灶王歌》等，以礼俗为内容的《迎亲歌》《神农土地送禾回》等，以爱情为内容的《女思男歌》《相思歌》《盼郎歌》等。

海南话:《诗经》般的崖州民歌

在海南岛，海南话分布最广，使用人数也最多，其主要民歌腔调就是"海南调"。在不同的地方，"海南调"随着音调的变异也有所变化，并多冠以地名，如万宁市一带的"万州调"，三亚市一带的"崖州调"，昌江一带的"昌感调"等，其中不得不提的是流行于南部三亚的"崖州调"。早在2006年，崖州民歌就被列入第一批国家级非物质文化遗产名录，被称为崖州人的《诗经》。

据了解，崖州民歌是海南民歌的古老歌种之一，流行在三亚、乐东黄流等古崖州属地，至今仍被传唱。其题材广泛、内容丰富，歌词多为七言，从人文历史、风光景色到生产劳动、社会生活各个领域无不涉及，一般分为长篇叙事歌、生活长歌、短歌和对歌四大部分。

其中，长篇叙事歌（俗称“歌封”或“大朝歌”）这一题材的民歌每部都是叙事长诗，目前已发现不下百首，如《梁生歌》《张生歌》《红楼梦》《英台山伯》等；长歌（俗称“歌牌”），这类民歌的代表作有《贫家织女怨》《十道情郎》等；短歌（俗称“歌仔”）以七言四句体为一首，多为即兴吟唱歌，精品极多，如《观音填海歌》；对歌（俗称“答歌”），民间对歌艺人具有很强的口头即兴创作能力和应变能力，对歌内容随意，即兴唱答通宵达旦，对唱不停，在民间文化中堪称一绝。

海南话民歌还分布于文昌、定安全境，海口、琼海、万宁、澄迈、屯昌部分地区和陵水、乐东、东方、昌江沿海地区，以及其他地区的个别乡镇，其中不乏较有影响力的歌谣，如长篇叙事歌《从六含冤歌》，这首长歌讲述了这样一个故事：明代万历年间，在定安县白塘村有个叫黎璋的人，在定安县衙里当官。他因偏听偏信后妻的诬告，将前妻所生之子活埋，造成千古奇冤。

儋州话：调声最有特色

儋州话主要分布于儋州大部分地区，昌江、白沙部分地区，东方、乐东、琼中、三亚等地个别村落，在海南是使用人数仅次于海南话的一种汉族方言，传唱的民歌腔调主要有“儋州调”“二句半调”和“调声”等，其中“调声”是最有特色的。

据介绍，“调声”产生于西汉时期，发源于儋州市北部沿海三都、峨蔓、木棠、兰训、松林、光村一带，因适用于男女青年边唱边舞的集体活动而被广泛推广，演唱时众人手勾着手，轻轻摇晃身躯，曲调动听，舞姿优美。唱调声没有固定的场合和时间，在农闲时节、逢年过节时，在山坡野地、乡镇集市都可进行，主要是青年男女互相以歌抒情，农历八月十五日唱调声尤为盛行。

“儋州自古称歌海，山歌催得百花开；人人都是山歌手，山山水水是歌台。”历年来，搜集到的调声曲调已有600多首，有一定代表性的曲目有《天崩地塌情不负》《祖国江山花百样》《一时不见三时闷》《单槌打鼓声不响》等。其中，最有影响力的是长歌《梁祝后传》，说的是这样一个故事：祝英台被马文才迎婚，在迎亲途经梁山伯之墓时，“有神感应坟开口，英台入墓合伴来”。马文才气极自缢，死后到阎王殿告梁山伯夺妻。阎王便召来梁、祝，问明情由后，判三人回阳间，祝家退还马家财礼，梁、祝结为夫妻，马文才另娶。

临高话：最是难忘“哩哩美”

临高话是海南岛北部临高人所说的一种语言，虽然其使用者历来族属均为汉族，但“临高话”却并非汉语，是汉藏语系侗台语族壮傣语支中与壮语、布依语比较接近的一种语言。千百年来，临高话民歌有山歌、渔歌两大类，以渔歌最为出名，因其多用衬词“哩哩美”和相关传说，临高渔歌也被称为“哩哩美”。

“哩哩美”最早起源于临高新盈、调楼一带渔姑卖鱼的叫卖声：“卖鱼（嘞），大家来买鱼（嘞）……”渔姑的叫卖声就是“哩哩美”渔歌的最初旋律。后来，渔民在生活和生产劳动中，如在赶海、织网、婚嫁等场合，逐步以该旋律进行口头创作并不断延伸，久而久之形成了优美动听的渔歌“哩哩美”。无论是赶海的渔家汉子背向蓝天、面朝大海撒网捕鱼时，还是织网的妹子和补网的老妪在古港旧巷劳作间，哼上一段“哩哩美”算是最轻松和快乐的事情了。在新盈、调楼一带的传统渔村，夜晚总是浪漫和抒情的时候，总有三三两两的年轻男女相约在“哩哩美”的美妙曲调中。

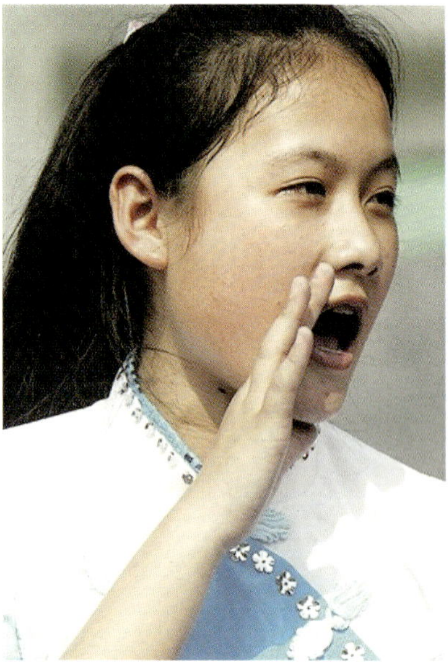
唱『哩哩美』的临高姑娘。程范淦 摄

现今，临高渔歌“哩哩美”不仅是海南民间歌谣的典型代表，还是中国艺术魅力首屈一指的渔歌。临高县总工会原主席黄育平以“哩哩美”为素材创作的器乐曲《鱼满舱来歌满港》，曾被制成唱片畅销全国；著名作曲家吕远从临高渔歌“哩哩美”独特的音调风格中提炼并创作的影片《南海风云》的主题歌——《西沙，我可爱的家乡》，更是让“哩哩美”的优美旋律传遍大江南北。

（金昌波）

海南黎族音乐：曲曲传情如心声

如果说我国的民间音乐浩如大海，海南黎族音乐便是山间的汩汩清泉，一路叮咚作响。它发源于海南中部山区，沿着小溪、大河，奔向整个海南岛，最终汇入中国音乐的海洋之中。一代代民间音乐人，捧着这悠悠长长的音乐故事和梦想，装点自己的精神家园，也装点了音乐世界。黎族音乐根植海岛，枝繁叶茂，代代传承有活水，曲曲传情如心声。

热爱：让世人了解黎族音乐

代表人物：王妚大　谢文经

黎族人民喜爱唱民歌，民歌是他们在交往中诉说情感、表达心声的主要方式。

海南岛的中部山区是黎族人民的主要居住地，也是黎族音乐最富盛情之地，无论走在哪里，歌声都会跟随着你。

在琼中黎族苗族自治县，在鹦哥岭脚下的什运乡什运村，曾有一位歌飘四方的传奇民歌手。她叫王妚大，以她为代表的老一代歌手，用一生心血让世人了解黎族音乐。

王妚大1923年12月出生于琼中黎族苗族自治县红毛镇牙挽村，1948年嫁往什运村，2018年4月11日去世，享年95岁。

20世纪50年代中后期是王妚大民歌演唱活动和民歌创作最活跃的时期。从1955年至1963年，她创作了几十首脍炙人口的黎族民歌，其中较著名的有《叫侬唱歌侬就唱》《有歌不唱留做乜》《解放大军真是好》《哎来哟调》等。她不仅能根据不同场合和对象创编新的歌词，而且能根据传统歌谣中的某一音节，即兴创作出一首全新的民歌。她创作的这些民歌在黎族地区广为流传，成为人们熟知的民歌曲调，她也因此被誉为“黎族歌后”。

风度翩翩，笑声爽朗，口中三句不离海南民歌……这就是众人记忆中的谢文经。

这位从临高加来小街里走出的音乐人，毕生致力于海南本土音乐的收集、整理和创作。他创作的

2007年，84岁的黎族歌后王妚大。李幸璜 摄

《久久不见久久见》《春米谣》《黎家姑娘》等经典歌曲婉转、深情，至今仍萦绕在琼州大地上。

王妚大的学生数不胜数，其中不乏王玉梅、王兰香、王玉香等有名的民歌歌手。其中，王玉梅曾于1964年赴北京人民大会堂演唱民歌《感谢恩人毛泽东》，受到周恩来亲切接见。谢文经也是王妚大的学生。

2001年，为举办少数民族歌手培训班，谢文经与时任海南省文体厅副厅长邢植朝同去邀请王妚大为学员授课。刚一见面，早早在村口

 等候的王妚大就迎了上来，和谢文经双手相握，连声道好，没说上几句话就对起歌来。

王妚大没有辜负谢文经的期望，将所知所作倾囊相赠；谢文经亦没有辜负王妚大，将“吃进肚里”的所学所得发扬传承。谢文经原是不懂说黎语的，但他受黎族民歌启发而创作的《久久不见久久见》《春米谣》《黎家姑娘》等经典歌曲婉转深情，歌曲里都有王妚大所唱民歌的影子。

因病去世前，谢文经仍三句不离海南民歌。他和老师王妚大一样，与千千万万个纵情于海南山水之间的歌唱家一起，穷尽一生为同一片热土激情放歌，留下的是“为海南人民歌唱终生”的赤子之心和不朽情怀。

保护：让黎族音乐得以传承

代表人物：黄照安　黄婷丹

如果说王妚大、谢文经这些老一代民间音乐人让世人了解了黎族音乐，那么黄照安、黄婷丹、王取荣等人则是让黎族音乐在最为艰难的时期得以传承。

在黎族地区，许多传统乐器如今已经难得一见，独木鼓、叮咚、唎咧、口弓等曾经与人们朝夕相伴的乐器如今已经散落难寻，但黄照安却收集了上百件黎族乐器，并且都能熟练地演奏。在他家的客厅里，摆满了各种黎族乐器，堪称一座黎族乐器博物馆。

独木鼓、牛角号、叮咚、唎咧、灼吧、口弓、哔哒、口拜……每一件都透着古朴与原始，每一件在黄照安的手里、口中都能发出美妙的声

黄照安演奏自己制作的黎族乐器（摄于2007年）。李幸璜 摄

音。20多种200余件乐器，每一件都倾注了他的心血、他的爱。

黄照安说，黎族传统乐器取材于民间丰富的竹木资源，制作工艺和演奏都不算复杂，学起来不难，但要做好则需要一定的功夫，如今民间乐于挖掘、整理、保护黎族器乐的人少之又少。

2005年，黄照安做了一件大“傻”事：他把保亭6个村36名黎族乐器爱好者召集到一起，利用周末时间传授技艺，不仅分文不收，他还买米、买菜给学员。其实，黄照安那时工资不高，要靠养猪补贴家用，家里还有孩子在上学。

此后十多年间，黄照安开门收徒，只要是喜欢学的，他都来者不拒，且一概免费。这些年来，黄照安教了多少徒弟，连他自己也不知道。不过，最初传授的36名徒弟早已是保亭著名景区呀诺达雨林文化旅游区和槟榔谷的台柱子了。

被誉为“五指山百灵鸟”的黄婷丹，推出首张个人专辑《五指山的歌声》后，又推出第二张个人专辑《大地恩情》。这张专辑在黎语演唱的部分标上黎语注音，让人能学易懂，具有欣赏、收藏价值。民歌创新让黄婷丹找到了黎族音乐的活态保护之路。

黄照安说，黎族音乐要想得到更好的保护，应根据社会发展变化和大众审美需求，不断进行或大或小的适应性调适、创新、完善，不能将“原生态”的概念冷冻起来。否则，黎族音乐保护就会走入死胡同。正是按照这个思路，近年来他不断改进创新黎族竹木器乐，让鼻箫、灼吧、唎咧等创新竹木乐器的音调更为精准，许多竹木乐器都被卖到了国外。

发扬：让黎族音乐走向全国

代表人物：蒙麓光　阿侬子黎

如果说黄照安的黎族乐器、黄婷丹的黎族音乐个人专辑让更多人看到了黎族音乐的魅力，那么大型原创黎族歌舞诗《黎族家园》则让黎族音乐走向全国。

2016年9月14日晚，在第五届全国少数民族文艺会演颁奖仪式暨闭幕式文艺晚会上，《黎族家园》从43台剧目中脱颖而出，一举获得该届会演的“剧目金奖”和“最佳舞台美术奖”单项奖。

《黎族家园》是一幅守护民族精神家园、传承民族美丽梦想的歌舞长卷。为全面展现黎族音乐文化特色，主创人员蒙麓光带领团队多次深入海南三亚、保亭、五指山、陵水、乐东、琼中等黎族聚居地进行采风，向黎族百姓学习，深入挖掘黎族原始创作素材，获取舞美、音乐等方面的第一手素材。她还多次召开研讨会，征求民俗专家意见，对剧本进行反复修改，从而将《黎族家园》打造成继大型黎族歌舞诗《达达瑟》之后的又一反映黎族文化题材的艺术力作。

2016年，《黎族家园》在北京天桥剧场精彩上演。现场观众激动时还跟着音乐节奏打起了节拍。演出结束后，观众久久不愿离去。

蒙麓光介绍，除了精彩的歌舞与绚丽的舞美效果，《黎族家园》的另一特色是对黎族文化“原汁原味”的呈现。哈鹰组合的原生态《围猎歌》，非遗传承人吉色开在舞台上展示织锦技艺、黎族传统器乐鼻箫等，这些都让观众眼前一亮。不少脍炙人口的海南民歌，如《久久不见久久见》等也被融入表演之中。

蒙麓光带着团队借着我国文化体制改革的春风，让黎族音乐走向全国，而海南青年韦少球、阿依子黎则因为对黎族音乐的喜爱，借助互联网向世人展示和传播黎族音乐。

韦少球在工作之余，创办了“黎族音乐部落”公众号，专注黎族音乐传承，弘扬黎族文化。仅用了短短两年时间，该公众号就拥有了10多万名粉丝，成了黎族音乐人的精神家园。大家因喜爱黎族音乐、为传承黎族文化走到了一起。

阿依子黎出生于保亭黎族苗族自治县的一个黎族家庭。他从小听爸爸吹口琴，看大舅和朋友弹吉他，也逐渐喜欢上了音乐。只要一听到音乐声，他就会搬张凳子坐在一旁静静地听。学生时代的阿依子黎，在海南师范大学艺术系音乐教育专业学习。在学校，他有自己的乐队，本人更是集乐队队长、主唱、吉他手、词曲创作于一身。接受采访时，阿依子黎眼中流露出对音乐的执着，“我喜欢黎族音乐，也想让大家了解黎族音乐，希望借助互联网平台将更多黎族音乐作品展现给更多人”。

（于伟慧）

《五指山五条河》：五指山水遇知音

五指山咧五条河，

你知哪条流水多？

你知哪条流下海，

你知哪条流回来。

……

《五指山五条河》这首婉转动听的民歌，是海南传唱最广的黎族民歌之一。2022年7月，海南日报全媒体视频栏目《口述海南·葩姐说》第二期发布的《黎族民歌〈五指山五条河〉》，唤起了几代人的记忆。它穿越历史的河流，将人们引回源头，辨析过往的痕迹，寻找文化的根脉。尤其让人感佩的是，通过这期节目，我们终于拨开历史的云雾，寻觅到第一位为《五指山五条河》填词的海南词作者吴乾鹏，也借此揭开了一段段不为人知的历史往事……

《口述海南·葩姐说》主讲人蔡葩（右）与苏才霞（中）、黄英森合影。周达廷 摄

谁是《五指山五条河》的填词者？

《口述海南·葩姐说》第二期节目《黎族民歌〈五指山五条河〉》发布后，收获了许多留言。海南学者、已故琼崖纵队文工团团长郑放之女郑小枚留言：音乐很妙，轻柔地把五指山的莽林、薄雾、曦光、流溪、船型屋呈现于歌的背景中，和着古韵的悠扬，声声入心。那些飘逝的歌声、那些远行的灵魂，仿佛都在眼前——许多人也许第一次知道，经典歌曲《万泉河水清又清》的音乐母体原来是黎族民歌《五指山五条河》，而《五指山五条河》则来自黎族曲调“罗尼调”。

更让人惊喜的是，通过这期节目，我们终于寻觅到第一个为《五指山五条河》填词的海南词作者——他与他的时代被一首老歌呼唤回来了，他就是琼崖纵队有名的才子、“琼崖公学”校长、海南师范学院院长吴乾鹏。

吴乾鹏(1911—1952年),原琼山县大致坡人。他的父亲吴泰三是当时远近闻名的国画家。自小得到家庭艺术氛围熏陶的吴乾鹏,音乐、绘画、篆刻互为贯通,表现出极高的艺术天赋。1927年,年仅16岁的他考上北京大学美术系,专修西洋美术,六年学业,四年修毕,1931年提前以优秀成绩获得毕业证书。时值九一八事变,吴乾鹏利用美术、音乐等艺术手段,投身抗日救亡活动。1932年,他曾到山东曲阜师范任教。1933年夏天,吴乾鹏回家探亲,被琼山中学恳留任教一年。此后,他放弃了出洋留学专攻美术的梦想,留在故乡海南参加抗日战争和解放战争,将自己的一生献给了琼崖革命事业。

琼崖纵队文工团的邢浪平先生生前回忆,大约是1948年,吴乾鹏在五指山革命根据地听到了一曲动听的"罗尼调"。他凭借自己对音乐的敏感,敏锐地捕捉到这首调子具有传唱性,随即为这首罗尼小调填词,这才有了后来在海南传唱极广的黎族民歌《五指山歌》中优美的歌词。

"《五指山歌》(《五指山五条河》的俗称)是琼崖纵队在五指山革命根据地一带时,由琼崖纵队文工团根据黎族'罗尼调'改编的。除了大家熟悉的前面四句'五指山咧五条河,你知道哪条流水多……'之外,第二段的歌词'蒋军兵败流下海,红军胜利流回来',就带有那个时代的印记,这也是我爸爸所唱的版本。记得当年他唱时神情忧郁,我尚年幼不明其意,也没深究,后来听他讲了吴乾鹏伯伯的故事,才知道他们之间深厚的情谊,以及这首歌歌词创作与吴伯伯的关系。"郑小枚追忆道。

《琼山文史资料(第六期)》(1990年刊发)记载,1948年2月,中共琼崖区党委决定成立东西南北四个专署,任命吴乾鹏为北区专署专员。同年11月,琼崖区党委在乐东县番阳岗恢复“琼崖公学”,急需一位能胜任的人来担任校长,于是吴乾鹏从北区被调去负责琼府文教工作兼任“琼崖公学”校长一职。从此,他的艺术生涯留下了五指山深深的印记。他转战到黎村苗寨,体味到五指山地区的民风民情,也听到了那些令人感动的歌谣。他与好朋友郑放在五指山革命根据地重逢了。此时,郑放担任琼崖纵队文工团团长,在根据地用文艺吹响时代的号角,鼓励革命斗志,创作了一批文艺作品,成为琼崖革命不可忽视的一支力量。

自幼喜欢音乐和美术的吴乾鹏，除了给《五指山歌》填词外，1949年还为“琼崖公学”校歌写歌词：“从城市到村庄，一切不同的方向，汇合到这块温暖而新鲜的地方……”校歌由琼崖纵队作曲家黄伯英谱曲，他们留下的歌声在五指山经久回荡。

“罗尼调”孕育的经典歌曲

海南自古是歌谣之乡。在黎族聚居或黎汉混居区域，由于生活条件、语言文化的差异，往往形成了一种或几种较为流行的曲调，也称“唱调”。曲调的称谓一般取自歌中的衬词或其流行地的地名，或只是

云雾缭绕的五指山。 李天平 摄

标明歌的内容、长短。例如："罗尼调""四亲调""红毛调""千家调""欧欧调""长调""短调"等。不同的唱调具有不同的特点和功用。

"罗尼调"主要流行在保亭、五指山一带。"罗尼调"的开头，由低往高，舒缓、自由地唱出衬词"罗尼"，语调舒缓，高亢悠扬，是海南具有代表性的旋律，多用于深挚的情歌、热切的赞歌等。

歌曲《万泉河水清又清》自由舒缓、高远悠扬的旋律来自哪里？海南作曲家、海南广播电视总台原新闻广播音乐编辑、《中国民间歌曲集成——海南卷》编委苏才霞在做客《口述海南·葩姐说》时，为我们揭示了这首歌的前世今生。

苏才霞是海南人，毕业于广州星海音乐学院作曲系，曾主持编辑广播音乐节目《宝岛新歌》《每周一歌》等，深受听众欢迎，并与海南老一辈音乐家结下深厚的友谊。作为音乐专业生，苏才霞曾创作过多首旋律优美、地方风格浓厚的海南题材歌曲，曾获得国家级和省级歌曲评选金奖，代表作品有《海南姑娘》《醉了三月的山》等。

"《万泉河水清又清》是现代芭蕾舞剧《红色娘子军》的插曲，那是由著名作曲家吴祖强和杜鸣心共同创作的。1963年，他们为了创作这首歌来到海南岛，通过跟音乐工作者的交流和民间采风，最后从很多首海南民歌中挑选出这首《五指山歌》的旋律。'五指山咧五条河……'这个旋律，经过他们的改编、创作、升华、转调，完成了《万泉河水清又清》这个作品。后来流行于全国的《五指山歌》(即《五指山五条河》)，在我们海南岛早就家喻户晓了。"苏才霞说。

从1948年最早版本的《五指山歌》，到海南解放初期的版本，苏才霞如数家珍。她说,1952年,湖南作曲家解策励来到海南采风,在五指山一带转了一圈,他发现这个地方的民歌非常丰富,大为惊叹,于是就收集整理出版了《海南民歌》,这是海南第一部民歌集。他把这首《五指山歌》也收录在里面,就是1963年吴祖强和杜鸣心看到的版本。

(蔡葩)

⊙ 延伸阅读

《五指山歌》于1948年前后在五指山传唱,1952年被正式收入《海南民歌》一书;1964年,创作灵感来源于它的《万泉河水清又清》,作为现代芭蕾舞剧《红色娘子军》的插曲而成为一代经典;20世纪90年代,它又由著名作曲家张以达改编成合唱曲《五指山掠影》。谢明晶率领的广东实验中学合唱团于2004年在第三届国际奥林匹克世界合唱比赛中,以其为主要参赛曲目夺得世界冠军;直到今天,《万泉河水清又清》继续成为博鳌亚洲论坛年会的开场音乐以及国际盛会的海南主旋律。

2019年,《万泉河水清又清》入选中华人民共和国成立70周年100首优秀歌曲的行列,这首歌的旋律是海南最具标志性的文化标识。这首从五指山飘来的歌,已经流淌在世界名曲之河。它的生命力让人对那座山、对那群创造美的人,充满了深深的敬意。

(蔡葩 辑)

黎家“欧欧调”：用心灵唱给情人听

黎族有5个方言支系，各方言群体因居住的地域不同又形成不同的土语，每种土语的民歌曲调和唱腔风格也有所迥异。

黎歌到底有多少种曲调，已没有准确的统计数字，目前可知的一般是汉词黎调或黎谣正调，如琼中的“世亲调”，白沙的“沙中哇”“歪歪调”“娃呀娃”，保亭的“罗尼调”，昌江的“哩哩调”，陵水的“长桌调”“短调”“古调”，乐东的“千家调”等，而东方的“欧欧调”尤为柔和动听。

黎族是一个爱唱歌的民族。民歌在日常生活中有重要的地位，男女老幼几乎都会唱，尤其在喜庆的日子里，唱歌是必不可少的娱乐活动。在平日的生产劳动中，黎族人也会即兴引吭高歌。

在东方市美孚方言支系的黎族村落里，流传着这样一种民歌，它多以“欧啊欧”开头，以“欧啊欧”结尾，故称“欧欧调”。这种世代口口相传的歌谣，因晦涩难懂而逐渐淡出历史舞台。所幸的是，它并未真正远去。

古老的黎族情歌

玉龙村是东方市东河镇黎族美孚方言村落，世代居住着身着长筒裙的黎族同胞。2015年4月的一天，在一棵有着上百年树龄的酸豆树下，几名黎族老阿婆唱起了藏在她们记忆深处的歌谣，并为记者讲述这背后的故事。

“欧啊欧，欧啊欧……”年过八旬的黎族阿婆符归娣，兴高采烈地唱起了她熟悉的欧欧调，尽管这歌谣十分古老，但她幽婉的歌声依旧令人沉醉。阿婆边唱边打手势，活力四射，仿佛瞬间找回了逝去的青春岁月。

一曲终了，阿婆掩嘴而笑，如少女般羞涩。

原来，在美孚方言中，“欧”是“情人”的意思，开头和结尾均是“欧啊欧”的欧欧调，十足是以表达爱情为主题的民歌，无怪乎老人唱完后觉得难为情。

尽管难为情，但符归娣老人对这种火辣辣的“情歌”并不拒绝，一展歌喉就收不住。老人自豪地说，年轻的时候，她是玉龙村一带最漂亮的姑娘，唱歌也没人比得过她，追求者众多。

趁着兴致，老人家给我们讲起了有关欧欧调的故事。

老人说，黎族人生来喜欢唱歌，吃饭、干活、娱乐时都爱唱歌。种山栏、放牛时，一群群青年男女相互对歌，非常快乐。若是见到心

 动的人儿，就唱起欧欧调，大胆表达爱慕之心。

如《悄悄爱上你》：情人啊情人/悄悄爱上你啊/相约深夜并肩坐/相约一起去赏月/咱俩在山前/咱俩在月下/亲亲相爱呀/幸福又甜蜜。

又如《谁家的阿妹》：是哪家姑娘/站在篱笆旁/是哪家妹妹/正跳打柴舞/哎/美丽的阿妹/好想和你一起玩呀。

汉译的歌词直白大胆、热烈奔放，但因为黎族没有文字，欧欧调只能口口相传，汉译的歌词远远不能表达其中的深意。

恋爱不自由 以歌来解忧

作为情歌，欧欧调并非只有表白这一主题。实际上，更多时候它表达的是相思、哀怨、愤懑等情绪。这一类情歌，多在织锦、守谷仓时吟唱，大多数幽婉低回，听不懂的人也能感受到其中的情感。

东方市文化馆馆长欧光英告诉记者，研究者发现，欧欧调中有不少涉及逃婚、私奔等内容。“但实际上，黎族男女私奔是非常少见的，歌者只是通过歌声表达对自由恋爱的向往而已。”

欧光英说，在旧社会，黎族男女都是父母包办婚姻，很早就定下了娃娃亲，定亲的日子比结婚还隆重。因此，许多青年男女遇上真正让自己心动的人却无法在一起，只能在暗地里神伤，以歌排解忧郁，缓解思念之苦。

比如《思念情人》：情人啊情人/我无数次的思念/内心悲痛不已/心不在焉/吃饭/睡觉/织锦/我都在想你/因为想你/我什么都不

能做成/忘了怎么织锦/脑子里都是你的影子/你让我如何是好呀/我的情人。

歌中表达的是一位女子遇上自己心爱的男子后，朝思暮想又不能在一起的忧郁之情。又如：

情人啊/听说我的情人生病了/我偷偷在门缝望去/看到你无力地靠着妈妈/你的家人在陪伴你/而我只能默默流泪/心痛/却无能为力/看你什么都没吃/你妈妈给你吃腌肉/你说不好吃/去找新鲜鱼/看看是否能吃下/要救活你这条命啊/我的情人。

这首歌讲述了一个忧伤的故事：暗恋的男子生病，女子忧心如焚，却又碍于身份不能前去照顾他。

此外，欧欧调中"私奔"这一主题也不少，如《一起走天涯》：

曾经勇敢地相爱/哪怕千辛万苦/也要生死相依/一起翻过那座山/一起走过那段路/一起蹚过五条河/一起守护这份爱/漂泊十年回到家/看到父母已满头白发/兄弟姐妹已成家/回首曾经走过的路/悔恨当年爱得太任性。

稀有民歌重放光芒

由于没有文字传承，加之黎族美孚方言支系语言比较难懂，欧欧调这一独特的民间歌谣逐渐淡出人们的视野，会唱的年轻人越来越少。在一些村子里，只有上了年纪的老人才会传唱。

东方市文体局局长符巍说，欧欧调比较简短、节奏很快，又只能口头传唱，和其他民歌相比有一定的局限性，因而难以广泛传播。

近年来，随着民族文化越来越受重视，无论是政府还是民间，对欧欧调的搜集、整理、挖掘、传承和保护工作都在持续开展。欧光英说，欧欧调已和其他黎族民歌一起被列入省级非遗保护项目。

在民间，欧欧调也开始重放光芒。在东河镇西方村，会唱欧欧调的民歌队有10多支，每年“三月三”都会组织队伍参加比赛。

西方村的村民符真坡、符玉梅、符震旺三人在2015年“三月三”

东方市东河镇西方村村民在酸豆树下唱“欧欧调”。徐一豪 摄

期间，曾代表东河镇参加东方市组织的民歌赛，主打歌就是欧欧调。他们也开始有意识地教小孩子唱欧欧调，将这一独特的民歌传承下去。

符震旺说："西方村一带的人都爱唱歌，边唱歌边干活，感觉时间过得快，也不觉得累。"说罢，他们即兴合唱了一首《劳动歌》：

出发去生产队啰/一呀唉唉，二呀唉/三呀唉唉，四呀唉/五呀喋，拼命干呀/不怕苦来，不怕累/白天就开荒，晚上挑泥塘/勤劳挑担的阿妹啊/喔喔嘿呀，嘿喔嘿/喔喔嘿呀，嘿呀嘿/嘿喔……呜呜……

相比劳动歌，歌颂爱情的欧欧调少了一些欢快，多了一些哀婉。但这也正是欧欧调的魅力之所在——用心灵吟唱的黎族情歌。

（徐一豪　高智）

海南苗族民歌：三百年苗歌如清泉

2012年6月的一天，车子行驶在琼中黎族苗族自治县的群山之中，一会儿是山雨阵阵，一会儿是阳光明媚，同行的县文化馆工作人员说，琼中生态环境好，一片云彩一片雨，这就是琼中。车子驶到湾岭镇南毛村，就在村口，不等下车，几位身着民族服装的苗族妇女歌声已起，“门萨乖，门萨乖……”悠扬的歌声飘在水田边，飘在竹林之间，也缓缓地流进我们的心底。

琼中文化馆馆长何丕杰告诉记者，“门萨乖”在苗语中意为“漂亮的姑娘”，歌中所唱的意思是，村里知道有客人要来，年轻漂亮的姑娘都没有到山上干工，等在村口迎接客人，左等右等不见人，只见竹子在风中摆动，摆动的竹子让她们心思乱，见到我们就好像稻田里的水轻轻流入，滋润着田间小苗……

悠扬的旋律，优美的寓意，热情的歌声，让我们一下子就充分感受到了苗族民歌的美丽与动人。

苗村处处歌飞扬

南毛村位于湾岭镇，在琼中并不算偏僻。这是一个只有40多户人家的苗村。走进村中，你总能感受到人们的热情好客和勤劳善良。孩子们光着脚丫敏捷地穿梭于竹林间，爬树的速度飞快，见人会扮个鬼脸。

在南毛村，会唱苗歌的人很多。一位穿筒裙的妇女站在村口粗大的龙眼树下，怀里抱着一个一岁多的孩子，身边还站着一个四五岁的小男孩。妈妈在唱着，男孩也在唱着，只有怀里的孩子眼睛睁得大大的，专注地看着我们。

李英莲是有名的苗族民歌歌手。她告诉记者，小时候，她就开

苗族对歌。琼中文化馆 供图

苗族民歌在新一代中传承。于伟慧 摄

始跟外婆、奶奶、妈妈学唱苗歌，现在年过半百了，每天早上起来，不在院子里唱上几段，心里还颇有些不舒服。

说唱就唱。“有客人从远方来，家里已经备好酒和菜，喝酒就要大口喝，我端酒杯来敬兄，兄不领情要领心，兄不领多要领少，多少都是有人情。”李英莲悠悠地唱，何丕杰在一旁慢慢地翻译。

何丕杰介绍，在琼中，苗歌在一些苗村中还有保留，像和平镇新兴村、吊罗山乡崩岭村、黎母山镇高利埇村。像李英莲这样的歌手，在琼中还有十几个。每年“三月三”，他们都会到县城进行苗歌比赛。前些年，县歌舞团把苗族民歌“门萨乖”略作改编，并配上情景舞蹈，该节目多次在全国大赛中获奖，可见苗歌的魅力所在。

但何丕杰也坦言，近年来会唱苗族民歌的人越来越少，如今必须采取措施，才能让优秀的传统民歌传承下去。

300年苗歌唱不完

走出湾岭镇的南毛村，我们又到和平镇新兴村、黎母山镇高利埇村。每到一处，都深深感受到苗族民歌的优美、通俗、质朴，犹如山间的清泉徐徐流淌，滋养着一代又一代的苗家人。

苗族民歌起源于何时呢？

据史料记载，海南苗族民歌在海南存在300多年。清道光《琼州府志》记载：“盖前明时，剿平罗活、抱由二峒，建乐安营，调广西苗兵防守，号为药弩手。后营汛废，子孙散居山谷，仍以苗名。”清《崖州志》云:“又有一种曰苗黎,凡数百家,常徙移于东西黎境……”由此可见,海南苗族是明代迁移到海南谋生的。

海南省非物质文化遗产专家王海昌介绍,来到海南后,海南苗族创造了本民族独特的文化,海南苗族民歌就是海南苗族独特文化的重要组成部分。海南苗族民歌的内容丰富,以叙事为内容的有《盘皇歌》《水淹歌》《论皇歌》等,以祭典为内容的有《祝神歌》《坛官歌》《灶王歌》等,以礼俗为内容的有《迎亲歌》《神农土地送禾回》等,以爱情为内容的有《女思男歌》《相思歌》《盼郎歌》等。海南苗族民歌的曲调单一,优美冗长,往往一首叙事歌三天三夜也唱不完。

王海昌说,海南苗族民歌在苗族生活中起了较大作用,劳动、爱情、交友都用民歌来表达。求平安、办丧事也用民歌来表达。在抗日战争和解放战争时期,许多苗族群众为宣传党的政策自编自唱了大量革命民歌,歌颂共产党和人民解放军,使广大苗族群众自觉拥护共产党、支持解放军。改革开放后,特别是1984年把每年“三月三”定为海南黎族、苗族传统节日后,群众性赛歌活动风行,它成为海南苗族群众必不可少的文化生活内容。

苗族民歌题材广泛

何丕杰长期从事海南苗族民歌的研究、普查和收录。据他介绍,在多次对海南苗族传统民歌的普查与收录中发现,海南苗族民歌的曲调分为长调与短调,长调深沉悠长,每句的后面多次重复上

苗家女子在唱苗歌。受访者 供图

一句曲调，像弯曲的河水反反复复。而短调则不需重复，一句一句唱下去。

据介绍，海南苗族民歌内容题材广泛，主要包括叙事歌——讲述创世神话故事、历史传统故事等的长篇民歌；祭典歌——用于祭祀灶神、天神、坛官等的民歌；礼俗歌——关于迎春、迎神、饮酒等的民歌；爱情歌——它是海南苗族生活的写照，对于相思约会、求婚探情、嘲讽戏谑、盟山誓海、离别思念、成亲逗趣、逃婚等都有所咏唱。在韵律上，海南苗族民歌歌词以七言四句为一节，用苗语押韵，结构严谨，格律统一。

对于海南苗族民歌的艺术价值，王海昌介绍，历史上，海南苗族人民生活的方方面面都有民歌的存在，节假日、日常生活、生产劳动、恋爱、婚姻、祭祀都要唱民歌，可以说是无时不歌、无事不歌、无人不歌。苗歌演唱艺术以质朴、爽朗著称，苗歌的美就美在它单纯、真挚、质朴，几乎不需要伴奏；它是歌手面对天地、面对自己、面对劳动、面对心上人时唱的，心中所想即口中所唱，毫不隐瞒，是来自大自然的歌唱，是最有生命力的音乐。苗歌反映了苗族人民曲折的生活历程、朴素的审美情趣和纯真的情感。海南苗族人民善于通过民歌来抒情表意，其内容丰富多彩，包含了苗族人民对自然、社会与人生的审美评价，体现了他们朴素的审美意识和美学观点。

（于伟慧）

崖州民歌起 思乡愁渐浓

春节前后，是崖州民歌传承人张远来一年中最忙碌的时候。迎新听戏、搭台助兴、引众吆喝，春节至元宵节期间，卸下一年来辛勤工作的包袱，携亲带友看崖州民歌表演，素来是三亚崖州地区、乐东等琼南一带民众过年时的传统习俗之一。

作为海南省崖州民歌代表性传承人、三亚市崖州民歌协会会长，张远来2017年春节又率演出队下乡进村，带来四场精彩的迎新春崖州民歌演出，与众乡亲友邻以歌传情，欢度佳节。

酸豆树下的舞台

以崖州方言演唱的崖州民歌，兴起于宋代，繁盛于明清时期，主要流行于海南岛古崖州西南部沿海一带的汉族

崖州民歌流行于三亚、乐东一带的汉族乡镇。受访者 供图

乡镇，即现在三亚的保平、梅东及乐东的九所、乐罗、冲坡、黄流、佛罗、莺歌海和尖峰岭等地区，是特定时空下崖州劳动人民日常生活的真实写照。歌词中蕴含详尽生动的民俗事象，尽展崖州地区的乡土风情、人文地理。

质朴而生动的演唱风格，在其流传的歌词中总能得到完美演绎。男女对歌中的“求得哥愿侬也愿，定定做成线与针。哥且做针侬做线，针过千层线都跟”，表达出日常生活中少女的真挚感情；亦有“远远乍见侬担担，大米筛来小米筛，哪村师傅当了得，做得母圆子也圆”如此体现生动劳动场景的歌谣。

“歌曲创作取材于民，歌词反映民众心声，演唱风格自然朴实，表现情感舒展流畅，让崖州民歌传唱度高、流传深远，决定了它更加‘接地气’的表演形式。”海南热带海洋学院人文社会科学学院副教授邢孔史，曾编著《崖州民歌的民俗学探研》一书，对民俗视野下的崖州民歌展开过深入研究。

“劳作了一天的农民，拎着锄头围坐在酸豆树下的青石板上小憩，唱民歌、讲故事，歌者热情、听者入神，这便是一场小型演唱会。”邢孔史说。

如今，“有歌即为舞台”的传统依然在延续，村落中，在树下、村口、家院内，民众兴致袭来、随兴而发，与亲友乡邻独吟或对唱一曲，在以歌为媒介的交流之中，从生动乐曲和即兴创造的歌词中找到趣味。

若遇节庆喜事，尤其在春节、元宵节期间，村里会自发组织在村中的空地上搭建舞台，邀能歌善舞的艺人来表演助兴。村民相聚演唱崖州民歌，锣鼓奏响，音乐悠扬，掌声雷动，借歌声共抒情怀，营造喜悦、欢快的节日气氛，观众席间其乐融融。

人们在舞台上演唱崖州民歌。受访者 供图

“迎春听民歌一直是崖州地区的传统风俗，歌王、歌后还会成为各村‘争抢’的对象，需提前数月预约，只为能在佳节中听到一曲饶有韵味的崖州民歌。”张远来说。

振奋开春的生动乐曲

一年之计在于春。得益于特殊的地理位置和气候特点，春节期间是海南最为繁忙的春耕播种生产时节。一年伊始，村民下地劳作、挥洒汗水，最需要精神力量的支撑，文艺创作的文思泉涌便体现在田间地头之中。

“开春唱民歌庆贺，以乐曲鼓舞人心，让农民从繁重的农活中得到放松舒展。他们不时随兴而发，共同吆喝一首，振奋着一年的精

张远来教孩子们唱崖州民歌。陈行飞 摄

神。”张远来解释崖州民歌蕴含的内在支撑。

颇有趣味的是，崖州民歌中除了少数童谣外，其句式结构、咏唱腔调具有严谨风格，一般为七言四句式，歌词方言强调一、二、四句末尾押韵。但随着叙事主题、场景情境的切换，句式韵律、演唱风格、歌词内容也逐渐发生变化，这在迎春抒唱崖州民歌时尤为明显。

据介绍，在句式结构方面，除了传统的七言四句式外，还会根据歌词的变化出现“三七句”“叠吟长句”“长藤句”等句式。长短不一的歌词调整，以变化的节奏推动乐曲，让听者品乐赏曲，惊喜不断，这在新春佳节的演唱中更能烘托出愉悦祥和的气氛。

演唱体裁上，演唱者少了口语叙述性强的叫卖调、感情深沉的嗟叹调，而是会为了迎合新年热闹的气氛，展现出铿锵有力的劳动号子、嘹亮欢快的拉大调、娓娓情歌的柔情调，以及童趣十足的哼小调。

“除了以合唱、独唱表演固定曲目外，即兴男女对唱也是迎春晚会的一大特色。”三亚崖州民歌代表性传承人麦宜斌介绍，对唱歌词需临场发挥，音节还需押韵，比兴需游刃有余，考验歌者的机智与反应力。“观众听得起劲，在歌者对不上的时候还会自发接替演唱者，场面异常热闹”。

此外，节日气氛亦有新词烘托：“黄流元宵气势宏，星星摘来挂村中”“点点梅花映蟾晾，红灯漫游凌霄连”“时节到来点起火，万众上头一声雷”……在庆贺节日民俗时，歌词对于岁时节日的把握，亦体现出丰富的文化内涵，使得经典曲目久久流唱。

饱含浓浓乡愁的乡音

对于乐东佛罗镇新坡村的杨生龙老先生来说，邀崖州民歌艺人到家中演出庆贺，是春节期间最为期待的活动之一。“家人纷纷从各地回乡团圆，一家老小欢聚一堂，现场向歌手点歌，还会邀请众亲朋好友、邻里乡亲到家中听曲。”杨生龙生动地描述着。

三亚、乐东一带村落的民户，大多沿适宜开垦种植的山脚平原而建，土地资源丰沃，家家院落较为紧凑，喜在家门前种上酸豆树、芒果树、香蕉树。自然和谐的生活图景，为崖州民歌等传统文化的传承发扬创造了良好的文艺创作空间，亦为民众交流、共赏崖州民歌打造了完美的演绎场所。无论是田间地头、村口集市，还是家中院落，三五好友相聚，均可即兴咏唱、抒发情怀。

又因崖州民歌产生的环境是在相对封闭的环境之中，所以崖州民歌的发展一直保有传统的原汁原味，且一直以崖州闽方言传唱，代表着琼南沿海一带汉族居民的文化风貌与历史传承，具有相对独立性、极高辨识度。因此，崖州民歌流行地区的人们与崖州民歌之间有着与生俱来的特殊情感纽带。逐渐地，品味、咏唱崖州民歌，成为在外游子回归家园、寻访旧土的重要途径。

“听着崖州民歌，才算是回到了故乡。”杨生龙说，在外工作的游子，回到家乡过年，邀请当地有名的歌手演唱一曲，已成为传统。

乐东有一个流传颇广的不成文规定：每逢佳节喜事，家中若邀请崖州民歌歌手进家演唱，都要在村口张贴公告，招呼村内亲朋好友共赏晚会。村内外乡亲看到“小广告”，带上年糕、瓜子等吃食赶来，围坐在院内一边与邻里谈笑寒暄，一边欣赏精彩民歌表演。

“白沙河谷风景美，今晖侬来会哥光”“众生若悟陈行意，普世享和谐温馨”……崖州民歌艺人在家中表演时，除点唱曲目，大多为即兴发挥，临场感受咏唱恭贺祝福话语，热闹红火的节日气氛在嘹亮歌声中得以升华。

如今，随着时代发展，崖州民歌逐步发生着改变：它走进了小学校园，在天真烂漫的低龄歌手中传唱；它展现的内容开始融入现代生活，出现了一批如《清风明月入家门》此类融海南话及普通话于一身的新生作品。

“崖州民歌的本质不会变，从儿提时期便听着母亲的摇篮曲、父亲的训子歌成长，乡音乡情乡愁早已与歌曲融为一体。”张远来说。

（林诗婷）

古港渔歌唱千年

2010年8月1日是渔民开捕的日子。休渔两个半月后，寂静的港口突然热闹起来，大船小船排队出港，船员归位彼此招呼，也有小船在船队间穿梭，给大船送上最后的补给，此时海浪声、马达声、呼喊声、叮嘱声混成一片。

中午12时整，渔政工作人员宣布“开捕令”。港区内的渔船鱼贯而出，不知哪家的渔女带头唱起了“哩哩美”。

“阿哥出海勤撒网，捕鱼满载红旗飘；阿妹看着心欢喜，盼郎回港乐嘻嘻。”这是一首在渔区广泛流传的《盼郎归》，渔女们用歌声唱出了心中的期盼。

歌声传到渔船上，渔家汉子也亮开嗓子吼起来：“阿妹靓丽又聪明，砍柴挑水勤织网；阿哥心中念阿妹，捕鱼满仓船归港。”

这一唱一答，也挠痒了众人的嗓子，大家纷纷唱开了，妻子用歌声叮嘱丈夫，情侣用歌声互表衷肠，瞬时古港变成了歌的海洋。

鱼满舱来歌满港

同行的临高“哩哩美”老艺人林华介绍，每次渔船出海，渔村渔民们都要通过唱“哩哩美”表达感情，欢送亲人出港，祈福平安归港。还有一些羞涩的青年情侣选择在前一晚对歌，表达爱恋之情。

当记者询问对歌内容时，林华也技痒难耐，现场找来妻子王秋湖对唱。“十指尖尖敬一杯，哥去采海丰收回。过港野花哥别采，在家更有桃花美。”阿婆刚一唱完，林华就接着“哩哩美”的旋律唱道：“双手接过酒一杯，哥我采海几天回。且看后门桃李树，花不逢春别

老艺人林华唱起『哩哩美』。李英挺 摄

乱开。”

一组歌唱完两位老人并不过瘾，又商议着下一组。“哥哎，井水干枯泉水断，咱俩不各奔东西，江河断流溪水干，咱俩也不会分手”“妹哎，兄妹相爱甜蜜蜜，哥怎能舍得放弃？藤缠树干紧绷绷，哥怎能忍心走开”……

林华和王秋湖年轻时就是通过对歌认识的，后来王秋湖成为“哩哩美”演唱高手，现在两个人一个演唱，一个记录整理，共同为国家级非物质文化遗产渔歌“哩哩美”的传承做贡献。

林华介绍，渔民出港时唱“哩哩美”，归港时也唱“哩哩美”。渔船回港时，渔女们都会到港口眺望。按照当地风俗，丰收时渔民们会把船头的旗升得高高的，渔女远远看到就会开心地唱起“哩哩美”，此时的渔港就真变成了“鱼满舱来歌满港”。

“哩哩美”的起源及流传

“哩哩美”优美的旋律和丰富的唱词，让记者对它的起源及流传产生了浓厚的兴趣。在公开出版物中，能看到两种关于“哩哩美”起源的传说。

一是中国水利水电出版社出版的《民歌故事集》，其中写到：相传很久以前，临高角居住着一位美丽的仙女。她与雷州半岛一位英俊青年相爱。但两人被大海分隔难以相见，于是两人下决心筑堤堰。海龟和海鸟被他们的真心感动了，都参与进来垒海堤，但要合龙时被巡海的夜叉发现，引来风暴吹垮堤堰。不愿分离的男女青年变身灯楼角和临高角，两人用渔歌“哩哩美”隔海传情。文中作者认为“哩哩美”起源于南宋绍兴年间。

另一版本出自《临高民间故事荟萃》中的《“哩哩美”与乃马哩》（陈耀辉整理、陈天运讲述），其中记录：在南宋绍兴年间，新盈港有一位阿妹长得漂亮，歌喉好，众人称她为“哩哩美”，又因她排行老小，临高方言称“妹雷”。她的美貌吸引了渔家小伙子的眼球，也招来了邻港渔霸的垂涎，渔霸扬言要在八月十五强娶“哩哩美”为妾。此时，一个叫阿马的年轻人站了出来。他机智勇敢，村民亲热地叫他“乃马哩”，他暗恋“哩哩美”，带领渔民战胜渔霸，在头领的撮合下终于与“哩哩美”成亲。婚礼当天，众人纵情高歌，并把“哩哩美”和乃马哩作为衬词。

有文化研究者提出，“哩哩美”渔歌萌芽于汉代，形成于南宋绍兴年间，起源于渔民的生产劳动，发源于临高新盈后水湾一带。海南省民间文化研究会会长王贵章认为，汉代时，临高沿海移民逐渐增多，渔民们撒网、摇橹时的一唱一和以及渔女叫卖声，这些劳作中发出的有节奏的呼声可能是“哩哩美”最初的萌芽。

有专家经过考证，认为“哩哩美”形成于南宋时期的可能性较大。《临高县志》记载，当时的临高县令谢渥，关心教育和农业，重视渔业，渔业生产连年丰收，渔村处处回荡着渔姑甜甜的叫卖声。

“卖鱼（咧），大家来买鱼（咧）……”群众创作逐渐形成一种具有独特旋律的渔歌。而在这个集体创作中，爱情又发挥了更加明显的催化作用。

“哩哩美”“脱胎”以后，逐渐走进婚嫁、建房、上学、赶考、拜年、迎客、送客等不同场合，渔民们吟唱它以表达感情。

专家们认为，“哩哩美”渔歌的发源地在古港新盈一带是确认无疑的，因为“哩哩美”的副歌里有：“浪响后‘珠咪’，沙白前‘九墟’。”歌中的“珠咪”指的是新盈港北边的自然石堤，“九墟”指新盈港以南安全村边的白沙滩。

歌传喜怒哀乐怨

临高县文联副主席陈耀辉介绍，在临高沿海渔区，“哩哩美”是青年男女谈情说爱的重要载体。渔村里大都设有女子馆，村里年轻女子三五结伴住在里面。每到夜幕降临时，周围的男青年就会结伴前来，对歌联谊。

此时“哩哩美”就派上大用场。陌生男女互相不认识，开始时往往会唱讽刺歌，如挖苦对方村庄地势太低，容易被水淹；挖苦对方懒惰，不修防浪堤等。

经过第一轮较量，男女双方有了初步印象，如果中意就继续猜谜，如果不中意就唱隐喻歌。如“哥呀！今夜持枪去打鸟，不见鸟树上；夜夜打旗去游馆，不见意中人”。

猜谜歌更考验能力，要求双方即兴作答，是否幽默、诙谐，就看这一关。“什么长眼在角上，你知哪里有？什么带屋随身边，你知什

临高《哩哩美》曲调多欢快，多以爱情为主题。李幸璜 摄

么生?”谜底是蜗牛,但你要用机智的语言和优美的歌声来回答。

如果女方对回答满意,男方就会正式向女方发出邀约:“妹呀!要唱就唱今晚,邻居听你唱;要和就和今夜,邻居捐银牌。”

随着对歌气氛越来越融洽,有男女互相中意的就开始大胆表白:“海水清澈当镜照,妹坐船边好梳头;哥站后面收鱼钩,两颗心儿看得透。”

热恋的人对歌就更加直白了,如“一藤不结两种果,一树不开两样花;阿哥不进别人房,阿妹不睡别家床”“妹哎,月明在十几,咱携手去玩;月斜影子移,咱才携手回”。

“除了女子馆,‘哩哩美’演唱的另外一个重要场合就是婚礼。”王贵章介绍,婚礼之前要先用“哩哩美”“唱吉”,一般唱十轮:一轮唱个吉兆,吉兆娘和爹;二轮唱个吉利,吉利爹和娘;三轮唱个吉兆,吉兆好婚姻;四轮唱个吉利,吉利全家平安;五轮唱个吉兆,吉兆生意兴隆;六轮唱个吉利,吉利财源广进;七轮唱个吉兆,吉兆夫妻和合;八轮唱个吉利,吉利百年偕老……

“唱吉”完毕就可以开始集体对歌,大家以现实生活中的事物、感受为歌词,看谁编得快、对得妙,这又让“哩哩美”集艺术性和趣味性于一体。

由于“哩哩美”多以爱情为主题,曲调多欢快,很容易让人忘记它丰富多彩的曲调。王贵章介绍,“哩哩美”主要的曲调有5种:一是唱吉,二是情歌,三是猜谜歌,四是讽刺歌,五是怨歌。

怨歌主要是抱怨婚姻的不幸,如《十轮唱怨》:一轮怨媒娘;二轮怨命苦;三轮怨父母;四轮怨先生;五轮怨红纸,红纸包婚配;六轮怨墨砚,墨砚合一起;七轮怨邻居,邻居出主意;八轮怨妯娌……

“哩哩美”的丰富多彩也引起众多专家的关注。海南省非遗保护中心专家符策超认为,“哩哩美”是海南渔民文化的重要组成部分,记录着渔民的生产生活习惯,记载着渔民的生产历史,是渔歌中典型的代表。

(王勇 陈朝辉 谢一持)

⊙ 延伸阅读

《南海风云》:“哩哩美”首登大雅之堂

“哎罗,哎罗,哎罗,在那云飞浪卷的南海上,有一串明珠闪耀着光芒,绿树银滩风光如画,辽阔的海域无尽的宝藏……”这是电影《南海风云》的主题曲《西沙,我可爱的家乡》,由著名作曲家吕远作曲,苏圻雄作词,相信很多读者都很熟悉。

但大家并不知道这首歌与临高渔歌“哩哩美”有很深的渊源。1973年,吕远为创作这首歌专门到临高新盈渔村搜集音乐素材,被“哩哩美”优美的旋律所陶醉,创作了这首充满“哩哩美”元素的主题曲。

2010年8月,临高县委宣传部副部长邓天庆向记者说起这段往事——

20世纪70年代，吕远（左）与苏圻雄（右）在西沙永兴岛合影。他们曾合作为电影《南海风云》创作了插曲《西沙，我可爱的家乡》。苏圻雄 供图

1973年，他还在新盈当广播员，有一天北京电影制片厂来了十几位工作人员，说是来搜集素材，要他帮忙找一些会唱“哩哩美”的渔家姑娘、渔家汉子和一些渔民生产生活工具。

当晚，邓天庆找了两位年轻的渔家姑娘和一位50余岁的渔家汉子到新盈公社大院里唱“哩哩美”。当时他并不认识吕远，但看到对方听得很认真，拍得很认真，就一直陪同。“从天黑唱到凌晨2点。听的人越听越陶醉，唱的人越唱越兴奋，大伙儿都被‘哩哩美’优美的旋律感染着。”

虽然生长在海边，经常听“哩哩美”，但这一次听邓天庆感觉也不一样，他被其中一个唱“哩哩美”的姑娘所吸引。姑娘叫曾桂英，两人一见钟情并最终结为夫妻。

第二天，邓天庆继续陪同北京电影制片厂的工作人员采风，并找来了小舢板、斗笠等道具供他们拍摄，直到结束才有人告诉他吕远也在其中。

邓天庆说，当时吕远已是有名的作曲家，他作曲的《长征》《克拉玛依之歌》《走上这高高的兴安岭》等歌曲在社会上广为传唱，深受百姓喜欢。邓天庆说能和自己喜爱的作曲家共事很兴奋，但由于时间短暂，也留下了遗憾，没有和吕远进一步交流。

1976年，《南海风云》公映，邓天庆和当地群众惊喜地发现，不仅电影里的场景很熟悉，连贯穿全片的主题曲都充满了“哩哩美”元素。这是“哩哩美”第一次登上大雅之堂，这给了本地群众很大的自信。特别是一些民间音乐家，坚定了他们传承、弘扬“哩哩美”的决心。

（王勇）

悠悠调声传千古

2019年2月，我们来到儋州市最北部的沿海小镇——光村。这里东与临高县相邻，北临北部湾，以盛产品质优良的光村沙虫闻名一方，是“中国民间文化艺术之乡”。

有道是：“诗乡悠悠传古韵，歌海声声诉衷情。”早在2006年5月，儋州调声便跻身第一批国家级非物质文化遗产名录，被誉为“南国艺苑奇葩”，光村的调声也是久负盛名。

乡音传唱数千年

平坦宽广的光村银滩、舒展绵延的海岸线不仅构成了秀美风光，馈赠丰富物产，还孕育了一方文化。

据儋州文化学者谢有造介绍，儋州调声产生于西汉时期的儋州北部沿海地带，光村正是起源地之一。这种体裁近似民间小调的汉族民间歌曲，历经岁月的千锤百炼流传

2017年儋州调声比赛现场。柯人俊 摄

至今。

自古以来，儋州调声就是儋州劳动人民群众抒发情怀、赖以生存的生活精神食粮，经久不衰。相传北宋大文豪苏轼居儋时常为“夷声彻夜不息”而感动，他曾用“蛮唱与黎歌，余音犹杳杳”等诗句生动地记述了儋州民间音乐艺术活动。

光村镇下辖69个自然村，全镇人口约3.4万人，方言以儋州话为主。“在光村镇，无论男女老少，几乎人人都能哼上一段调声曲调。”谢有造告诉记者，调声艺术源远流长，承载了不同时代劳动人民的思想愿望、渴望幸福生活的理想和追求，这正是光村镇能入选民间文化艺术之乡的原因。

“三架飞机飞过山岭，炸弹就炸过岭……”生活在光村镇大老村的陈润松老人自幼听着调声长大。随着时代变迁，从革命抗战题材到歌颂社会主义题材，儋州调声逐渐吸收并发展出新的内容，日益丰富起来。

大老村调声队领队陈宏明从8岁开始唱调声，至今已有近40年歌龄。他告诉记者，在传播手段有限的年代，唱调声就是最好的娱乐消遣。调声不要求固定的演唱场所和时间，主要特色是男女集体对唱。人们站成队列，手拉手唱起调声律动身体，以歌抒情。

儋州调声是由儋州山歌演变而来的，又突破了山歌固有的演唱形式。曲调层出不穷，演唱形式活跃，唱谱代替了乐器和过门。对歌时，男女双方勾小手指列成两排，面对面进行对歌，歌声嘹亮，动作优美，男的热情奔放、刚强有力，女的温柔细腻，歌舞融为一体。

近年来，光村镇相继举办了2015年原生态儋州调声传承展演、2016年儋州调声传承展演与2017年国家级儋州调声传承展演等活动。

村村均有调声队

位于光村镇北部的泊潮村，村民世世代代打鱼为生。因为喜爱调声，他们搭建了一座面朝大海的调声场。洁白的沙滩上，一波接一波的海浪闷头冲向调声场，在马尾松的遮掩下，赶海归来的渔民唱起了欢快的调声。

泊潮村除了得天独厚的滨海风光和鲜美海味，值得一提的还有村里的调声队。据队长陈王宝介绍，调声队由70余人组成，全部是本村村民，他们以捕鱼为生。因为对调声的喜爱，村里特意将调声场建在宗祠正对面。

“出海时调声可以提神,大家都很兴奋。”村民陈木养是调声队的领队,也是一名渔民。他告诉记者,平日中午出海,次日早晨归来。一夜未眠,赶海归来十分困乏,但他说:“一起回来的渔船用对讲机唱调声,或者是发微信,你一句我一句,就没有这么困了。不夸张地说,调声已经成了我们的精神支柱。”

“在船上,一边收网一边唱调声。我随口就可以唱二十几首哩!”说起调声,原本不善言辞的陈木养也打开了话匣子。他打趣说,出海回来得知要去参加调声活动,还要专门回家打扮一番,换上干净的衣裳,脸蛋扑上白粉才“隆重出场”。

调声还拉近了儋州、临高两地渔民之间的距离。泊潮村与临高县新盈港隔海相望。陈王宝说,有时村里举办调声表演,临高的渔民便会驱船来看,虽然他们听不懂儋州话,但也被此起彼伏的调声所感染,常以临高渔歌“哩哩美”对和。

“儋州自古称歌海,山歌催得百花开。人人都是山歌手,山山水水是歌台。”旋律优美的调声从陈木养的手机里传了出来,闲暇时他喜欢翻看调声视频,“调声是老祖宗留下来的,也是我最喜欢的民间音乐”。

谢有造说,当地男女青年逢年过节或农闲时,在乡镇集市或山坡野地互相以歌抒情,自发开展对歌比赛。一年一度的“中秋歌会”更是热闹,调声对歌比赛有上万人参与,每个村都有自己的表演队伍,不争出个高下不肯罢休。

在田间地头对唱调声，更接地气更富有乡土气息。柯人俊 摄

据儋州文化馆有关负责人介绍，近年来为了进一步弘扬儋州调声艺术，光村镇组织开展儋州调声展演进校园、社区、乡村活动，营造了光村地区热烈的调声氛围。在光村镇，几乎每个村都有自己的调声队。

青年接过传承棒

在光村镇，大老村的调声表演拿过大奖。在第九届（儋州）东坡文化节暨儋州调声节系列活动之一的2018年儋州调声比赛决赛中，他们赢得了第一名。

值得一提的是，这支村里组织的调声队，32人是清一色的年轻人，最大的不超过35岁，最小的22岁，平均年龄30岁。

从光村镇驱车20公里，记者来到大老村。村里十分安静。“春节刚过，年轻人都外出打工了。”调声队领队陈宏明说。

说起拿第一的那次比赛，陈宏明很自豪。2017年，恰逢比赛前几个月，村中决定组建一支青年调声队参赛。“以往调声比赛大多是中老年人参赛，我们当时想为什么不组织一支年轻人的队伍，既令人耳目一新，又能让更多年轻人真正接触调声。”陈宏明说，随着互联网的发展与流行音乐的冲击，现在很多年轻人正慢慢远离调声，加上上一辈人的老去，调声的传承面临困境。

年轻人外出打工，如何组织起来？在村中几位乡贤的组织下，陈宏明组建微信群，鼓励年轻人加入队伍中。

两棵百年酸梅树、大榕树下，村中宗祠前的空地，就是调声队的排练场。比赛前一个月，每天下午大家从那大镇等地开车回村排练，排练时间为每晚8时到11时。“调声是我们祖祖辈辈流传下来的，不能丢，不能忘！”陈宏忠每天都从40多公里外的那大镇赶回来，“此次比赛让我更加深入地了解调声文化、爱上调声。”

为了鼓励年轻人学习、爱上调声，进一步弘扬调声文化，近年来，儋州编撰出版了《儋州调声》等介绍儋州地方民间民族文化艺术的图书，并将调声编入地方中小学乡土音乐教材。此外，还积极开展儋州调声文化研究、人才培养、调声创作、传承展演等活动，让儋州调声得到传承、普及和发展。

（欧英才 林晓君）

海上歌谣系乡愁

浮生江海、以船为家的疍家人，迁徙分布于福建、广东、广西、海南、香港的沿海地区和主要内河，因此疍家话不是单纯的某一种方言，在不同的省份则指代不同的方言。根据语言学家的考证，当今流行于三亚、陵水沿海的疍民语言属于粤语系统。讲着独具特色“水上话”的疍家人以生产生活为内容，创作传唱疍家歌（咸水歌）。以渔为业、兼营运输的他们，迁移到哪里，就把疍歌传唱到哪里。

疍民的语言

海南疍民的后裔主要聚居在海口海甸港、临高新盈港、昌江海尾、三亚港、三亚榆林港（红沙、后海）、三亚海棠湾（海尾）、陵水新村港等地。其中，定居在陵水新村镇的疍民有1.5万多人。三亚港和陵水新村港的疍民大多来自广东阳

2013年元宵节，三亚市疍家阿婆唱起疍歌欢度佳节。苏建强 摄

江、江门、新会、番禺、顺德等地的水上人家，至今已繁衍七八代有余。

2023年，家住三亚南海社区的梁云祥老人告诉笔者，他祖籍广东新会，祖上来三亚定居，至今已经繁衍生息到第七代。如今子孙满堂，有血缘关系的亲戚近300人。

海南各地疍民所使用的汉语方言因地而异，并非一个统一的方言类别，但当今三亚、陵水沿海疍民的语言属于粤语是可以确定的。虽然他们所讲的疍家话与粤语的标准语广州话发音有所不同，但差别不大。

长期关注海南疍民语言文化的黄谷甘认为，从我国古代史书记载的疍家人史料及现代疍家人的生活习俗、生产方式、居住地域等多种因素来看，三亚市的疍家人与广东珠江水域的水上居民无疑有很深的渊源，语言内部也有很大的一致性。三亚市的疍家话当是粤语无疑。

著名学者陈序经在《疍民的研究》中写道:“在琼州东北的清澜港,每年春夏两季,好多疍家渔艇,从万宁、陵水一带随南风而来清澜。他们在清澜海傍,有些插木为柱、以茅为瓦,有些仍住在艇上。到了秋冬两季,他们又随北风南返万宁、陵水”“疍家人所到之处,多说这个地方的方言”。据调查,后来上岸居住的疍民受当地方言影响,日常交往时也熟练使用当地方言交流,如住在海口港附近的疍民会说海口话,住在文昌清澜港的会说文昌话,住在临高新盈港的会说临高话,住在三亚港的会说三亚话等。

据海口文史专家冯仁鸿考证(2008年):居住于海口市海滨沙洲、自称为“疍家”的水上人家,历史上为数不少。烈楼[今长流地区新海(天尾)、后海(镇海)一带]系疍家先民开发,正德七年(1512年)有183户,迄今已被“临化”(所谓“临化”,即被当地操临高话方言的临高人族群涵化)了。

清末民初,居住在外沙尾、韭菜园沙洲的疍民有四五十户,迄今已被同化为海口市民。盐灶海滨的捕捞队,20世纪80年代有110户。据入琼张氏第十八代孙张行深介绍,其始祖原籍福建莆田,始迁阳江,后代亦皆舟居,环海南下,曾住湛江、吴川、乌石、硇洲滨海等处;入琼十八祖,已十二代,居琼已三百年矣。清乾隆年间,白沙门下村是当时闽粤沿海疍民的聚居之地,全村有9姓37户,迄今仍操粤语系的疍家话。其中,刘、梁两姓原居顺德;周、李二姓原住高州;其余各姓,经湛江、安铺、硇洲、海安等地迁来,繁衍至今大都六至八代。百年来，自本村先后迁入市区定居的疍民也不少。今海口疍民多居住在捕捞新村、捕捞旧村和白沙门下村等村庄，计197户944人。他们依然操疍家话，但说海口话也较为流利。

海南疍歌

疍歌源于水上生活，具有大海般的韵味和鲜明的海洋文化特征，是我国民歌百花园中的奇葩。疍歌又称“咸水歌”，据说咸水所到之处乃疍民聚居之地，咸水歌因此得名；另说是疍民泛舟（咸水）海中，伴随摇橹的节奏触景生情，放声歌唱，其内容多反映水上生活，故称为“咸水歌”。

疍歌是疍民以生产生活为内容创作、传唱的一种歌谣，主要流行于珠江三角洲及粤西阳江、广西北海、海南三亚和陵水沿海地区。疍歌内容丰富，恋爱、嫁娶、喜丧、鱼汛均可入曲。常见的有婚礼歌、贺年歌、行船歌、下水歌、丧葬歌、高堂歌等，歌词淳朴，旋律优美，节奏和缓，曲调婉转动听。2010年6月，三亚疍歌入选海南省第三批非物质文化遗产保护名录。2021年6月，三亚疍歌被列入第五批国家级非物质文化遗产保护名录。

（男）妹啊咧，海底珍珠容易揾咧，

妹啊咧，真心诚意世上难寻啰。

（女）哥啊咧，海底珍珠大浪涌咧，

哥啊咧，真心阿哥世上难逢啰……

这是流行疍歌《海底珍珠容易搵》中的一段歌词，它以对唱的方式，表达了爱人之间的浓浓情意。

按照歌唱内容不同，疍歌大致分为“生产歌”和“生活歌”两类；按照曲调和演唱风格不同，疍歌还分为“叹”“唱”两类。“叹”是指演唱时以“叹”代替说话，以轻声慢语、低声吟唱为主，旋律平缓；“唱”类疍歌则曲调多样，音域稍宽，旋律具有较强的抒情性和歌唱性。

疍歌多为七言四句，中间过门有衬词、拖腔。传统疍歌以男女对唱为主，曲调流畅动听。一般是男的唱前两句，女的唱后两句，多

2023年，疍家妇女进行渔歌展演。王程龙 摄

用“哕哎”“姑妹”“兄哥”等词结束。

疍歌经过世代传承和发展，成为疍家人精神生活重要部分。疍家人演唱疍歌时没有固定的场地，出海打鱼时唱，沙滩织网时唱，与异性交流时唱，举办婚礼、逢年过节时唱。演唱形式多为即兴唱和，或独唱、对唱、斗歌，形式不拘。歌手们在歌唱时从不追求大的音量，他们总是追求一种圆润柔美的声音，营造一种轻声细语、娓娓道来的叙述氛围。

长期以来，三亚港周边的疍家人经常来到社区活动中心自发演唱疍歌，并组织歌手排练节目，参加市里、省里乃至全国的民歌、渔歌大赛。近年来，三亚市多次组织疍歌大赛，参赛选手中既有年过耄耋的长者，也有五六岁的小儿。

疍歌是海南地道鲜活的原生态民歌之一。疍歌题材广泛，风格独特，歌词生动，曲调婉转，真实地反映渔民的生产生活和情感。世代在南海风浪中以捕鱼为业的疍家儿女，以传唱疍歌抒发心中的喜怒哀乐，反映疍家渔民别具海洋风情的生活习俗，既向世人分享审美的喜悦，又启发我们传承创新的灵感。如今，疍民传统文化愈来愈引起人们的广泛关注，疍家风情文化已成为海南一张独具特色的旅游名片。

（陈光良）

石山民歌:二百年火山“好声音”

方言民歌,往往是一个群体对生活最真挚、最朴素的表达。曲调跌宕间,流转的是一个地区的历史演变,激荡的是一群人的集体记忆。

独特的语言为它平添了一份神秘的吸引力,多元的艺术元素又支持着它走出自己的方隅之地,走向更加广阔的天地。

2024年,海南省人民政府发布《关于公布第六批省级

非物质文化遗产代表性项目名录的通知》，海口市秀英区的石山民歌在列。

流传了200多年的石山民歌记录了羊山地区的演变，也承载着当地人民群众对美好生活的憧憬。

一首民歌火山情

2024年1月17日上午，忽隐忽现的阳光在火山岩的气孔之间跳动，一声嘹亮的歌声突然穿过稀薄的晨雾，在海口市秀英区石山镇美社村响起，打破了村子的宁静。

循着歌声望去，石山民歌传承人、年过七旬的王如宣正坐在村口的石凳上，和农闲的乡亲一道唱石山民歌。

石山民歌是琼北火山地区的民间歌曲，从流行的地域上来说，主要包括海口市秀英区的石山、永兴、长流镇，龙华区的龙桥、龙泉、

海口羊山地区孕育了多姿多彩的石山民歌。陈元才 摄

遵谭镇及琼山区的龙塘镇等以村话(注:临高话中的琼山土话)为方言的地区,石山镇是其中代表。

王如宣介绍,石山民歌起源于石山镇,后来随着文化交流的加深,又融合了中原文化及黎族、苗族、壮族等少数民族文化,逐步形成了自己独特的音乐风格,在曲体结构、调式音阶、节奏节拍等方面有自己的特点。其曲体结构较为多样,灵活自由;曲调高亢嘹亮,雄劲有力,有罗尼调、喂加罗调、四公调、唉唉调、吱扎调、加肚妹调等;节奏节拍比较规整,形式涵盖了合唱、对唱、独唱等。

"简单来说,石山民歌就是说话带有节拍韵律,像顺口溜一样。"王如宣说。

民间自发的艺术大多是最贴近人民群众的内容。翻看王如宣随身携带的石山民歌本,里面的民歌内容丰富多样,包括历史人文、风光景色、劳动生产、时政世态、婚姻爱情等各个领域。随着人们生活水平的提高,创作者们有感而发,近年来又创作了许多歌颂幸福生活的石山民歌。

"现在的石山民歌以宣传党的政策为主。政府需要宣传啥,我们就创作啥、歌唱啥。"王如宣指着村口的牌子,"喏,我们村是无毒村,也是远近闻名的和美乡村。在创建阶段,我们都创作了相关的石山民歌来作宣讲。"

除了抒发感情、宣讲政策外,石山民歌还能解决问题、调解纠纷。

"邻里关系同唇齿,理解包容赛远亲。社会是个大家庭,家和才能万事兴……"王如宣指着民歌本中的一首《劝和歌》,轻声唱了几

石山民歌传承人王如宣（左）参加演出。
海口市秀英区委宣传部 供图

句，“石山民歌在羊山地区有群众基础，用它来调解纠纷，比生硬地讲道理管用”。

古音古调焕生机

作为传承人，王如宣也曾时常发愁：石山民歌的受众主要是中老年人群体，年轻人则很少会唱。“尤其是儿童。很多儿童连本地方言都不会说，更不用说唱石山民歌了。”他长叹一声。

好在王如宣的忧虑近年来有所缓解——石山民歌的保护传承工作已经引起了相关政府部门的重视，且采取了许多措施。

保护的第一步是扩大其知晓面。海口市秀英区旅文局副局长蔡夫雄介绍，近年来，秀英区文化馆积极组织以传承人王如宣和王扬勋为主的石山民歌传承队伍，参加省市级非物质文化遗产宣传展示等活动，并利用“文化和自然遗产日”、火山文化节等系列活动，通过线下展演展示、线上直播等形式传播，吸引更多人注意到这一民间艺术。

另一方面，秀英区文化馆持续开展石山民歌进乡镇、进校园活动。2022年，秀英区文化馆在石山镇中心小学设立了“火山山歌(即石山民歌)非遗传承示范基地”，并将石山民歌作为校本课程，邀请王如宣教授该校音乐教师，再由老师对小学生进行授课。

“老师掌握了石山民歌之后，还能够运用自身专业知识，创编新时代的石山民歌。”秀英区文化馆工作人员黄慧芳说，除了教授学生外，学成的音乐教师还组成了石山民歌传承研学教师团，结合现代音乐元素，对火山山歌歌曲进行编创，创新的演唱形式深受群众欢迎。

事实上，为了让石山民歌走出羊山地区、走出海南，秀英区文化馆也在努力蹚出一条符合当下时代需求的创编推广之路。

不同于绝大多数石山民歌完全采用石山方言演唱的形式，《火山谣》是以普通话为主、石山话为辅。“我们打造《火山谣》这样的精品歌曲主要是为了宣传和传承石山民歌，如果纯粹是石山方言，大部分听众听不懂，无法学唱、跟唱，达不到最好的效果。”黄慧芳说。为了扩大宣传面，在原生民歌节的表演之后，秀英区文化馆又趁热打铁，迅速推出了《火山谣》的MV版、童谣版等不同版本，在多个平台播放。

正是因为相关单位对石山民歌采取了一系列保护措施，王如宣在古稀之年又重新忙碌起来，而且甘之如饴。“大家都行动起来，石山民歌才能有未来。”他说。

（习霁鸿）

东方：方言民歌古韵长

“阿妹天生是才女，山歌唱响几百里，相貌生得很漂亮，山歌要从哪对起……”2023年6月25日晚，海南第二届军话民歌展演文艺晚会在东方市东方大剧院举行。当晚，来自“三市一县”（即三亚市、儋州市、东方市、昌江黎族自治县）的军话民歌传承人、爱好者齐聚东方，演绎当地军话方言歌舞节目，带来了一场军话民歌艺术盛宴。这既是东方市第二次举办的省级军话民歌活动，也是东方第七届“下南节”系列活动之一。

如今，在东方，除了军话民歌，村话民歌、黎族民歌等多种方言民歌也广为流传。方言是文化的活化石，是民族文化的有机组成部分。而方言民歌是以方言演唱的民间艺术，浸透着该地区的文化、风俗，具有较高的艺术价值。

2023年6月，海南第二届军话民歌展演文艺晚会上的舞蹈节目《丰收曲》。
受访者 供图

“下南节”里的军话民歌

2023年6月25日上午，在东方军话民歌市级歌手擂台赛上，东方市八所镇八所村的村民柳买莲带来《鱼鳞洲下拉开腔》等歌曲，赢得了评委和观众的一致好评。

“我从小就开始用军话唱民歌了。”60岁的柳买莲是地道的“军话人”。出于对军话民歌的热爱，她经常参加东方市举办的各种军话民歌比赛。

借助“非遗月”的契机，2023年6月，东方市组织开展了第七届

"下南节"系列活动。"通过活动，一方面可丰富军话人的文化娱乐生活，另一方面增进群众对军话民歌的了解，营造保护非遗的良好氛围。"东方市军话民歌协会秘书长姜文忠说。"下南节"是东方市民间传统的集会节日。据史料记载，东汉建武十九年（43年），伏波将军马援平定交趾之乱，往来南海，抚定珠崖，调城郭，置井邑，时复珠崖县。为巩固和管理边疆，马援军队在今儋州市至三亚市一带驻军防守，故传下许多有关马伏波的故事。

在八所一带的驻防将士们为了庆祝南下胜利，同时纪念爱国诗人屈原和马援将军的生日，当时利用传统的端午节在登陆港（今鱼鳞洲一带）举办文体活动，有跑马、射箭、唱歌、游泳、划龙舟等比赛，久而久之就形成了"下南节"。

"军话民歌遗风古朴、曲调高昂、押韵动听，迄今闪烁着中原古音、黄河气韵。"东方市文联副主席张用华说，军话民歌以爱情歌、叙事歌为主，还有放牛歌、插秧歌、劝世歌、颂赞歌等，有高调、平调、短调、通调、斋调、叹腔、咏腔等10多种曲调，在形式上类似唐诗，多为七字四句，偶有三字开头句式，"其体裁、形式、内容、唱法与中原文脉息息相关，既通俗易懂，又朗朗上口"。

军话民歌"一条手帕割两刀，送给阿哥南戎包，有情的哥包身

小合唱《荔枝大大不开齿》和《月亮亮》。受访者 供图

上，无情的哥放水漂”是“下南”情的历史写照。中国人民解放军海军政治部文工团著名作曲家雪野教授曾称“军话民歌乃汉乐府民歌之流变”。

“经过代代相传，东方目前军话方言人口约十万人，主要分布在八所镇、三家镇等21个军话村庄。”张用华说，军话民歌是我国古代戍边将士传播下来的文化音符，经历代后裔不断传唱和改进，成为一种具有地域性、特色性和传承性的民族文化宝贵遗产。东方现有军话民歌传承人2人，军话民歌爱好者3000多人。

村话民歌的长调短调

在东方，说村话方言的人用村话方言所唱的民歌——村话民歌同样广为流传。

村话民歌是流传于海南昌化江下游两岸的村话人所唱的歌谣，也被人称为“哥隆话民歌”。据国内文物考古学者论证，海南岛上的村话方言区为古骆越、俚人活动的地域。

“村话人没有记载本语言的文字，长期以来都使用汉字，村话民歌则是世代口口相传。”东方市村话民歌协会会长黄辉说。村话民歌是海南省级非物质文化遗产，其题材为爱情、教育、述史、怀念和仪式五大类，其腔调主要有长调、短调、童谣、洛阳腔及哭嫁歌等，且讲究押韵。由于歌词以七言四句居多，有人也将其与崖州民歌、儋州民歌一并赞誉为汉唐遗风。目前，东方村话方言人口主要分布在四更镇、三家镇等乡镇。

与昌江等地一样，东方也有黎族民歌。不同之处是，东方以美孚方言为主，曲调为原生态欧欧调。

东方市黎族文化研究会会长符文丰说，在东河镇、江边乡等地，除了每年“三月三”，黎族群众还会在朋友聚会、结婚生子等喜庆场合自发唱起黎族民歌来表达心情。东方特色黎族民歌有很多，包括情歌、相会歌、富贵歌、织锦歌、历史歌、劳动歌、探望歌、告辞歌等。

此外，东方市境内还有分布于八所、感城、新龙、四更镇域的咸水民歌，以及四更镇的付马方言民歌、新龙镇的那斗方言民歌和东部山区的苗族民歌。

（张文君）

琼侨歌谣：唱到海外总是情

一把蒲扇，一阵温和的凉风，一首“念官”（民谣）起，摇篮开始轻轻摆。“乒乓摇，乒乓摇，我侬乖乖睡欲大。”小的时候，不少海南人都是这样，在爷爷奶奶柔和的歌声中渐渐睡去……

你听，在文昌、琼海、万宁的一些地方，至今仍可以听到琼侨歌谣。喝一杯老爸茶，听一首琼侨歌谣，那哀婉动情的往事，那幽默诙谐的俗语，便带着我们跨越时间长河，将无数个动人的故事讲述。

与琼侨共生

琼侨歌谣是海南省级非物质文化遗产，2007年入选第二批省级非遗名录。

这份难得的遗产，随着琼侨而诞生。琼侨走到哪里，琼侨歌谣就传播到哪里。明代正德《琼台志》记载，宋乾道八年（1172年）就有占城（今越南中部）人到海南买马劫人，后归还的只有83人。清代光绪《崖州志》也记载，嘉靖四十五年（1566年）十二月“贼何乔、林容等复犯崖州……掳掠数十人去”。17世纪后，西方殖民主义者到海南拐骗农民到美洲、欧洲、东南亚充当苦力，俗称“贩猪仔”。

除了被劫掠和被骗到国外当苦力外，也有大批居民远走国外谋生。1858年，琼州对外开放为通商口岸后，海南居民大量出洋。作为海外侨胞的主要祖籍地之一，海南省侨海资源优势明显。海南省现有390多万海外华侨华人、港澳同胞，分布在60多个国家和地区。

琼侨歌谣内容非常丰富，记述了侨乡历史状况、华侨出洋的缘

2018年琼侨歌谣活动现场。吴芬蕊 摄

由和遭遇,反映了琼侨在寓居国的情况和艰苦奋斗的历程。

据介绍,琼侨歌谣有三大特征。第一,乡土特征。琼侨歌谣用乡音演唱,有浓郁的乡土气息,成为走向世界的海南人之间互相联络的名片。第二,即兴性。琼侨歌谣以口传心授为主,有感随口而出,是真情的流露,有很强的感染力。第三,音乐美。琼侨歌曲有两类:一是有曲调或乐器伴奏的“歌”,优美动听;二是没有曲调,没有器乐伴奏,靠吟诵传播的“谣”,但它也有音乐节奏等艺术美感。

基于此,琼侨歌谣有着特殊的价值。它记载着海南人出洋的历史和生活经历,是琼侨与故乡联结的精神纽带,是琼侨的文化认同,也是侨民间相互沟通的乡音,成为侨民与眷属联系的“两地书”。

讲述离别之痛

大海环抱,椰趣横生,这里是文昌东郊椰林。欢快的歌声从一片椰林里传来,还没等记者走近,文林南村的村民们早就闻声识人:“这位是村里的企业家朱运行,琼侨歌谣传承人。”

嘴里哼唱着曲调,手上轻打着节拍,朱运行正和村里几位老人唱着《送郎去番》:“送郎送到后排山,夫妻离别泪洒洒。欲问侬泪流多少?眼汁滴路滑难行。送郎送到青草坡,手捻草尾记心上,草如无心草也死,人欲反良命不长。送郎送到码头分,眼看船去心更闷,郎你去番欠忆侬,常回书信问冷暖。”

朱运行解释说,这首歌谣的意思是:送丈夫到后排山,夫妻双方不由得流下眼泪。要问流了多少眼泪？眼泪滴在路上，路都滑得走不了。送丈夫到青草坡，捻一根草尾告诉对方，草如果没有良心就会死，人如果没有良心，命就不会长久。送丈夫到码头，双方分别，妻子看着船离去，心里更加苦闷。丈夫你此次去南洋不要忘了我，要常给家里写信。

在琼侨歌谣中，送番歌占有一席之地，唱不尽当时的不舍。受访时，75岁的朱运行自述从七八岁就开始唱送番歌，“文昌是著名的侨乡，从小到大，见多了离别。为了表达这种分别之情，很多人都会唱送番歌”。

在众多的琼侨歌谣中，我们可以轻易找到许多送番歌谣：

“夫：我欲去番嘱你听，你要理家内和外。严守家法品端正，切勿风花当臭名。妻：夫你放心不用怕，家务一切我承担。绝不行骗和踏歪，夫欠忆妻在家庭。”

“妻：含泪送夫去南洋，送过椰林送过坡。从今南北海相隔，乐日味短闷日长。夫：我去南洋苦奔波，定不忘记侬家乡。等我发财带银回，共享天伦叙短长。”

每一首送番歌的背后，都有一段离别故事。从歌谣中，我们看到了无数留守妻子的苦楚、离别，还有遥遥无期的等待和期盼。

饱含思乡之情

2018年8月9日晚上10时，夜已深。在马来西亚沙巴州，声乐老师冯标科正在家里给中文歌词注音标。记者通过社交软件采访他时，便试着拼起音标，却对不上歌词。

冯标科解释："这不是普通话的音标，而是海南话的音标，主要是方便那些生长在异国他乡、不懂海南话的学生学习。"

年过七旬的冯标科，祖籍万宁龙滚。出于对家乡的思念、热爱，他在马来西亚创办了海南话歌唱培训班，搜集了大量琼侨歌谣。"几十年了，我也不记得总共教了多少学生。能传承海南文化，我觉得非常荣幸。"冯标科说。

很小的时候，冯标科的父亲就过世了，是母亲一手把他带大。在马来西亚数十年，他目睹了无数海南同胞下南洋的艰辛。"琼侨大多数因生活所迫到海外谋生，正如《琼侨在泰国》所述，在锡矿场洗矿的，站在齐腰深的水中，每天要工作12—24个小时，最后只能得到一点勉强糊口的食物。"冯标科说。

琼侨在海外谋生的艰难，在琼侨歌谣中也有所体现："金窝银窝，不如故乡的山窝""穿条短裤闯天下，拿三把小刀起家""十个去番，九个打工，你去挖矿，他去搬运，我当种胶工，工不相同苦相同"。

琼侨在所在国的开发建设中，起到了开拓者、创造者的作用，正如歌谣所唱："哪里有橡胶园，哪里就有琼人。没有琼州人，哪有这春光？"

异国他乡居不易，筚路蓝缕倍思亲。琼侨身在异国他乡，亲人却在故乡，故乡的每一件小事、每一个变化，都牵动着他们的心。对此，歌谣作了生动的写照："鸟与树林亲，羊与草坪亲。稻与肥水亲，人与故乡亲”“月是家乡的明，水是家乡的甜。景是家乡的美，人是家乡的亲”“一句乡音，胜过万言。一封家书，胜过万金”。

歌谣保护路漫漫

落日余晖穿过婆娑椰林，在文昌市东郊镇良田村一处农家院落，年过九旬的黄玉兰阿婆正在椰子树下边回忆边念唱，身旁的朱运行边听边记录。

朱运行经营着一家椰子活性炭厂，数十年来，他利用闲暇时间

朱运行（右）向黄玉兰了解、记录琼侨歌谣。受访者 供图

在海南各地寻访老人，搜集散落乡间的琼侨歌谣。“不少70岁以上的老人，都会哼几句琼侨歌谣。现在，他们逐渐老去，千百年来口头保留的文化精粹，我不能让它成为绝唱。”正是出于这样的想法，多年来朱运行坚持着他的琼侨歌谣保护之路。

2018年5月，朱运行花5年时间自费整理的《琼侨歌谣》正式出版。海南省琼剧院创作研究室主任潘心团评价道：“那些从祖上流传下来的民谣歌诀，让人感受到艺术作品的内涵诙谐、丰富多彩，也感受到朱运行专注于传承琼侨歌谣的执着。”

后来，朱运行把企业交给儿子们，一门心思扑在琼侨歌谣的搜集、传播与创新上。

除了民间自发传承活动，政府相关部门也在积极推进琼侨歌谣保护工作。近几年来，海南省非遗中心及相关部门除了举办“琼侨歌谣”传习班，还通过搜集素材、记谱、作词、作曲、录音，出版传习材料和录制光碟等方式，使琼侨歌谣从“无谱无词无曲”走向正规的音乐形式，易于学唱，有效扩大了传唱人群覆盖面，更有利于该项目的传承与推广。

朱运行认为，琼侨歌谣的发掘、整理、保存和传承工作，是海南文化传播的一项重要工作。他建议，要尽早让琼侨歌谣进入校园，让孩子们学唱民谣，感受琼侨歌谣的魅力。同时，还要多举办琼侨歌谣传习班，进行琼侨歌谣演唱比赛，让琼侨歌谣走进全社会。

（丁平）

童音袅袅 海岛佳谣

还记得儿时的歌谣吗?

那些简单的旋律、浅显的歌词,被长辈带着乡音轻声哼唱,又被我们稚嫩的童声不断重复,陪伴了一代又一代人的成长。岁月濯洗,日子摇曳,当久违的旋律重响耳畔,故乡的童谣依旧保有那份不褪色的天真。

在丰饶的海南岛上,各地的民歌犹如浩瀚南海盛产的珍珠,不断涌现,采之不尽。一方水土,同样鲜活着一方童谣,各地编创的童谣作品在口耳之间世代流传,往往绵延着浓郁的乡土气息和地域文化色彩。这一回,让我们驾一艘小船,荡进海南童谣的小世界,一同打捞起时光小河里的童年。

地域文化浸润滋养

四面环海,独特的环境孕育了海南岛千百年来深邃的人文脉络。在丰厚的岛屿文化中，无所不唱的民歌无疑是海南历史的一面镜子，成为海南人民生活的写照。而作为海南民歌重要题材之一的童谣，由于海南各地的语言、方言和文化多样性的浸润滋养，显得尤为丰富多彩。

古时，童谣亦被称作“孺子歌”“小儿语”“小儿谣”等，和海南民歌一样，海南童谣历史悠久，伴随着海南经济和文化的发展而发展，在历史传承发展的过程中，以其特有的文化意蕴陪伴着一代代海南人民成长。

汉代民间歌谣盛行。元封元年，汉武帝在海南岛开设珠崖、儋耳两郡，此后部分汉族人陆续来到海南岛。中原地区的文明逐渐影响着海南世居民的生活，汉族的童谣也随着汉族文化被带入海南。到了宋代，便是海南文化和民间歌谣发展的重要时期。

日军侵琼时期，以抗日为主题的海南民间童谣大量涌现，在丰富抗战歌谣文化内涵、提高青少年抗战意识等方面发挥了积极的作用。

流传至今、广为吟唱的海南童谣取材于生活，真实地体现了各个地区、不同民族的方言特色、民俗民风、思维方式和情感色彩等，其中还记录了许多独特的地名和事物，是研究地域文化的重要途径。

“海南童谣是以海南各地方言为载体、口耳相传的民歌种类，展现出海南独特的风土人情和极富生活情趣的儿童生活场景。”海南大学音乐舞蹈学院曹量教授认为，方言土语正是海南童谣的生命力之所在，是孕育海南童谣的摇篮。在海南童谣中，我们能发现一些古老的方言表达，如“依仔”是对婴儿的昵称，“官仔”指青年男子，“敢”指吵架，“阿母”和“拜”指母亲，“妈婆”指外婆。

日常饮食是海南童谣反映的一个重要主题，如黎族童谣《妮依听》中“静静不啼莫做声，等姐舂米作酒饼”，描绘了一幅黎族人民把稻米舂碎制作酒饼的生动场景。海南童谣中还包括一部分描绘儿童游戏的歌谣，《猜土子游戏歌》：“猜呀猜土子，土子白纷纷。”我们通过这首童谣，能一窥当时海南儿童的游戏场景。而黎族传统婚俗“槟榔订婚”也在童谣《红嘴哥》歌词“一口槟榔吃嘴香，二口槟榔吃嘴红，三口槟榔去迎嫂，四口槟榔嫂入房”中展现出来。

海南童谣从饮食、婚俗、游戏之景以及儿童形象等方面描写海南的文化风情，简单的语言传达着丰富且深刻的文化内涵，这也是海南童谣遗存至今、历久弥新的原因所在。

汉族童谣异彩纷呈

丰富多彩的海南童谣犹如一本故事集，将岛屿的地域文化和人文风貌娓娓道来。在分类上，海南童谣可以参照民歌，主要分为汉族童谣和少数民族童谣两大类。

汉族是海南岛人口最多、分布最广的一个民族，海南的汉族都是来自全国各地的移民，从而形成了方言上的纷繁与混杂，因此汉族童谣也呈现出异彩纷呈的态势。

曹量解释，琼文童谣、崖州童谣、儋州童谣、临高童谣、疍家童谣

海南童谣带着我们跨越时间长河，将无数个动人的故事讲述。陈海冰 手绘

等，是海南汉族童谣中具有代表性的歌类。由于方言不同，各地的儿歌都有自己独特的风格和韵味，大多是儿童在游戏和生活中唱的童谣，以及大人唱给孩子听的歌，如催眠的《摇仔调》、与儿童逗趣的《逗儿歌》和规劝孩子的《教仔歌》等。

“乒乓摇，乒乓摇，我侬乖乖睡欲大，大起识和爹娘玩，爹娘双双欢喜寒……”优美的歌谣从长辈温润的嗓音中跃动而出，韵律悠长，让人慢慢沉入香甜的梦乡，这是琼文童谣中一首著名的摇篮曲。

琼文童谣遍布于海口、文昌、澄迈、琼海等琼北一带，既有靠曲调或乐器伴奏的“歌”，也有靠吟诵传唱的“谣”，但后者同样具有音乐节奏等美感。尤其是文昌地区，念唱童谣十分流行。

“饲牛小子不怕饿，吃到椤梶吃到椤。吃到牛酸到墨旦，吃到赤兰才知无。”这首《饲牛小子不怕饿》是儿童玩耍时唱的歌，在文昌、琼海民间流传已久，歌词当中出现的食物都是当地人童年经常采摘、用以果腹或解馋的野果。这首童谣易唱易学，童趣盎然。

另一首《鹧鸪谣》则借鹧鸪之景，既叙事又抒情，层层递进的歌词，伴着悠扬婉转的曲调，动人心弦。此外，琼文地区还有《劝侬好好去读书》《敬公婆》等脍炙人口的童谣，当地大人小孩都会唱。

微风穿堂而过，老人慢慢摇着蒲扇，唱起崖州童谣，哭闹的孩子渐渐安静下来。崖州童谣流行于三亚崖城以西、乐东沿海等古崖州属地及东方感城一带，分为哼小调（即摇侬调）和少量念白。

“摇侬咧，摇侬大来拾（学）好样；侬见好样侬慢拾，切勿学人歹样行；摇侬咧，摇侬大来拾好样；摇侬大来去上学，乾坤做高第一名……”摇侬调由成人哼唱，内容主要是为人处世的道理和长辈的祈祷、祝福等，希望孩子健康成长、学有所成，也有一些日常生活的陈述。而念白类多为儿童吟诵的童谣，例如顺口溜《摸螺子》，就是根据三亚当地“看指纹、摸螺子定亲”的民俗而创作的。

“月公公，绣前圆。骑白马，过深塘，深塘深，水仔没脚面……”这是一首著名的崖州童谣，它想象奇特又富有生活气息，不似大多数童谣那样明快，反而有几分幽婉的色彩。在海南作家、崖州民歌专家黎吉珊看来，由于当时琼南地区老百姓生活大多清苦甚至困顿，故崖州民歌曲调苍凉、沉郁，因此崖州童谣中或多或少带着一丝淡淡的忧伤，这是其区别于岛内其他地区童谣的主要特征。

崖州童谣讲究韵脚整齐，歌词对仗工整，且音阶跨度都是五个，因此唱起来朗朗上口。在三亚崖城至乐东、东方一带，随着普通话的普及，对于目前流传于世的崖州童谣，年轻一代能准确唱出的人寥寥无几。

而军话童谣在昌江一带却大不相同，语言较为轻快活泼，富有节奏感，注重让儿童在吟唱中认识事物，如《月亮公》《黑麻麻》等。此外，昌江还有一种短小的村话童谣，以述说为主。

儋州童谣在儋州话、军话、临高话等方言区流行。海南省音乐家协会原副主席、国家一级作曲家黎友合收录整理发现，儋州童谣歌词有三种结构形式：一是七言四句的规整句子，如“小小锯开木好利，小小栋头顶屋基，小小竹根生大笋，小小鱼钩钓大鱼”；二是长短句交替，有些像顺口溜；三是月序歌，例如《十二月谣》，这种童谣篇幅较长，有二十四句之多，句子规整押韵。总体而言，儋州童谣的曲调和节奏都比较简单轻快，非常口语化，具有生活气息浓厚、朗朗上口的特征。

在临高县，富有代表性的童谣是加来镇一带的放牛调，因其曲风明朗欢快，适合儿童诙谐活泼的特点，人们常会在此调中填儿歌之词。国家一级作曲家王贻参以放牛调改编创作童谣《读书的故事》，朴实的歌词搭配轻快的曲调，饱含劝勉之意。

在海南，逐水而居、舟楫为家的疍家人常以歌传情，他们主要聚集在陵水新村港、三亚南边海等地。世代耕海、与天搏斗的生活造就了疍民勤劳勇敢的特质，因此疍歌（咸水歌）的内容大多是乐观向上的。

“鱼多多虾大大，丰收返去就是过瘾，蟹多多螺大大，阿爸阿妈最精神。”这首《我们疍家人》是疍民从小就会吟唱的童谣，不仅歌唱海上丰收的喜悦，也唱出了疍家人勤俭勇敢的特质。

黎苗童谣风情摇曳

作为海南岛的先住民，黎族人口仅次于汉族，分布在多个市县。黎乡素有“歌海”之称，由于居住地域的不同和方言的差异，黎族民歌格调纷呈，黎族童谣亦是如此。

据介绍，黎族的儿歌叫“吞弟奥”，黎语中“吞”有“话”“歌”的意思，“弟奥”即孩童。儿童自己唱的“吞弟奥”音调欢快，节奏活泼，常以简朴韵律进行变化、重复和扩充，使嬉戏情趣达到高潮。

大人为儿童哼唱的“吞弟奥”，有些节奏规整多样，结构严谨，表现手法独特，唱调以主要音调变化回旋延展起伏，耐人寻味，例如这首《萤火虫》：“萤火虫，两翅膀，芝麻、韭菜种，酸菜种，老姜种，梦牙俄小伙子……”

而摇仔调（摇篮曲）曲调缓慢、抒情、优美，可以随着摇篮摇动的节奏随意拉调，给人以安宁、亲切、抚爱之感。其中，有一首旋律甚美的黎族童谣《催眠曲》，曾被原广东民族歌舞团改编为舞蹈《胶园晨曲》的主题歌，受到广大观众的欢迎。

摇仔调的歌词大多是劝慰孩子好好睡觉，让长辈去劳动，能带回孩子喜爱的物品，如黎族杞方言童谣《摇摇我孙睡》和哈方言童谣《摇仔谣》等。童谣的歌词也和黎族人民的生活场景息息相关。

黎族童谣的主题包含自然万物，例如介绍动物的特征，如动物的叫声等，代表曲目有《咯咯黑母鸡》《鹦鹉谣》等，主要是数说调形式。念着这些童谣，眼前会浮现一幅原生态的乡野景象。许多黎族童谣还具有顶真的特点，用黎话读来十分流畅，饶有一番趣味。

与黎族相比，海南的苗族较为散居，以琼中、保亭一带最多。黎族、苗族同胞无本民族文字，均依靠语言和口头文学来进行日常交流，因此演唱民歌也成了黎族、苗族人民生活的重要内容之一。

"蚱蜢嗲嗲嘎芒末，们仔抹逢拗个牙，拗得个牙给仔玩，鸡公担走仔蹬蹄。"这首《蚱蜢歌》在海南苗族地区广为流传，妇孺皆知。苗族的童谣大多为"平腔调"，这也是苗族民歌的一大特点，即曲调低沉，旋律起伏不大，节奏缓慢自由，抒情绵长，余音不绝如缕。类似的还有《螃蟹歌》《雨伞歌》《肚渴歌》《金树细》《摇篮曲》等，皆为同一曲调的三言和七言句，涵盖稚趣生活、自然万物、美德教育等丰富内容。

（王迎春）

延伸阅读

海南童谣经典曲目

汉族童谣

琼文童谣

《饲牛小子不怕饿》

《鹧鸪谣》

《劝侬好好去读书》

《敬公婆》

崖州童谣

《月公公》

《剁唎剁虫虫》

《摇侬歌》

《俺是粗盐配稀饭》

儋州童谣

《搂搂哩》

《哥小小》

《星宿歌》

临高童谣

《读书的故事》(放牛调)

疍家童谣

《我们疍家人》

少数民族童谣

黎族童谣

《萤火虫》

《摇摇我孙睡》

《咯咯黑母鸡》

《鹦鹉谣》

苗族童谣

《蚱蜢歌》

《螃蟹歌》

《肚渴歌》

《金树细》

寻找海南童谣的人

“摇呀摇仔睡，让母做田园，等父打猎回，母带回塔兰……”海南童谣历经风雨、世代传唱，不仅展示了方言的风味与朴实，还保留着本土民俗文化特色。

海南童谣题材广泛、内容丰富，是一朵绚丽的艺术之花。然而，时移世易，口口相传的海南童谣日渐式微，不少孩子已不太了解海南童谣。

幸运的是，海南省有这样一群寻找海南古老童谣的人。他们带着录音笔、笔记本，走村串户，与村民交朋友、拉家常，将他们口中的童谣一字一句记录下来，整理、翻译、录制，制作成一个个完整的作品，让古老的海南童谣得以传承，焕发新活力。

翻山越岭搜集古老童谣

童谣古称小儿语、童子谣，俗称儿歌。与其他地方的童谣一样，海南童谣语言生动活泼、浅显易懂、节奏明快、朗朗上口，具有浓郁的地方和民族特色，承载着本土文化的厚重记忆。

童谣，特别是黎族童谣，一直伴随着昌江黎族自治县文化馆原馆长孙如强的生活。年幼时，他听着长辈吟唱，在潜移默化中慢慢认识世界；长大后，他搜集和整理当地原汁原味的童谣，推动海南童谣的传承与发展。

1984年，被誉为“世纪经典”和“文化长城”的“中国民间文学三套集成”（包括《中国民间故事集成》《中国歌谣集成》《中国谚语集成》）编纂工作启动，先后有几十万名文化工作者参与调查、搜集、编撰工作，历时25年完成。孙如强，就是那几十万分之一。

“那个年代，县里经济不发达，没有几条像样的公路。尤其在农村，只有坑坑洼洼的小路，人走起来都吃力，更别说汽车了。”2022年5月，孙如强回忆说，汽车只能将他们送到乡镇墟，然后还得再走上几个小时的路才能到村里。

许多黎族村庄坐落在大山深处，路途遥远，地势陡峭。为了搜集这些原始的黎族童谣，孙如强手脚并用，翻过一座又一座山，蹚过一条又一条河，途中不知道摔过多少次，也数不清磨坏了多少双鞋。

尽管路途奔波劳累，可当黎族阿婆和阿妹眉飞色舞地念出、唱出一首首民谣、一句句童谣时，孙如强就觉得很兴奋。他记着、录着，生怕错过其中的细节。“很多童谣年代久远，村里老一辈才知晓。他们年纪大了，记忆力不好，这遍能完整地唱出来，下一遍就不一定了。我要把握住机会，逐字逐句记好。”孙如强说。

“公鸡小小尾拖拖，三岁小孩会唱歌，唱歌不要爹妈教，肚里精怪唱出来”“烟、烟，烟过那边村，那边村有糯米，这边村有鸡弹屎”……至今，孙如强和昌江文化馆的同仁们一起，搜集了200多首各民族童谣。这当中，既有普通话演绎的，也有用海南话、黎语唱的，内容丰富，体现了鲜明的地域特征。

逐字逐句记录民族童谣

“萤火虫、蚂蚱虫、毛毛虫，飞到斑鸠的窝边上，一只雌的在田野里躺着，一只公的在山栏地里生活着……”2022年5月26日，清脆悦耳的童声在三亚市榆红小学唱响，该校数学教师符天志在教孩子们学唱黎族童谣《萤火虫》。

数字之外，符天志还喜欢和音符打交道，特别是黎族音乐。黎族童谣作为黎族音乐的一种形式，以黎话为载体，包括大人哄小孩唱的调子、孩子在游戏时哼的曲子、用来启发孩子学习的歌谣等，一代又一代人口口相传。

“现在，喜欢和懂唱黎族童谣的人越来越少，搜集和整理黎族童谣意义重大。我觉得应该做点事情，让黎族童谣代代传承。”符天志说。

十几年前，符天志就开始记录小时候唱过的童谣，他请家人、亲戚和邻居唱给他听。身边能问的人他都问了，除此之外他还利用周末和节假日，到处寻访会唱童谣的村民，到海南各地的黎族村庄采集各类黎族童谣。

这并不是一件轻松、容易的事情。不同方言区的黎族人，讲的黎族话有差别。他们唱的童谣会有一些陌生的词汇，符天志需要先把童谣录下来，再去找人了解这些词汇是什么意思。“有时，一个词语问不同的人，会有不同的答案。为了确保准确，还要继续问，前后花费一个多月时间是常有的事。”符天志说。

据了解，许多民间口口相传的原生态童谣其实“野性十足”，采集工作者在一定程度上要进行修辞“美化”。例如，海南农村有早上积牛尿做肥的习惯，有一则童谣比较通俗浅白地表现了海南农村妇女早早起来叫牛拉尿的情景：“公鸡叫，娘起床；起床叫牛尿，

符天志（右一）走村串户搜集海南少数民族童谣。受访者 供图

牛尿浇秧苗。”

符天志还尝试谱曲作词，创作出新的黎族童谣。他带领学生们参加省里的民歌大赛，登上各种舞台，让孩子们切身感受传统黎族民谣的独特魅力，也让更多人欣赏到黎族民歌的优美，进而更深入地了解黎族文化。

童谣新编焕发新生命

刚从临高县采风回来，还没来得及休整，紧接着又到儋州调研……这些年来，海南省文联副主席、海南省民间文艺家协会主席蔡葩一直行走在路上，致力于海南省民间文化的保护与传承。

蔡葩出生成长于海南古崖州，少小喜行于野、歌于田，从小听

2020年，在五指山市畅好中心学校，黎族民歌代表性传承人教孩子们唱童谣。李天平 摄

着外婆、母亲、姑姑等数位长辈的童谣长大。父亲蔡明康长年致力于搜集崖州民歌，使得蔡葩自幼便深受海南民歌的艺术浸染。

“摇侬咧，摇侬大来拾（学）好样。侬见好样侬慢拾，切勿学人歹样行……”2021年1月，贝宁驻华大使访琼，在欢迎音乐会上，蔡葩用情演唱崖州童谣《摇侬调》，独特的发音和唱词引起在场观众的关注。“希望通过对海南民谣，其中也包括童谣的挖掘和传唱，向世人传播海南本土音乐之美，进而更好地进行国际文化交流。”蔡葩说。

音乐创作人文海云多年来对海南民歌进行谱曲、录音，用新的艺术手法赋予传统民谣新的生命力，其中也包括对不少童谣的改编和再创作。“我们希望通过创新与传播，让民歌走近新时代大众，碰撞出新的思维火花。”文海云说。

2020年，文海云对《摇侬调》进行包装，重新配器和编曲，由蔡葩运用独特的方式重新演绎。她唱出欣喜，唱出悲怆，唱出很多母亲悲、怨、喜、乐的交织。由文海云编曲、蔡葩演唱的《摇侬调》和《哭嫁歌》目前已入选非遗民歌进校园项目，在琼台师范学院等学校传唱。

2022年，海南省民协开展“海南民歌抢救工程”，对海南民间歌谣进行系列田野调查和口述实录，深入挖掘海南民歌文化和历史遗存，让海南民歌得到更好的保护与传承，丰富海南文化宝库。

（李艳玫）

“黎族歌后”王妚大

黎族民歌已传承千年，是国家级非物质文化遗产项目。提到黎族民歌传承人，绕不开被称为“黎族歌后”的王妚大（1923—2018年）。

黎村里飞出的百灵鸟

黎族民歌国家级代表性传承人王妚大，1923年出生于海南岛中部的红毛峒（今属琼中黎族苗族自治县红毛镇），是土生土长的黎族歌者，是黎族民歌传承与发展的标志性人物。

王妚大生前接受采访时曾提到，叔叔王仁福是她的第一任“师父”。在王妚大的童年记忆里，逢年过节，叔叔都会唱起山歌助兴，她和家里的其他孩子便跟着唱。耳濡目染之下，年幼的她对黎族民歌产生了浓厚的兴趣。于是，

2007年，王妚大在北京人民大会堂前留影。吉秋敏 供图

不满足在家里一方天地学唱歌的王妚大，每逢年节或村子里有人家婚丧嫁娶之时，她都要凑个热闹，跟村里的老人们学唱山歌。她十二三岁时曾多次作为村里新娘的伴娘，到多个黎族村落长见识，学唱新的情歌。

“那时候的民歌就是你教我、我教你，村里老人一唱我就听懂会唱了。”王妚大接受采访时曾这样谈及自己的学歌经历。正如王妚大所言，目不识丁的她记忆力极好，一人能唱上千首民歌，熟记三十余种不同的黎歌歌调，甚至许多其他方言区失传的歌调她仍能记忆并演唱。

1940年，年仅17岁的王妚大作为伴娘送嫁到红毛峒毛西村，与那里的男女歌手对唱了一整夜，最终打败了对方，她也从此名震远近的村寨，后来曾有人因此称她为“海南刘三姐”。1948年，王妚大嫁到什运峒（今属琼中什运乡）什运村，也是从那时起，她开始走上了黎族民歌的唱作之路。

王妚大唱作的民歌代表作有《叫依唱歌依就唱》《有歌不唱留做乜》《解放大军真是好》《哎来哟调》等。《黎族民间文学概说》一书对王妚大编唱的民歌特征进行了相关研究和概括，认为王妚大编唱的民歌音乐性强，随编随唱均能合乐。王妚大能根据不同场合和对象编创新的歌词，还能根据传统歌谣的某个音节即兴创作出一首新的民歌。其次，王妚大所唱民歌的另一特点是现实性强，形式多样。她吸收了海南汉族民歌的特点，创作了大量用海南话演唱的五言、七言等民歌体。

王妚大曾两次代表海南赴北京参加文艺活动。2007年，王妚大被中国文学艺术界联合会、中国民间文艺家协会评为“中国民间文化杰出传承人”。

黎族民歌的传承者

王妚大晚年的每一场演出，孙女吉秋敏都陪伴左右。

“是阿婆的歌声把我哄大的。”回首童年，奶奶王妚大那返璞归真的歌声好似有魔法，不仅能让幼年的吉秋敏酣然入梦，还让她透过歌声建立起自己对这个世界最初的认知与遐想，更让她感受到原来用歌唱的方式表达情感是如此酣畅淋漓。

吉秋敏接受海南日报记者蔡葩采访时回忆道，奶奶王妚大在世时，家里常常传出阵阵歌声，无论生活的境遇如何，总能高歌一曲释放心情。

吉秋敏还记得，奶奶常说："只要别人愿意听，想听多少首，我就唱多少首。"当年只要有人来拜访，奶奶就总是唱到声音沙哑，还面带笑容不舍得休息。晚年时，王妚大因肺部疾病住院治疗，县里的领导前来探望慰问时，王妚大为了表达内心的感动，当即创作了一首歌谣，并用微弱的气息在病房里唱了出来。"唱歌已经是她生活里不可分割的一部分了。"吉秋敏说。

王妚大不仅在黎族民歌的唱作上倾注心血，在传承与教唱黎族民歌上也不遗余力。王妚大的学生数不胜数，其中不乏王玉梅、王兰香、王玉香等知名民歌歌手。海南音乐泰斗谢文经也是王妚大的学生。

王妚大只比谢文经年长几岁，谢文经因仰慕王妚大的民歌造诣，经常上门虚心向她学习。两人每次见面总要对上几句民歌，谈起黎族民歌，更是有说不完的话。谢文经没有辜负王妚大的倾囊相授，受黎族民歌的启发与王妚大的影响，他创作了《久久不见久久见》《春米谣》《黎家姑娘》等经久不衰的歌曲，用经典的旋律致敬恩师，延续黎族民歌的生命力。

王妚大晚年时，一些对黎族音乐感兴趣的年轻的海南原创音乐

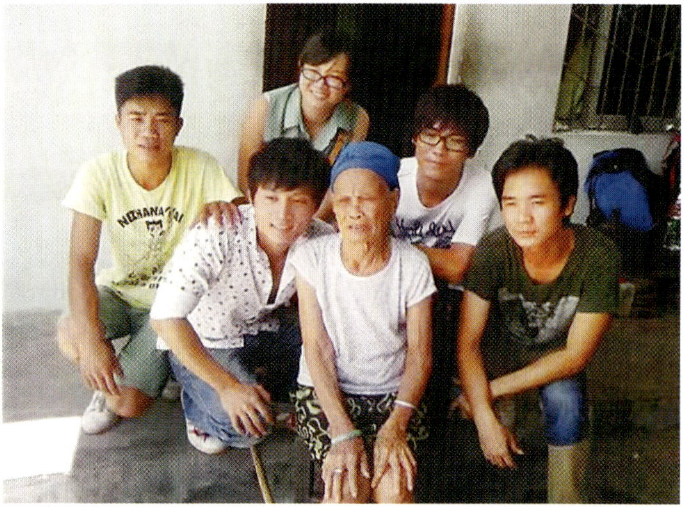

2012年，『黎行者』乐队拜访王妚大。陈达 供图

人曾到村子里拜访她。一支名为“黎行者”的海南原创音乐乐队有关人士曾撰文回忆，当时王妚大听说他们要来找她学习黎歌，坚持拄着拐杖到村口迎接他们。在短短一个半小时的交流中，王妚大除了歌唱，还不断表达自己对黎族年轻人回乡守护黎歌的期盼。

灵魂歌者如何被孕育？

海南大学音乐与舞蹈学院教授曹量长年致力于海南黎族音乐的挖掘、传承与发扬。他曾为了完成研究拜访过王妚大。曹量在著作《黎族音乐志》中曾提到：“在缺少文字的民族中，民歌担负起了传递思想、经验、技艺和特殊意义的作用。黎族尽管没有文字，却并不妨碍黎族人杰出的语言表达。黎族民歌便是兼具语言功能和艺术表达的结合体。”

南方出版社出版的《王妚大口述史》记载，1965年，中山大学曾对当时海南的黎族民歌做过一次调研。结果显示，当时全海南黎族民歌流行的53种民歌歌调中，产生于琼中的就有28种，占半数以上。加上后来众多民歌歌手出自琼中，琼中因此有“民歌之乡”之称。王妚大生于斯、长于斯，琼中这片钟灵毓秀的热土给予她充分的熏陶与滋养。

“叫侬唱歌侬就唱，只要甜糖叠到胸，叠到胸……”蔡葩回忆道，2006年，当时已是耄耋之年的王妚大坐着轮椅出现在一场重要演出的舞台上。当她用饱含沧桑又富有穿透力的嗓音唱起那首经典的《叫侬唱歌侬就唱》时，台下不少人潸然泪下。

时光悠悠，距离王妚大老人离世已数年。故地重游，故人不在，当我们再听到她那首代表作《叫侬唱歌侬就唱》时，歌声里超越时光的生命力仍让每个人为之动容，也让世人无法忽视那古老的民族和熠熠生辉的文化。

（蔡曼良）

谢文经:歌声久久歌者逝

“久久不见久久见,久久相见才有味;好久不见真想见,见到阿妹心欢喜……”

——《久久不见久久见》(谢文经作品)

伤逝绵远,遗憾几多。2012年8月27日清晨,我接到谢文经先生女儿谢玉虹发来的信息,告知先生已在广州辞世的噩耗,震惊,痛惜,像是经历了一场梦。所有得知谢老仙逝的人,无不感到深深惋惜!虽知万物皆有归宿时,但对于还有很多未竟心愿的谢老来说,81岁离世,留下一群热爱他的人,留下很多未遂的心愿,还是走得有些仓促。

海南民间音乐守护者

“久久不见久久见,久久相见才有味……”熟悉的歌声在时间深处悠然传来，谢老其实没有走，他把毕生心血都献给了海南本土音乐。从青年时代扎根五指山，到老年不停奔走于海南各地文艺团体和学校之间，他全然活在自己的音乐世界里，超然物外，不计报酬，只为海南美妙的音乐能让世人欣赏、传承。

广州星海音乐学院的黄英森教授说，谢老毕生致力于海南民间音乐尤其是黎族、苗族音乐的搜集、整理和创作，创作歌曲近千首。谢老的音乐流传海内外，影响了几代人。他是最早的海南话歌曲搜集、整理和创作者之一。他早年创作的一系列海南话歌曲中，《毛主席来过五指山》《舂米谣》《久久不见久久见》深沉、婉转、抒情，当时激动人心，至今久唱不衰，成为海南游子的思乡恋歌。

后来，随着原生态艺术越来越受到重视，谢文经创作的《黎家姑

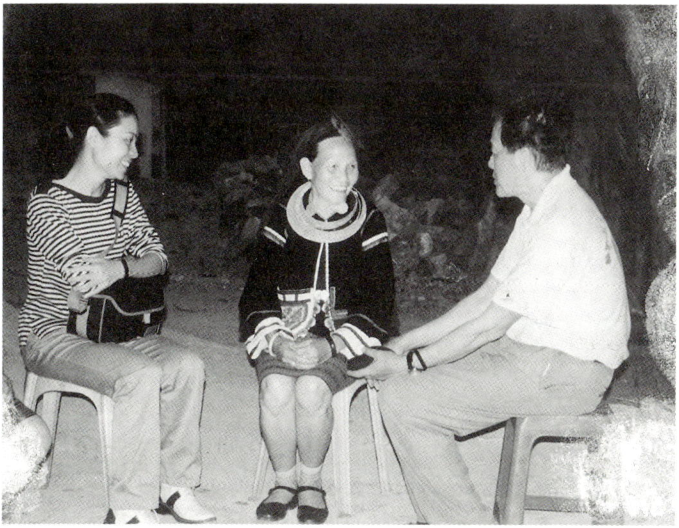

谢文经（右）访问黎族歌手王妚大（中）。谢玉虹 供图

娘》《摇篮曲》《打哦歌》《捡螺歌》《斗牛调》《我们苗家多么美》《调声》等流传岛内外。这些作品都获得过国家级或省级奖项，成为黎族、苗族音乐的经典之作，成为谢文经永久的音乐之声！他将儋州民间音乐改编成合唱《调声》，由海南爱乐女子合唱团演唱，在2000年北京国际合唱节中凭借独特的海南风韵和异常轻松明快的格调获得极高赞誉。《调声》成为晚年谢文经的代表作品，经由合唱艺术团唱出国门，获得国际声誉，为海南音乐赢得一席之地。

岛西汉子成为五指山歌者

海南岛西物产丰饶，人文兴盛。岛西人恋守家园的性格、不忘故土的深厚情感，保存了这一地区文化的完整性和艺术的地域特色。海南岛西部聚集了儋州调声、“哩哩美”、黎族民歌等让人们感动的民间艺术。临高，是岛西极具特色的鱼米之乡，自古以来就不缺少优美的曲调、雄奇的歌谣。当你置身“哩哩美”一波又一波歌声的海洋中，你就不会奇怪海南岛西为何能诞生谢文经这样的杰出音乐家。

1931年，谢文经诞生于临高加来一个充满欢乐歌声的普通家庭。性格豪爽、喜欢唱渔歌的父亲，是他音乐之路的启蒙者。谢玉虹说，善唱“哩哩美”的爷爷，最早在父亲心中留下挥之不去的美好旋律。1950年5月，海南刚解放时，谢文经的歌喉在当地已小有名气。此时，风华正茂的谢文经参加了新成立的南方大学海南分校文艺工作队，开赴五指山腹地进行扫盲工作。从此，谢文经这个汉家青年，和黎族、苗族人民以及他们的民族文化结下终身缘分，成为海南民族音乐的开拓者和代言人。

1953年，歌喉圆润的谢文经调入海南歌舞团担任歌队队长、演唱演员，后任创作组组长和艺术委员会主席，在条件十分艰苦的五指山区开始了自己的音乐生涯。以演唱《久久不见久久见》闻名岛内的黎族歌手陈忠说过，至今五指山和保亭仍有谢老很多歌迷和老友。后来，因为工作关系，谢文经调到广州（1980年代随团到南方歌舞团）工作，但依然常回五指山地区，搜集、整理并创作出大量声乐作品和器乐作品。不管身在何方，海南永远是他产生创作灵感的家园。他从一个歌唱演员变成一个作曲家，一辈子曲不离口，直到去世前夕，仍在故乡演唱授徒。

倾尽心力 唱最后一曲

2012年4月，谢老回到故乡海南，一如既往地传播他的音乐：在琼州学院开展学术讲座，指导学生排练，担任琼州学院艺术顾问……此时的他，其实身患不治之症已有两年。谢玉虹告诉记者，父亲给300多名琼州学子开展讲座，长达两个半小时，现场气氛十分活跃。他从海南岛的民歌起源，黎族、苗族民歌的形成、分布地区、歌曲风格特征和特点等方面娓娓道来，还不时在讲座中哼哼歌。他的忘情演唱与讲解，风趣、欢快、深情，手舞之足蹈之，让人完全看不出他其实已经时日无多。

谢老知道音乐需要年轻的心灵，需要下一代的传承。他仿佛知道自己来日不多，在生命的最后阶段频频从广州奔回故乡，为下一

谢文经在指挥合唱。谢玉虹 供图

代留下他的音乐、他的身影。黎族歌手黄婷丹回忆，2011年8月，谢老还到海南省国兴中学为孩子们讲述、演唱黎族民歌。他多么希望音乐的种子能在这些年轻人的心田里播撒，能在他们心中留下回响。黄婷丹说，当时，她就站在谢老身旁，他讲解，她歌唱。很多学生第一次如此痴迷地陶醉在音乐的阐释和演唱中。

黄婷丹因演唱谢老的作品（如《我是五指山人》等），受到听众喜爱。她告诉记者，谢老常说："海南的民歌并不亚于广西、贵州和云南等地的民歌，可是在保护和弘扬工作上远远不如人家。"他为此长年忧心，试图通过自己去影响、去发现更多的海南音乐人才，直到生命的最后一刻。

归去来兮望故乡

2012年5月8日，还在海南进行音乐交流活动的谢老忽然发病，家人赶紧接他回广州就医。天性乐观的谢老没想到，这一次，竟是他和亲爱的故乡最后一次相会。他留给故乡人的，是其毕生追求的音乐。

“没想到爸爸走得那么快，不过他走时很安详。80多位从家乡和其他地方赶来与他道别的亲友，都说他面容不改，像熟睡一样。”谢文经的儿子谢明晶接受记者的电话采访时说，没料到爸爸的去世在故乡海南激起那么大的反响。相信爸爸在天之灵应该感到欣慰。

2012年8月30日，南海网阳光岛社区将谢文经的部分作品挂在网上，《久久不见久久见》《我们苗村多么美》等音乐作品的优美旋律让网友们感怀不已。网友们纷纷发表帖子，纪念海南音乐泰斗谢文经。

谢老的突然辞世，让热爱音乐的人们深深痛惜。海南音乐人金安仔说，谢老一直关心和帮助老一辈歌手和年轻音乐人。从符其贤、王玉梅、黄桂民、蒋大恩到他们这些年轻一辈的音乐人，都曾获得谢老热情的帮助和指导。“有了谢文经，我们才能听到更多黎族同胞的声音，听到那些在深山老林中流传了几百年的古老质朴歌谣；有了谢文经，海南西海岸原本‘土里土气’的民歌才能够在北京音乐厅大出风头，到过欧美，下过南洋，引起国内外音乐界人士的强烈共鸣和浓厚兴趣。”

采访中，记者得知谢文经先生生前有两大遗憾，一是他认为民间音乐是海南文化艺术的金矿，独具海南地域文化特色，曾经催生了《万泉河水清又清》《西沙，我可爱的家乡》等名曲，可惜这么好的音乐没有得到更广的传播；二是他一生创作无数，但一直没有机会举办个人音乐会。谢老的遗憾，何尝不是我们的遗憾！

（蔡葩）

陈忠:四海传乡音 一生秉丹心

寂静的午夜,在乐东黎族自治县抱由镇的家中,陈忠的大女儿陈徵璇坐于桌前追忆父亲,眼泛泪光。她似乎又听见了父亲那熟悉的歌声——“久久不见久久见……”

2022年11月22日,《久久不见久久见》海南方言版原唱者陈忠因病去世,享年64岁。一位优秀的黎族歌唱家如流星般陨落,令人惋惜。

64载春秋里,陈忠绝大部分时间与音乐相伴,无论是乡野的简陋舞台,还是国际大都会的聚光灯下,都有他活跃的身影。作为少数民族歌唱家,陈忠知道“越是民族的,就越是世界的”。他不遗余力推广、传唱海南方言歌曲和黎族民歌,只为让“海南好声音”飞得更远。

勤能补拙成大器

即便过去了40多年，谈起与陈忠的初识，时任广东民族歌舞团副团长陈翘仍记忆犹新。那是在20世纪80年代初的一场演出中，来自乐东文工团的陈忠一开嗓就给了陈翘惊喜。“他有一副好嗓子，唱黎族民歌很厉害，是个可塑之才。”陈翘说。

“你愿不愿意来广东民族歌舞团？”陈翘向陈忠抛出“橄榄枝”。“去！这么好的机会，怎么说都不能错过。”陈忠答应下来。受家庭经济条件所限，当时陈忠还未接受过系统的专业训练，他渴望在广东民族歌舞团这样的平台学习提升。

“我们很重视对陈忠的培养，通过请老师、培训等方式，提高他的乐理知识水平。他也非常刻苦，认真对待每一堂课，课后一遍接着一遍练。”陈翘说。

1981年，中央民族歌舞团的声乐教授开办全国性少数民族歌手进修班，陈忠成为学员之一。当时，他气息掌控得不好，每天坚持晨跑提高肺活量，并苦练“提气”技巧，短短几个月后便达到了男高音的音域要求。

1982年，陈忠进入中央民族学院（中央民族大学前身）艺术系声乐大专班学习，为期两年。这个班的学生起点高，大部分是艺术学校的毕业生，只有陈忠是半路出家。他深知自己与同学存在差距，暗自下决心要努力追赶。他睡得比同学晚，经常练琴到深夜；放弃周末休息时间，抱着录音机和歌本一遍一遍唱……

经过日复一日的练习，陈忠熟练掌握了歌唱技巧，音域变得更加开阔，音色变得更加浑厚。陈翘记得，当时陈忠能自如地演唱《我的太阳》这一类高难度美声歌曲，这让她不禁感慨："这小子进步真大！"1984年，陈忠毕业后回到广东民族歌舞团工作。

1986年，全国民族声乐比赛举行，陈忠演唱黎族歌曲《斗牛调》获优秀奖。他是广东唯一一名获奖者（当时海南隶属广东省），这也是黎族歌手第一次在全国民族声乐比赛中获奖。

此后，陈忠创作改编并演唱了《久久不见久久见》《高高山顶唱山歌》《苗岭山情》《我是山里人》《欢迎你到黎寨来》《海南的天，海南的海》等歌曲。他还曾为《中华人民共和国民族区域自治法》知识竞

陈忠（左）与海南省歌舞团首任团长、著名歌唱家郭颂交流。受访者 供图

赛电视晚会创作主题歌《民族之歌》，挖掘出大量少数民族歌曲和海南方言歌曲。

四海登台传乡音

想起父亲生前的点滴，陈徵璇陷入悲伤中。这个身材魁梧、为这个家撑起一片天的男人，患病后变得骨瘦如柴，连说话都很吃力。即便这样，他依旧放不下音乐，时常与同事、朋友谈起民歌，在家中播放黎族音乐。

“音乐是父亲生活中不可或缺的一部分，他随时随地都能唱。”陈徵璇说，父亲一生的大部分时光奉献给了海南民族文化艺术事业。在她的成长记忆里，陈忠很少在家，他总是奔波于各个演出地点之间。

“爸爸呢，他去哪里了？”这是陈徵璇小时候常问母亲的一句话。她记得有一天，天还未亮，陈忠就拉着行李箱出门去演出。陈徵璇哭着不让父亲出去。陈忠对女儿连哄带骗，这才顺利出门。

“那一次演出，爸爸去了一个月。当时没有手机，在外打一次长途电话不容易，我和妈妈每天晚上守着电话，等爸爸打回来。他和我们分享在外演出遇见的各种趣事，却从不说自己的辛苦。”陈徵璇说。

1991年2月，陈忠调任海南省歌舞团歌队队长。他生前去过国内外很多地方演出，曾在1994年受文化部委派，代表中国艺术家赴老挝参加演唱会，先后出访韩国、泰国、印度、斯里兰卡、新加坡等国家，在世界各地演唱海南方言歌曲和黎族民歌。

和陈忠在海南省歌舞团歌队共事过的游春光说：“陈忠很热爱演艺事业，每次演出不论规模大小都积极参加。”他回忆道，1994年春节前夕，他们一起去为部队官兵演出。陈忠不仅要登台表演，还负责控制灯光、音响。一路上，他不断给大家加油鼓劲，同行人员都被他乐观积极的心态感染了。

游春光告诉记者，陈忠不仅唱功好，台风也很不错。他将在乐东文工团当舞蹈演员的经验运用到演唱中，在舞台上的每一个动作、眼神、表情都与歌曲融合得恰到好处。

唱作兼修才气佳

20世纪80年代末，被誉为“海南王洛宾”的谢文经和陈忠共同创作改编的《久久不见久久见》被广为传唱，成为海南民歌经典之作。1993年，在第三届海南世界乡团联谊会的文艺晚会上，陈忠用海南方言演唱《久久不见久久见》，将现场气氛推向高潮。

当他表演结束回到后台时，大会组委会工作人员找到他说：“你的演唱太成功了，现在各国华侨邀请你再次登台演唱。因为他们身处异乡，什么歌曲都听过，唯独没有听过这么好听的海南方言歌曲。”大会组委会向陈忠发出邀约，请他在第四届海南世界乡团联谊会举办期间再次演唱《久久不见久久见》。

陈忠不仅能唱，还能写，是歌舞团的多面手。1987年，他参加第二届全国民族声乐大赛。根据大赛规定，参赛选手要演唱一首未经发表的本民族歌曲。当时，陈忠找不到合适的歌曲，便根据自己的生活经历和演唱风格创作并演唱了黎族歌曲《我是山里人》，获得优秀奖。这首歌曲后来被中央人民广播电台播放，广东人民广播电台还报道了他的事迹。

一次，陈徵璇见父亲大汗淋漓地将一堆木头抱回家。见她疑惑，陈忠解释说："可别小看这几块木头，它能敲出动听的旋律。"他仔细打磨这些木头，很快手上长出了茧子，手指也被磨破了，花了数十个夜晚的时间终于成功做出叮咚——一种黎族特有的敲击体鸣乐器。

夜更深了，陈徵璇并无睡意。桌子的一角，陈忠手写的歌谱静静地放着，纸张已经有些泛黄。她低头一张一张整理，脑海中又浮现起父亲在舞台上唱歌的样子。

（李艳玫）

海南经典咏流传

时代的旋律镌刻在广袤的大地上，更烙印在人们的心中。当革命精神随着一首首节奏明快、动人心弦的歌曲在中华大地上传播开来时，朗朗上口的歌词与旋律谱就了历久弥新的红色传承。

海南，作为红色娘子军的诞生地，以琼崖革命“二十三年红旗不倒”的精神为中国灿若星辰的红色曲库贡献了一份来自祖国最南端的力量。数十年来，国内知名音乐家以及海南本土音乐创作者围绕海南的红色故事，创作了如《我爱五指山，我爱万泉河》《万泉河水清又清》《娘子军连歌》等一首又一首家喻户晓的红色歌曲，让海南在收获艺术芬芳的同时，更为红色文化之传承留下靓丽的一笔。

五指山、万泉河成海南红歌经典名片

红色娘子军的传奇故事，赋予了涓涓不息的万泉河更深远的人文内涵。“我爱五指山，我爱万泉河……”20世纪70年代，由著名歌唱家李双江演唱的一首《我爱五指山，我爱万泉河》红遍大江南北。李双江洪亮有力的嗓音，歌曲本身抑扬有致的旋律让海南岛的五指山与万泉河也深深地走进了广大群众的心里。

这首歌由郑南作词、刘长安作曲。2018年6月，词作家郑南因突发心脏病在广州离世。他一生写下大量歌词，其传唱度、知名度最高的几首歌曲中，有两首都以海南为主题，即《我爱五指山，我爱万泉河》《请到天涯海角来》。

20世纪70年代，有着10余年军旅生活经历的郑南，无意间接触到琼崖纵队的资料，便产生了创作一首歌颂海岛战士歌曲的念头，但他当时并未来过海南岛。同他一样，这首歌的曲作者、后来曾担任广东省文联兼职副主席、广东省音乐家协会兼职副主席的刘长安当时也没来过海南。

刘长安曾在接受记者采访时，回忆起那段与郑南一同创作的“激情岁月”。

“1970年，我与郑南老师一起到海丰汕尾公社的渔村体验生活，当时我们都在广州歌舞团工作，希望通过采风为团里创作音乐作品，同时也搜集一些渔歌素材。”刘长安回忆道，“我们俩到了汕尾后就住在渔业大队队部，采风完成后又搬入汕尾公社招待所开始集中创作。”

当时招待所条件较差，时常停电，刘长安和郑南经常点着油灯，在昏暗的灯光下进行创作，而这首红遍大江南北的《我爱五指山，我爱万泉河》正是在这样的条件下创作出来的。

刘长安和郑南同渔民一起出海打鱼，在海丰还见到了保家卫国、意气风发的年轻边防战士们。这样的景象激发了他们的灵感，二人一拍即合，希望能创作一首反映海岛上年轻战士奉献青春的歌曲。

郑南很快就拿出了歌词，刘长安看后很喜欢，用一个晚上的时间就创作出了歌曲旋律的初稿。“我在音乐学院学习时学过《五指山

中央芭蕾舞团芭蕾舞剧《红色娘子军》剧照。武威 摄

歌》,所以在谱曲时就特别将‘五指山哟五条河哟’这个旋律融入《我爱五指山,我爱万泉河》中,让它更有海南特色。”刘长安介绍。

吸收海南民歌旋律的经典红歌

与海南有关的红色歌曲,其广泛传唱也离不开历史上一部部文艺佳作。数十年来,文艺工作者们围绕“红色娘子军”这一题材创作出芭蕾舞剧、电影等多种不同类型的艺术佳作。艺术作品直接推动了红色歌曲的流行。

今天,许多海南主场活动在开场或闭幕后都会响起一段悠扬的旋律,这首歌自问世后红遍中国,成为几代人心中的经典。这就是由杜鸣心等人创作的《万泉河水清又清》。

1964年,作为国庆十五周年的献礼节目,作曲家杜鸣心接到为芭蕾舞剧《红色娘子军》创作歌曲的任务。从接到任务到演出,只有半年左右的时间。时间紧迫,杜鸣心立即着手创作,写完钢琴谱后,演员就根据钢琴谱来排练。为了创作,杜鸣心特地来到海南,深入黎族人民聚居区体验生活。杜鸣心曾在接受采访时说,海南的一些民歌对他启发很大,《万泉河水清又清》正是吸收了五指山当地民歌的旋律。

从问世至今,《万泉河水清又清》的旋律陪伴着海南走过一次又一次的重要场合,见证着海南的一路成长。2019年6月,《万泉河水清又清》入选中华人民共和国成立70周年100首优秀歌曲。

万泉河风光。蒙钟德 摄

舞剧《红色娘子军》为人们留下《万泉河水清又清》这一经典之作，电影《红色娘子军》同样成为时代之作，并推出《娘子军连歌》这一经久不衰的作品。

2020年，《娘子军连歌》曲作家黄准接受记者采访时直言，自己当时接到任务后，想打破传统革命歌曲的风格，创作一首属于海南的军队连歌。

“当时，我们一直以为海南的娘子军有自己的连歌，可到了海南之后，经过核实和确认，才发现并没有这样一首合适的连歌。”黄准说，起初，摄制团队希望为这部电影选择一首家喻户晓的进行曲，比如《三大纪律八项注意》，“但是这个故事发生在海南，娘子军又非常具有海南代表性，所以我就坚持要为这个故事和群体重新创作一首歌曲，一首属于海南岛的军队连歌，属于娘子军的连歌”。

黄准当年被摄制组任命为临时党支部书记。摄制组在海南拍摄时，她跟着“下生活”。那一趟来海南，她一待就是半年。尚未返回上海，还在海南时，被岛上人文风光深深打动的黄准就已经完成了作曲工作。

本土红歌深受群众喜爱

艺术家们迸发的创作热情与其创作的首首佳作，让海南在过去数十年间与红歌建立起情感联系。值得一提的是，海南红歌创作的浓郁氛围与亮眼成绩，也离不开本地音乐家们的努力。

“海南解放前，有一首《五指山上英雄多》在海南人民群众中传唱颇广，由于时间久远，目前未能追溯到这首歌曲的创作者是谁。海南解放后，20世纪50年代末、60年代初，本地知名音乐人谢文经通过改编流传已久的黎族歌曲旋律，创作了一首讲述白沙起义的黎族红歌《红云缭绕五指山》，深受海南人民的喜爱。”海南音乐人黄远舫介绍。

20世纪六七十年代，海南本土作曲家陈光洲创作的本土歌曲《解放军来到咱黎村》，也是海南岛上家喻户晓的一首歌。此外，20世纪70年代，原海南行政区歌舞团小提琴演奏家何东与人合作作曲并由他演奏的《黎家代表上北京》，其旋律也为海南人民耳熟能详。不仅如此，海南许多地域性音乐作品中也有许多风格鲜明的红歌，例如由海南本土音乐人陈文馥搜集改编、作词作曲的儋州调声《有了救星共产党》，以及同样由他搜集改编作曲、吴介民作词的调声作品《祖国江山花百样》，都深受当地群众的喜爱。

一代又一代，一首接一首。今天，当充满海南元素的红歌旋律响起，那激情燃烧的岁月画卷徐徐铺开，那群情激昂的年代风华历历在目，那铿锵有力的时代号角也正被弄潮儿们嘹亮吹响。

（尤梦瑜）

《请到天涯海角来》：一首歌词 两般演绎

多次登上央视舞台，40余年长唱不衰，很多人对海南的初步认识始于这首经典歌曲——《请到天涯海角来》。“请到天涯海角来，这里四季春常在……”富有海南特色的歌词和欢快的节奏，将来自海南热烈的邀请传向广大听众的同时，也深深吸引了我们探寻的目光。这首歌背后有着什么样的故事呢？

郑南的海岛情缘

20世纪80年代，著名词作家郑南计划用音乐向世界发出中国的盛情邀请。他的目光落在了一个他一直关注的地方——海南上，他要再为海南写一首歌！

热爱文艺的郑南勤于创作，被采用的歌词及诗歌作品多达3000余首，其中200余首获国家及省市级奖励。早在

天涯海角景区。游必生 摄

20世纪70年代初，他就已经将创作才情投映在海南这片土地上了。

1971年，郑南被调到广州歌舞团工作，长期在北方生活的他，对海南充满了向往。彼时，海南离他更近了，椰风海韵就在琼州海峡的对岸摇曳着，激荡着他的创作灵感。通过查阅丰富的相关资料，不断酝酿与打磨，郑南写给海南的第一首歌《我爱五指山，我爱万泉河》诞生了。但那时的郑南还没来过海南。《我爱五指山，我爱万泉河》创作3年后（即1974年），他的脚步才真正第一次踏上海南，秀美的自然风光让郑南印象深刻。

“海南是全国鲜花和水果又多又好的地方，但当时因为交通阻隔，来的人很少，对北方人而言更是一个陌生的地方。”郑南生前接受采访谈及海南时如是回忆。1982年，郑南又来了。这次他是专门到海南采风创作《请到天涯海角来》的。海南独特的文化韵味与多彩的民族风情再次深深触动了他。这首歌的歌词跃然而出。

郑南作词的歌曲《请到天涯海角来》，经徐东蔚作曲、沈小岑演唱，于1982年正式发行。这首有独特编曲风格、轻快迪斯科旋律以及歌词中蕴含着海南元素的歌，给当时的中国乐坛吹进了一缕新风。1984年，歌曲由沈小岑在中央电视台春节联欢晚会演唱后，立即风靡全国。2019年，歌曲在“歌声唱响中国”最美城市音乐名片推选活动中，获评“最美城市音乐名片十佳歌曲”。

《请到天涯海角来》的诞生过程

巧的是，海南日报口述历史研究中心主任蔡葩的父亲蔡明康，

郑南先生。受访者 供图

1982年曾陪郑南一行去海南岛西部采风，亲历了一段《请到天涯海角来》的诞生过程。蔡明康曾将这段经历撰文发表于《海南日报》，取名为《火车上“哼”出来的歌曲——〈请到天涯海角来〉》。

时任崖县（今三亚）文化局局长的蔡明康，热衷于海南文化的挖掘与整理，常年奔走在田野调查一线，著作颇丰。1988年，他曾获得海南省作协颁发的“海南岛文学开拓者”荣誉称号。凭着对海南西南部地区的熟稔，蔡明康带着郑南一行乘坐吉普车从三亚出发，沿着西线公路，深入群众采撷音乐素材。

“我们一起到黄流采风，黄流一带是崖州民歌的发源地之一。

民歌一唱，郑南先生很动情。他说，崖州民歌主旋律很好，音区也很大、很广阔，音线也不错，很动人。听完以后，他很满意。回来的时候，他提议坐火车。”这段经历对蔡明康来说仍历历在目，“记得当年郑南先生与作曲家对排而坐，聚精会神地讨论这首歌的旋律、音量、音阶和音程等问题。郑南将记载着‘请到天涯海角来，这里四季春常在，三月来了花正红，五月来了花正开……’的歌词本放在座位边的桌板上，他们一边哼，一边选。可以说《请到天涯海角来》这首名噪一时的金曲精品，基本上是在从黄流到三亚的火车上哼出来的。”

更有趣的是，火车开到距离天涯海角不远处时，发出一阵“呜——呜——呜——”的鸣声，一下子激发了郑南的灵感。他高兴得跳了起来，说：“有了！旋律有了！”后来这经典的鸣声，被放在这首歌的开头处作为过门主旋律“呜——呜——呜——”。

别样演绎的另一个版本

在我们不断的寻访中，《请到天涯海角来》的另一个版本也渐显线索，令我们无比欣喜。那是20世纪80年代初，海南籍著名作曲家谢文经曾根据郑南《请到天涯海角来》的歌词进行作曲的版本。这个版本的《请到天涯海角来》交融着浓郁的海南风和港台风，曾在20世纪80年代广为海南听众所知。“为刚敞开大门不久的海南带来一股轻松欢快的曲风，引一时之风骚。”蔡葩在手记中如此写道。

可惜，当时传播条件有限，这首歌并没有广泛流行开来。

“当年，郑南先生曾将《请到天涯海角来》的歌词发表在专业的音乐文学刊物《词刊》上。谢文经先生看到后，感觉歌词非常不错，便进行谱曲，并参加了当年广东省一个征歌比赛，获得了优秀奖。”海南作曲家苏才霞回忆道。

由谢文经作曲的《请到天涯海角来》，完整地采用了郑南创作的歌词，且有直抒胸臆的副歌“海南岛对人亲，欢迎四方客人来”。作曲家徐东蔚在1982年为郑南《请到天涯海角来》作曲的版本，采用了当时流行的音乐风格进行创作，对歌词做了删减。

1988年，苏才霞调到海南人民广播电台主持编辑《每周一歌》《宝岛新歌》节目时，谢文经曾将这首由他作曲、原广东省民族歌舞团歌唱家谷亚玲演唱的歌曲《请到天涯海角来》，交由她在两个节目中播出，受到众多听众喜爱，很多人纷纷来信要求重播。

琼台师范学院音乐学院原院长刘丽梅教授介绍，谢文经版的《请到天涯海角来》一改他以往的婉转抒情风格，把黎族音乐文化元素和当时流行的港台摇滚音乐元素很好地结合在一起，尤其还把黎族音乐《打柴舞》的节奏渗透到这个作品里。

（王才丰）

踏舞

2024年海南黎族苗族传统节日『三月三』主会场节庆活动在保亭黎族苗族自治县开幕。王程龙 摄

黎族传统舞蹈：浓浓的海岛山地风情

说起少数民族的舞蹈，大家可能会想起傣族的孔雀舞，藏族的锅庄舞，蒙古族的熊舞、鹿舞，哈萨克族的孤雁舞。每一个民族，都有属于自己民族的舞蹈；每一种民族舞蹈，都承载着一个民族的文化历史印记。

在美丽的海南岛，提起黎族传统舞蹈，流传最广泛的就是竹竿舞，传统意义上称之为打柴舞，它起源于古崖州地区黎族的丧葬习俗。打柴舞是黎族最古老、最受欢迎的舞种之一。除了打柴舞，一些源于生活和生产劳动的舞蹈，同样具有浓郁的生活气息、浓厚的历史印记，如在白沙黎族自治县流传的老古舞，在琼中黎族苗族自治县流传的咚铃伽，在五指山市流行的舂米舞，在昌江黎族自治县流行的转石舞，它们代表了一个地区的文化、风情、生活习惯、地理气候以及历史背景，因此有着不同的味道。

老古舞:祭祖·欢庆·保平安

老古舞,黎语发音"闯坎",古籍称"告祖先",源于黎族原始社会的祖先崇拜。因为它古老,因而得名老古舞。海南解放前,老古舞在白沙的细水乡、元门乡、白沙镇、牙叉镇和相邻的琼中黎族乡村都能见到,现在仅在细水乡有遗存。2011年,老古舞被列入国家级非物质文化遗产名录。

老古舞的场面甚为奇特和壮观,我国非物质文化遗产保护专家宋兆麟老先生看到舞蹈时,也表示十分震惊。

细水乡,离白沙县城并不远,从县城开车过去不到半个小时。在细水乡的一些村寨都遗存着老古舞。坐在车里,窗外掠过山川田野,车子最后停在一个水库大坝上。在水库旁的一块空地上,村民已经在这里聚集。

水库边1000多平方米的荒草地,便是跳老古舞的场地,上面插着上千条竹子,乍看杂乱无章,仔细观察却能发现每根竹子间都以草绳相连,一根根细竹间留出一条条小径。

竹子都是一人多高,似"八卦阵",每根竹子上还插着香。在竹阵旁边,场地三处分别倒放着数个舂臼。舂臼上放着装米的瓷碗、鸡蛋并插香,放置祭祀用的灵牌。

阵势大,只是老古舞的一个特点。角色众多,才是老古舞有别于其他黎族舞蹈的重要特征。

舞未起，锣鼓、唢呐纷纷奏响起来，在偌大的场地上，声音清亮悠长，如从天降。乐队中的乐器种类繁多，有喇咧、毕达、唢呐、黎鼓、大锣、小镲等。这些黎族传统乐器均由村民演奏。

乐声响起，老古舞舞者穿着各式各样的服装出场，角色各异。在舞蹈中，主要角色有12人以上，分工不同，在黎语中有着特定的称谓。头戴方角彩帽，身穿红色长袍，用红布条束腰，左手端1只杯、右手拿1支筷子的舞者，在舞中代表男性。他是整支舞蹈队伍的领舞，黎语称为“苟它”，他位于队伍最前面。“西它”是舞队的压阵人，位于舞队的尾端。

“帕曼委嘎”，指男性舞者。舞蹈中，一人扮鹿，两人扮猎人(其中一人拿猎枪，一人拿长柄大刀)，另外两人举鲤鱼灯，两人举灯笼，其他人手持祖宗灵牌，都穿着黎族传统男性服饰。除了这些角色外，还有男扮女装的“拜扣委嘎”、一男一女戴面具装扮的“倒叮啰”等角色。

伴随着噼里啪啦的鞭炮声，舞蹈在空旷的场地拉开大幕，众多角色纷纷投入其中，场面井然有序。

舞蹈的大体情节分为四段，第一段为“起师”，意为告祖先仪式开始。第二段为“开阙”，意为活着的亲人迎接祖先神灵归来。第三段为“挽嚷”，此为舞蹈的精华部分，舞者围着排成两行的12个舂臼追逐玩耍，并表演点种山栏(一种旱糯米稻)、狩猎(猎人和装鹿者表演)、捕鱼(丑角“批鲁”捕鱼，边放竹篓边漏掉，引人发笑)等。其他参加的村民随着锣鼓跳抛手舞、踢脚舞，不时唱山歌助兴。第四段

老古舞。受访者 供图

为“走洪围”,意为送祖先神灵归去。场上燃香,四周烧柴,灯火通明,带着众人绕着门字形竹排蜿蜒穿行,在热烈的气氛中结束舞蹈。

海南省非物质文化遗产保护专家王海昌观看老古舞后评价:在古老的黎族舞蹈中分出众多角色,并将整个舞蹈分成段落,各有不同主题,可见舞蹈在黎族人民中有着深刻的表现形式。老古舞表现黎族人民自原始社会以来形成的祖先崇拜祭祀仪式和传统生产、生活习俗,有千百年的民间传承历史。同时,展示有本民族特色的音乐和舞蹈,也是民间自娱自乐的方式。

琼中上安乡什况村黎族村民练习黎族传统舞蹈咚铃伽舞。李幸璜 摄

热烈悲壮的生活舞：咚铃伽舞

咚铃伽舞是流传在五指山脚下最古老的黎族民间传统舞蹈之一。

咚铃伽是黎语译音，指簸箕、钱铃棍和尖刀三种生活用具，是表演咚铃伽舞所使用的三件道具。该舞蹈是双人对打，传统的表演方式为将一个一米见方的簸箕放置在一个直径0.6米左右的木臼上，表演者一人手舞钱铃棍，一人手挥双刀，在木臼簸箕里按一定招数和套路踩着节奏对打。谁将对方逼出簸箕外，谁便是赢家。这种舞蹈原是黎族民间传统的比武竞技活动，后被人们加入簸箕等物品用于比武定亲而得名。

该舞产生于黎族“合亩制”的远古年代，清末民初时较为盛行，流传于海南岛琼中吊罗、上安、长征一带，后来逐渐失传。2007年，琼中黎族苗族自治县文化馆工作人员在摸底调查中，得知此舞曾在长征镇什仍村一带流传，但走访什仍村及周边几个村70岁以上的老人，他们都说不知道。经过深入调查走访，终于在该县上安乡的什况村找到王中信、王兴珍两位70多岁的老人。他们说自己15岁时学过咚铃伽舞，并向调查人员做了表演，使濒临灭绝的咚铃伽舞重现人间。

传说，古时候有一位黎族姑娘同时喜欢上了两个青年。在左右为难、犹豫不决的情况下，她选择了在簸箕上用钱铃棍和尖刀比武的方法，赢者就是自己的意中人。从此，咚铃伽舞便在民间流传。

过去，这一带的姑娘出嫁，有钱的人家都要请舞者去跳舞送亲。从姑娘离开家门就开始跳，一直跳到男方的家里。咚铃伽舞蹈，是送亲队伍中最欢快的场面，钱铃棍、双刀、英雄的舞者，加上八音的伴奏，成为大户人家送亲最为气派的场面。

这段古老的舞蹈，经过文艺工作者的挖掘整理，终于被搬上了舞台。

记者曾在琼中歌舞团看到过两位年轻演员的表演——两名男青年身穿传统服装，头缠红巾，一人双手持尖刀，一人手握钱铃棍，两人相互对打。持刀者对着持棍者身体的各个部位做出猛刺的动作，而持棍者则前后左右招架。双方周旋灵巧，动作刚劲矫健。刀和棍撞击发出的声音，铿锵有力，扣人心弦，场面热烈悲壮，表现了一种临危不惧、血战到底的英雄气概。

咚铃伽舞是黎族优秀的传统民间舞蹈，源于生活，又经人们的创造而升华，异花独树于海南众多传统民间舞蹈之中，以其古、奇、险、绝的表演堪称“一绝”。它的挖掘重现，不仅充实了黎族优秀的民间艺术宝库、丰富了黎族优秀传统民间舞蹈的内容，而且又一次向世人讲述了黎族文化发展的历程。

充满浓郁生活气息的生产舞:春米舞和转石舞

黎族众多传统舞蹈,大致可以分为祖先舞、生活舞和生产舞三种。老古舞属于祖先舞,咚铃伽舞属于生活舞,至今在黎族地区流行的舂米舞、转石舞则属于生产舞。舂米舞和转石舞这两种舞蹈有显著的民族特点和浓厚的生活气息,在结婚、盖新房、欢庆佳节或农闲娱乐时,人们都要成群结队地跳起这类民间舞。

舂米舞是黎族妇女在喜庆场合跳的舞蹈,是从舂米劳动中演变过来的。黎族人办喜事的时候,妇女们聚在一起,在大木臼中放入稻谷,四人或六人各持木杵轮番把稻谷舂成米。她们在挥动木杵时加入一些优美的动作,在木杵与臼撞击的有节奏的声音中,自娱性强且优美的舂米动作演变成了具有较高艺术观赏性的舞蹈。

舂米舞。海南槟榔谷黎苗文化旅游区供图

以四人舂米舞为例:一对舞者

以右腿弓步站立的姿势相对舂米，另一对舞者也相对而立，只是膝盖时曲时直地舂米。舂米时，一对往木臼里舂米，另一对便以木杵撞击臼沿或臼边。有的在臼内舂一两下，又在臼边撞击数下，在同一节奏中，响起舂米声和撞击木臼声这两种和谐有趣的声音。有时，她们在高处跳起舂米舞，由近到远，那种"咕——叱！咕叱！咕叱！咕咕叱！咕咕叱！咕咕叱"的声音，会顺风传三五里之遥，让在路上的人也会感觉不那么孤单了，仿佛身在田野绿秧中听到阵阵布谷春声。

其实，在日常生活中，舂米者也就是舞者。当其中一对往木臼里舂米时，另一对便举起木杵撞击臼边；有的则用木杵往木臼内舂一两下，提起木杵时，在臼边撞击一下或数下。总之，要同时响起两种不同的声音却在同一节奏的音律，使舂米声和撞击木臼声，形成和谐有趣的“啯—啪！啯啪啯啯啪啪！啯啯啪”声。在这种节奏感极强的音乐伴奏下，人们舂米也不觉得疲倦。这种精神抖擞的面貌、刚劲有力的舂米动作，让观者不知不觉也跟着眉目舒展、神采飞扬。

时至今日，在海南黎族地区还保留着许多传统体育项目。黎族民间传统体育项目源于劳动生产和生活，最早是一种文化体育活动，慢慢演变成黎族传统舞蹈，经历了一个从简单到复杂、从锻炼游戏到竞技比赛再到舞蹈的过程。在昌江黎族自治县流传的转石舞就是由转石比赛演变而成的。

在昌江一些黎族地区还保留着一种转石比赛。每年农闲时节或喜庆场合，妇女们邀来自己的姐妹们与村中或外村的另一组姐妹开展转石竞赛。

开始时，两队各从河边抬来一块圆滑的石头，然后每10人(多亦可)为一组，5人用脚踩石、5人用手拉住踩石者的手转动，转的时间长者为胜方。为了营造热闹氛围给自己的队伍助威，两队的啦啦队各在自己的转石队旁拿起鼓、竹筒、木棍、木凳等器具有节奏地敲打，或唱起节奏欢快的民歌助兴，这样慢慢就演变成了转石舞。

（于伟慧）

竹竿舞欢 余音犹杳杳

“蛮唱与黎歌，余音犹杳杳”，当一代文豪苏东坡结束其流放生涯，将要离开琼州之时，黎族父老乡亲唱歌跳舞为他庆贺，这一景象让东坡有感而发写下了如此诗句。

正值“三月三”，海南黎族地区的人民又跳起了欢快的竹竿舞。今天，人们常常可以在一些少数民族地区旅游时，或是在艺术演出舞台上看到竹竿舞。一定程度而言，竹竿舞已经与民族歌舞画上了等号。又因其强烈的参与性、互动性，旅游景区往往借此招揽游客，进而让人们混淆了它最原始的出处与本真的面貌。

竹竿舞起源于海南黎族

“从人们的口口相传、史料记载到实物考证，我们可以确认竹竿舞是起源于海南黎族的。”2018 年，海南大学专门从事黎族传统体育研究的宋静敏教授介绍。清代《崖州志》记载：“丧葬……贫曰吃茶，富曰作八，诸戚必以牛羊、纸灯鼓吹来奠……作八，必分花木，跳击杵。”其中“跳击杵”指的就是跳竹竿舞，该项目也曾被叫作“跳竹竿”。

竹竿舞不仅反映了黎族群众的生产生活、民族传统文化，更重要的是它也受到了广大黎族百姓的喜爱。海南省政府、文化部于2005年、2006年先后将其列入非物质文化遗产保护名录之中，对其进行抢救性保护。然而，值得注意的是，以“竹竿舞”为公众所熟知的这一舞种在入选非遗时并非称作“竹竿舞”。在非遗保护名录中，

竹竿舞，又称打柴舞，是黎族最古老、最受欢迎的舞种之一。武威 摄

它的官方名称叫作“打柴舞”。形象说来，由于近年来该舞多使用竹竿，所以竹竿舞更像它的“艺名”。

那么，为什么这种舞蹈又被称为“打柴舞”呢？海南民间文艺专家符策超介绍，中华人民共和国成立前，人们还叫它打柴舞，是因为过去在黎族地区，人过世后，大家会用木柴将尸体背上山，随后用木柴击打出节奏，跳起舞来。打柴舞，最初是用于黎族先人祭祀的舞蹈，用来保护尸体，驱赶野兽，压惊祭祖，起源于古崖州（今海南三亚、乐东、陵水一带），是黎族最古老的舞种之一。

“中华人民共和国成立以后，大家才逐渐用竹竿替代了木柴，所以今天我们看到的打柴舞都是以竹竿为主。”符策超说。

改良后登上大舞台

“其实，竹竿舞并不仅仅是舞蹈，还应该算作一种体育运动。”宋静敏说。让竹竿舞真正从传统体育运动摇身一变为经典舞蹈的幕后推手，同时将竹竿舞推向大舞台的，要归功于广东省歌舞团。

1957年，广东省歌舞团到海南采风，在三亚偶然间看到了竹竿舞这一舞蹈形式，当时团里的艺术家们都感到很新奇。大家回到广州后就以竹竿为道具，配上音乐，再穿上黎族服饰，将其进行了艺术化包装。“应该说是在1958年，这种舞蹈被正式定名为竹竿舞。”宋静敏说。

据介绍，当时北京恰好举办全国性少数民族大会，广东省歌舞团就将竹竿舞带上了舞台。谁料这一跳就为竹竿舞跳出了广阔天地，那次的演出引起热烈反响。在随后的外访演出中，歌舞团还将竹竿舞带到印度、越南等国家，受到当地人民的欢迎。

“通过调查和历史考证发现，黎族曾经有52种很有特色的民族传统体育项目。目前，仅有跳竹竿等4个项目在黎族地区流传，其余48个项目已经失传或几乎失传了。有一部分是在民国以前失传的，有一部分是在20世纪80年代后才失传的。”宋静敏说。竹竿舞之所以能够传承下来并发扬光大，与广东省歌舞团的改造有着紧密的关系。

文艺精品令其辉煌延续

《东坡海南》《黎族家园》《黄道婆》……近年来，随着海南省文艺精品频频登上国家级舞台，黎族歌舞也受到更多人的关注。在这些艺术作品中，竹竿舞成为体现民族特色与艺术主题的重要载体和元素。

据悉，竹竿舞的跳法一直以来都形式多样。最早是两根竹竿，另有四根木棍架在上面，后来逐步发展出了“标准”架构，即两根粗竹竿、八根细竹竿；八人打竹竿、八人跳竹竿。“现在我们看到的是男女一起跳，但在以前，竹竿舞有自己约定俗成的传统，即女孩子专司打竿，男孩子负责跳竿。”宋静敏说。

在舞蹈诗《黎族家园》中，主创人员还创造性地用竹竿拼出中国结等元素。除了在大舞台上作为艺术形式亮相，竹竿舞在日常生活中也得到了普及与推广。

“改革开放以后，特别是最近10年来，海南文化事业发展迅速，对民族文化艺术挖掘力度加大。竹竿舞因其参与性、群体性强，加之器材相对简单，所以受到了大家的欢迎。”宋静敏说。

近年来，海南大学、海南师范大学等高校都设立了竹竿舞相关普及课程；广西、云南、贵州等省份也在推动竹竿舞走进校园。

（尤梦瑜）

竹竿舞已经与海南的旅游业融为一体。图为黎族民间艺人在昌化江畔木棉观景台为游人表演竹竿舞。苏晓杰 摄

陈翘：根植黎山沃土 滋养舞姿常青

中国舞蹈界有这样一对“神仙眷侣”，他们曾扎根海南几十年，创作表演了许多经典舞蹈作品，并把海南民族舞蹈推上了国际殿堂，为我国的舞蹈事业作出了不可磨灭的贡献。他们就是著名舞蹈艺术家陈翘和刘选亮伉俪。

2014年，陈翘获得我国舞蹈界最高荣誉——第九届中国舞蹈“荷花奖”终身成就奖。

踏浪而来 开启舞蹈人生

陈翘又名陈霭翘，祖籍广东潮州。1952年，年仅14岁的陈翘被分配到当时的广东正顺潮剧团，主要任务是学戏——学唱、学听、学身段。在一次新戏《幸福山》的表演中，陈翘扮演一只狐狸。她用另辟蹊径的方法将一只古灵精怪、内心世界丰富的狐狸展现得情趣盎然、栩栩如生。

陈翘和丈夫刘选亮在舞蹈《三月三》中同台演出。

陈翘大胆创新的演绎，让台下的新老潮剧观众耳目一新。然而，她在表演中的唱念却不尽如人意，走调、撞板成为她当时在整场会演中的一大遗憾。

后来，陈翘在潮剧的排练和表演中总结发现，凡是动作、身段，她一学就会、一看就懂，但唱戏却显出天生的劣势。这位个性要强的少女基于对自身条件清晰的认知，定下了自己的艺术方向——舞蹈。

不久后，一段简短的对话让陈翘如愿以偿。时任广东省文化局副局长林山到潮剧团检查工作，陈翘开门见山："林山同志，我想跳舞，我不想再待在剧团了。""现在海南要成立歌舞团，需要人，你去吗？"林山抛出橄榄枝。"去！"尽管当时15岁的陈翘根本不知道海南在哪里，但还是毫不犹豫地答应了。

1953年7月，海南歌舞团在海口成立。一年后，歌舞团搬到海南黎族苗族自治州首府通什（今五指山市），并改名为海南民族歌舞团。1960年，歌舞团又更名为广东民族歌舞团。

陈翘跨过琼州海峡，来到云雾缭绕的五指山地区，开启了她一生“舞蹈的行走”。

扎根黎乡 在滋养中创作

椰林摇曳，泉水叮咚，翡翠般的五指山张开巨臂迎接这位来自海那边的汉族姑娘。此后，这位潮汕姑娘深深根植于黎寨的阿爸、阿妈和兄弟姐妹们生活的土壤，以真情为养料，以黎族文化为骨血，给黎族同胞们以美的回馈。

来到五指山的陈翘和伙伴们克服了生活的艰苦和习俗的差异，无数次顶着烈日，跋山涉水把歌舞送到一个个村寨。一次下乡演出结束后，一位黎家姑娘向陈翘抛出了一个问题：“你们跳了那么多民族舞蹈，好看极了。能不能也跳一点我们黎族的舞蹈呢？”黎家小妹的一句话，让陈翘的心泛起涟漪，编创黎族舞蹈的念头开始在这位原本只需把剧目表演好的舞者心里萌芽。

1956年2月，歌舞团接到参加全国少数民族专业团体调演的通知，团里的创作小组要下乡体验生活，搞创作。当时只有初一学历、从没学过任何编舞知识的陈翘感到这是一个可以走进黎家生活的大好机会，于是主动提出下乡，跟随创作小组来到当时的东方县西方乡西方村。

在黎村的日子里，陈翘像一块海绵，吸收那片土地给予她的创作养料。篝火旁，她谦虚地向老阿妈学习黎语，还学会了一口流利的海南话；深山里，她骑在牛背上聆听黎族小伙用树叶吹响的放牛调；暮色中，她在黎族阿姐的翻译下，一边听寨子里的老人讲民间故事，一边观察、记录黎族女孩的体态特征；在黎族婚礼上，她陶醉在彻夜不停的歌声中……

陈翘的真诚与尊重，让这些从没离开过村寨的黎族同胞，真正将她视为朋友。收获温暖与愉快的同时，陈翘也饱尝生活的磨砺。在风雨飘摇的船型茅草屋里，她经历过蛇盘床下、蟾蜍入鞋的惊吓；为了学习打柴舞，她被碗口粗的木棒夹伤过脚踝，一周无法行走；为了去原始民俗保留得最完整的偏远黎寨，她冒雨攀登有手掌那么大的红蜈蚣出没的雷公山，被山蚂蟥咬得鲜血直流；有一次采风，她遭遇突发的山洪，幸亏有黎族青年用空油桶横渡急流相救才脱险……

这一切不寻常的遭遇，不但没有令当时不满20岁的陈翘退缩，反而磨炼了她的性格，让她更加坚强。这些经历更像一条无形的纽带，将她与黎族人民紧紧连结在一起，帮她不断寻觅民族舞蹈艺术的源泉。

让黎族舞蹈登上世界舞台

“她那双依然明亮的眼睛，仿佛时刻能洞穿人世间的悲欢；她的

黎族舞蹈《三月三》。

快言快语，燃烧着旺盛的生命力，直抵人心。”2022年6月，时隔多年后再次采访陈翘的海南日报记者蔡葩，这样表达耄耋之年的陈翘给她的强烈印象。

正是用这双敏锐又深情的明眸，陈翘发现了蕴藏在黎族人民生活中美的世界，将创造的火花转化成绚丽多彩的舞蹈动作，让黎族风情以舞蹈的形式，飞出椰林、村寨，呈现在世人面前。

1957年，陈翘编创的处女作舞蹈《三月三》问世。这部作品的创作背景是海南黎族、苗族的传统节日“三月三”。在这个节日里，黎族未婚的青年男女们会相聚郊外互诉衷情、尽情欢舞。出于好奇，陈翘跟着黎族姑娘们一起来到山上，躲进树丛中观看，甚至被小伙子误认为是求爱对象。此起彼伏的欢笑声在山林中回响，欢乐的场景触动了陈翘的舞蹈神经，她细心地捕捉黎族青年寻找意中人时顾盼生辉的动作神态。

于是，陈翘与后来成为她丈夫的刘选亮投入舞蹈《三月三》的创作中。在这个作品里，陈翘设计了手提树叶半遮脸、原地碎步摇肩等展示女子恋爱时那种既害羞又兴奋的情感动作；在男青年形象的塑造上，她将巫公跳神的动作加大幅度，设计了昂首挺胸、抬腿阔步摆手、身子左右摇摆的舞姿，一下子就把开朗潇洒的小伙子形象与寻找情人的焦急心态刻画得入木三分。

舞蹈《三月三》一经公演便受到观众们的热烈欢迎，大获成功，被选到中南海怀仁堂进行汇报演出，并被中国艺术团带到莫斯科第六届世界青年与学生和平友谊联欢节的舞台上，让黎族风情、民族音乐、热带植物等一一展现在世界舞台上。

紧接着，陈翘又从黎族姑娘编织的草笠中获得灵感，创作了《草笠舞》。她从黎族司空见惯的生活现象中，窥见这样一组充满诗意的画面：姑娘们用情人从深山采来的野葵叶编织成别致的草笠，再配上自己精心织成的彩带，变成一件珍贵的装饰物；夕阳西下，头戴草笠的姑娘们有说有笑地结伴走在田埂上……陈翘从这些画面中提炼出《草笠舞》的主题——“瞧，我们多么美”，用舞蹈的形式将一顶顶草笠背后黎族姑娘的纯情美好与这个古老民族的审美情趣鲜活地呈现出来。1962年，《草笠舞》获得芬兰赫尔辛基第八届世界青年与学生和平友谊联欢节金质奖章。

谈及创作经验，陈翘曾对蔡葩说：“好作品不是凭空而得，关键在于你要对这个民族有很深的感情，要很尊重他们。你体验过他们的喜怒哀乐，你创作出来的东西才会得到人民和历史的承认，这是我一直坚信的。”

永远是黎族人民的女儿

1980年代，广东民族歌舞团迁至广州，1989年改名为南方歌舞团。陈翘也跟随歌舞团，离开了生活近30年的海南。

在海南期间，除了《三月三》和《草笠舞》，陈翘还创作了《喜送粮》《胶园晨曲》《踩波曲》《摸螺》等舞蹈，在群众中引起强烈的反响。直至今天，陈翘挖掘总结的“三道弯”“蹬脚”“翘手”等舞蹈元素，仍是黎族舞蹈的重要组成部分。

有评论家称陈翘为“黎族舞蹈之母”，但她在接受采访时这样回应：“黎族人民才是黎族舞蹈的母亲，而我做的不过是黎族舞蹈的传承与发展。我时常说我的身体里流着黎族的血液，是海南这片土地以及黎族人民丰富多彩的生活给予我创作的灵感。我更希望大家称我为

青年演员在陈翘（左二）的指导下学习舞蹈技巧。蔡自强1980年摄于海口

‘五指山的女儿’。”

每一个不曾起舞的日子，都是对生命的辜负。退休后的陈翘，从未停下对舞蹈艺术的追寻脚步。她仍然坚持演出、交流、上课，翩翩起舞在人生路上的她，风华常新。

（蔡曼良）

深山苗寨正蹁跹 一抹丹红舞婆娑

400多年前，苗族的一支跋涉千里迁入琼岛。从渔猎、刀耕火种发展至精耕细作，一代代苗族人在不断向现代文明靠拢的同时，还始终对本民族文化进行朴素坚守，比如

琼中苗族舞蹈。林学健 摄

苗绣，比如苗舞。

与声名鹊起的苗绣相比，海南苗舞长期囿于深山苗寨，似乎稍显落寞。或许正是因为不受干扰，其至今仍保留着古朴、粗犷、原始的山野味道。一曲舞毕，让人仿佛置身于苗寨的山野丛林间。

盘皇舞：起舞拜祭盘古开天辟地

追溯海南苗舞之起源，不能不提盘皇舞。讨论盘皇舞，又必须先从海南苗族的来源与信仰说起。

《海南省志·民族志》记载，海南岛的苗族是明代作为兵士被朝廷从广西征调而来的，军队解散后落居海南，成为琼岛世居民族之一。专家考证发现，海南苗族所使用的语言与广西各地瑶族的勉金方言非常接近，而探寻广西瑶族历史，会发现他们自古便尊崇“盘王”，即文献中所称的“盘瓠”。

中国社会科学院民族文学研究所研究员吴晓东经考据认为，海南苗族从广西迁徙至琼岛后，将这种“盘王”文化也带了过来，变异为“盘皇”，并由此衍生出《盘皇造万物》《盘皇歌》和盘皇舞等一系列神话传说与歌舞文化。

从海南苗族《盘皇造万物》的神话传说故事中可以发现，“盘皇”实际上就是中国民间神话中的盘古，因被海南苗族尊为祖先，故称之为“皇”。

既为祖先盘皇而跳，便注定盘皇舞充满远古祭祀的神秘色彩。

肩挂彩带，手执彩带两端，上下摆动如老鹰展翅高飞，边走边舞出八字舞步，重复八次后，朝东、南、西、北、中五个方位做出祈求姿势。稍后，一位身穿龙袍、头戴面具者大摇大摆地走到这些舞者中间，另有一持木剑者尾随其后，对其进行嬉逗，其他舞者则分成两个小队，交叉成八字，围绕戴面具者、持木剑者环跳，并逐步缩小圈子，直至结束……

这是海南苗族盘皇舞省级传承人、五指山市南圣镇什供村村民陈秀兴，2020年底在一场由政府组织的文艺会演晚会上表演的

苗族盘皇舞。常博 摄

苗族盘皇舞。五指山市文化馆 供图

盘皇舞。但他同时又坦言，这其实并不是真正意义上的盘皇舞。

“盘皇舞并不只是一种舞。”在一口气列出功曹、招兵、请圣、招龙、斗龙等18个步骤后，陈秀兴介绍说。其实每一个步骤都是一支舞，每一支舞都要跳上元舞、中元舞和下元舞，随着鼓点的节奏变化，舞蹈的难度不断增加，直到18支舞全部跳下来，才算是真正跳成一整套盘皇舞。

每年农历一月、六月、七月和十二月，海南苗族同胞在祭拜先祖时都要跳盘皇舞，表演者要不停地念经文、唱歌、跳舞，念的是《盘皇经文》，唱的是《古言盘皇歌》，以祈求祖先保佑风调雨顺、安居乐业。一个村庄的庆典或祭祀活动，往往会带动周边几个苗寨的同族人一起来载歌载舞。

“一整套盘皇舞跳完，至少需要7天7夜时间。现在我们在庆典或祭祀活动上，通常只跳其中3—7支舞，但这也需要花上两三天时间。”陈秀兴说。在参加文艺会演晚会等活动时，考虑到时间限制、舞台效果等因素，他们往往会从几支舞蹈中抽出一些动作，组合编排成精简版的盘皇舞。

这也意味着，真正原汁原味的海南苗族盘皇舞，普通人其实难得一见。

招龙舞：以舞招龙祈求普降甘雨

祭祀盘皇的仪式中，有一个环节叫作“招龙”，即召唤龙神祈求平安。因这一祈福活动在民间十分普遍，并不限于祭祀盘皇的场合，招龙舞由此得以脱离出来，成为一种单独流传、广泛传播的苗舞。

2020年岁末，在五指山市水满乡新村，记者见到年近七旬的李日昌。李日昌跳了大半辈子的招龙舞，他还记得，小时候，每年农历一月、六月、七月和十二月等日子，父亲都会组织人跳招龙舞，领队需戴上面具，穿绣有龙图案的袍子，佐以彩带、三元棍、苗鼓、铜锣等道具，在打击乐声中以踏、甩、摇、摆、扭、转等技巧起舞。

既然是脱离自盘皇舞，招龙舞自然也分上元、中元和下元。跳上元时，起舞者身姿昂扬，不时高高跃起；跳中元时，气势收了大半，整个身躯半蹲；到了下元，舞者直接跪倒在地，几乎将整个身子匍匐于地面，投入感情之浓烈，由此可见一斑。

舞者在海口骑楼老街跳招龙舞。袁琛 摄

彼时，苗族同胞刀耕火种，靠天吃饭，希望通过跳招龙舞来保佑风调雨顺。而随着生产生活方式的改变，招龙舞的内涵以及表现形式也随之发生变化。到李日昌这一代时，招龙舞已不再局限于祈福活动。只要是重大节日或活动，他都会迫不及待地搬出道具，欢快地舞起来。

历来祭祀活动只有男性参与，脱胎于祭祀舞蹈的招龙舞自然仅流传于苗族男子中。“跳招龙舞费时又费力，男人们又大多是家中主要劳动力，通常不愿意学。”李日昌说。眼看会跳招龙舞的人越来越少，他干脆打破禁忌，组织起一支女子舞蹈队。

这一创新之举，给李日昌带来了意外之喜——苗族男子的服装色调单一，女子的衣着则点缀有一抹抹斑斓的红，跳起舞来煞是好看。遗憾的是，不少队员刚掌握舞蹈要领，便因结婚生子而相继退出。“真的可惜。”李日昌说。这些年他前前后后教过数百人跳招龙舞，最终坚持下来的却不足20人。

在李日昌看来，经费不足是传承招龙舞的最大阻碍。“跳舞需要时间，很多人怕耽误农活影响收入，再加上专业的服装和道具都需要资金支持。”让他庆幸的是，水满乡新村就在五指山脚下，平日里游客多，村民们在政府的组织下进行表演，能获得一些报酬。

钱不算多，却也让大伙儿有了一定的动力。“现在我的两个儿子和两个儿媳都会跳，算起来，光我们一家就有5个舞蹈演员呢。”李日昌说。如今一到节假日，水满乡新村会跳招龙舞的十多个男女老少，便会特地腾出时间，等着游客一来就跳上一曲酣畅淋漓的传统苗舞。

苗鼓舞：婆娑起舞 谱写民族史诗

传统古朴的海南苗族舞蹈多以祭祀神灵、祈求庇佑的宗教形式出现，因此具有浓厚的宗教色彩。

在三亚、陵水、白沙、保亭一带，流传着这样一个传说：远古时期，苗疆部落出现了一个名叫"假嘎"的吃人妖魔，苗族英雄带领百姓与恶魔浴血奋战。取得胜利后，苗胞们宰牛杀羊，剥下牛皮蒙鼓，用魔骨为槌，击鼓起舞，是为苗鼓舞。

跳苗鼓舞时，苗族同胞会在舞台上设香案，表演者左手持一炷香，右手拿一根中元棍，在案前不停地跳舞迎神。伴舞者由4人组成，分为2个小队。舞者弯腰曲背，不停用手敲击鼓、锣等乐器，时而向前向左向右对神朝拜、旋圈，时而前走后退旋圈，舞时步伐缓慢，以示对神灵的虔诚。

同样把锣鼓作为重要道具，求安舞的跳法又不相同。在昌江、东方一带的苗村，人们会在每年三月自发聚集在一起，由一名头扎红巾和羽毛的头人领队，舞者按老在前、少在后，男在前、女在后的顺序，排成数行朝同一个方向起舞。其间，队形有圆、直、横三种，舞者左手执鼓，右手击鼓，边击边跳，祈求上苍庇护苗族人民平安，求安舞因此得名。

与黎族舞蹈相似，苗族舞蹈里同样有不少模仿动物的动作。在保亭的毛岸、毛感、八村及五指山南圣镇等地，苗族同胞喜欢跳一种叫作鹰舞的舞蹈。舞者跳舞时身着绿色长袍，双脚在原地旋圈，并不停地招手，模仿老鹰拾起树枝筑巢的动作，寓意编织银篮盛金钱。

此外，海南苗族还流行大刀舞、倒摆舞、八音花等传统舞种。其中，大刀舞多见于白沙、保亭等地，舞者挥舞木制大刀跳跃，以鼓、锣击点伴奏；倒摆舞中，舞者持弓弩、木棍起舞，寓意将一切鬼神都送出寨外；八音花则是海南苗族少有的以女性为主的传统舞蹈，见于琼中吊罗山乡、中平镇等地。

尽管舞种繁杂多样，但从某种意义上来说，今天我们看到的海南其他苗舞，大都是由盘皇舞衍生而来的。经过梳理后发现，它们之间呈现出不少共同点与相似之处。譬如，不少苗舞都有文、武派别之说，都会运用长鼓、铜锣等打击类伴奏乐器，且包含众多角色，动作具有层层递进的关系。

舞随鼓点走，人随舞姿展。以“盘皇”为母题，海南苗族在数百年的繁衍生息中，始终将舞蹈作为情感交流与思想碰撞的工具，也用舞步踏出一曲曲民族特色浓郁的苗家史诗。

（李梦瑶）

蛊盘舞：一蛊一盘 舞之乐之

天刚放亮，72岁的李圣玉就起床了。简单吃过早餐后，她拿起圆形镜子，开始认真地描眉画眼、上妆绾发。她是定安蛊盘舞代表性传承人，在当地颇有名气，每年受邀表演多达数十场。

2024年6月6日，定安县龙河镇端午文化节暨消费大集市活动在水竹村举行，李圣玉受邀为村民表演，所以一

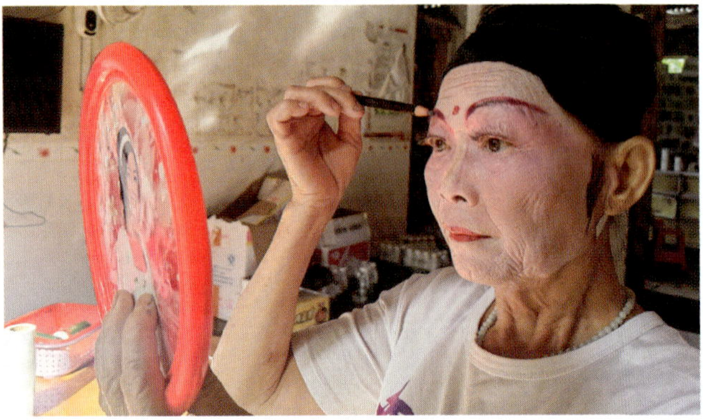

李圣玉在蛊盘舞演出前化妆。李佳飞 摄

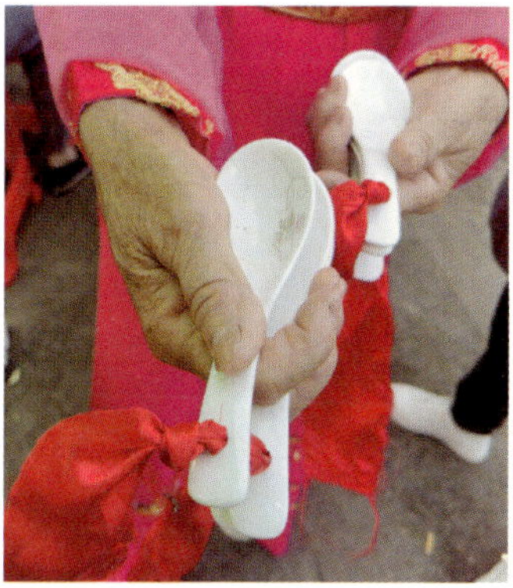

酒盅、汤匙都是盅盘舞表演的道具。李佳飞 摄

早她就开始做准备了。

盅盘舞，作为海南省级非物质文化遗产代表性项目之一，流行于海南各地，特别是文昌、定安、澄迈、临高等地，是真正走进千家万户的汉族民间传统舞蹈形式，至今已传承600余年，深受百姓喜爱。

热闹喜庆流传广

化好妆容，戴上头饰，李圣玉来到活动现场，换上鲜艳的戏服。此时，其他表演者也纷纷到场，整理衣装，拿出乐器，用于表演的汤匙、酒盅等道具也被缠上红绸，引来一拨围观的群众。

“盅盘舞，因舞蹈者手持盅、盘、汤勺等日常用具作为舞蹈道具而得名。”定安县非物质文化遗产保护中心负责人黄岗告诉记者。

定安盅盘舞角色有生、旦、丑，是当地民间在“闹军坡”、婚嫁、祝寿、乔迁新居等喜庆日子表演的传统舞蹈，富有喜庆色彩，因此也叫“贺喜舞”。

随着奏乐声响起，只见舞者手持叠放的瓷盅、汤勺，一边上下相互击打，一边翩翩起舞。清脆响亮的敲击声，伴着灵动欢快的舞步，现场顿时变得欢乐起来，围观的人群报以一阵阵热烈的掌声和喝彩声。

表演旦角的莫贵霞身段柔软，左右送胯的踏步或小碎步略带女子的娇羞，舞步轻盈；李圣玉这次扮演的是生角，前俯、后仰的动作幅度稍大，着力表现男子的粗犷和豪迈；丑角扮演者陈桂兰表情丰富，边舞边戏逗其他舞者，动作稚拙风趣，引得众人前仰后合，哄堂

热闹喜庆的盅盘舞。李佳飞 摄

大笑。

和李圣玉一样，现场的盅盘舞表演者都是普通村民，她们不曾接受过专业表演训练，但是从小耳濡目染，对音乐、戏曲有着天然的热情和喜爱。她们在农忙闲暇之余聚在一起唱戏、排练，通过一次次演出磨炼提升表现力，展现出独特的乡土气息和艺术魅力。

李圣玉师承父亲李大香，7岁时便跟着父亲外出表演。“以前，我们基本上是婚嫁时去办喜事的人家表演。现在，婚礼、祝寿、同乡聚会以及政府单位组织文艺活动时，都会邀请我们去演出，一年下来至少有几十场。”她说。

八音助舞韵味浓

盅盘舞表演常常由八音伴奏，在临高等地，盅盘舞亦被称为“八音舞”。

据介绍，海南八音源于潮州音乐，起于唐代，兴盛于明清，并伴随华侨传遍整个东南亚。明代琼山有一位熟操八音而闻名京城的音乐家汪浩然。

如今，常见的海南八音包括唢呐、椰胡、二胡、三弦、月琴、喉管、竹笛、竹箫八种乐器。轻盈欢快的盅盘舞，配以八音演奏，热闹喜庆，韵味十足，寄托着人们对美好生活的祝愿和期待。

年近70岁的黄成照，是定安琼剧同乐会会长，也是当地八音乐团中的唢呐演奏者。他吹了几十年唢呐，在大小场合参加的盅盘舞演出不计其数。“去年一年，我们就组织了近四十场演出，平均每个月都有好几场，很受欢迎。”黄成照自豪地说。海南人在喜庆的节日里喜奏八音，曲目主要有《闹军坡》《庆丰年》《万花灯》《酬宴会》《恭喜发财》等。根据不同的乐曲，盅盘舞者会自行调整舞步，两者配合默契。

偶尔，在一些家族聚会小场合，盅盘舞爱好者会以击打瓷盅为伴奏，即兴表演一段舞蹈。虽也欢欣鼓舞，但终究少了八音伴奏，总显得气势不足，少了一些韵味。

采访中，多位民间艺人表示，盅盘舞是海岛文化和中原文化交汇融合的产物，它的诞生、演变、发展，凝结着数代表演者的心血和智慧，希望它能得到更多关注和保护，能更好地传承下去。

李圣玉的孙子今年上初中了，寒暑假学业不忙的时候，也会跟随她一起外出表演。“年轻人也喜欢盅盘舞”，这让她感到非常自豪和欣慰。

民间传承数百年

追溯盅盘舞的起源，民间说法不一。据传，文昌盅盘舞起初源于文昌潭牛等地区，当地的人们为了纪念冼夫人，在比较宽阔的坡地上“闹军坡”。民谣云：“二月初九军坡期，军鼓咚咚响连天。奏起八音打盅盘，舞狮做戏万人迷。”后来盅盘舞逐渐演变成民间艺术，向周边地区推广。在文昌，每逢元宵佳节，盅盘舞者会随“送灯”队伍游村，到各家各户贺年取乐，活跃在农村各个角落。

不过，文昌盅盘舞代表性传承人伍敏对此有不同的看法。她认为，文昌盅盘舞是海岛文化、中原文化、侨乡文化相融合的一个产物。随着人口迁移、文化交融，文昌地区歌舞娱乐、文化教育发展较快，群众茶余饭后聚会消遣时就地取材，使用盅、盘、汤勺等道具伴以舞蹈，慢慢便形成了盅盘舞这一表演形式。

伍敏表示，不同于其他地区较为即兴的表演，文昌盅盘舞经过数代传承，在化妆、服饰、舞蹈动作等方面逐渐形成了一定标准。比如，戏服通常以汉服、唐装为主，融合了现代戏曲部分元素；手握盅盘等道具亦有讲究，“表演者需两手各拿两个重叠排放的酒盅，用拇指顶住下盅的底部，用无名指、食指夹住上盅的外边缘，用中指抠住上盅的内边缘，以食指、中指、无名指提落一次上盅，拇指顺着盅下落的姿势进行绕腕，使两盅相互碰撞以发出声响”。

定安境内关于盅盘舞的起源则流传着一个故事。据称，定安盅盘舞源自明初福建“俞家军”抗倭名将俞大猷。在一次祝捷庆功宴上，俞大猷要求部属军士先表演歌舞，以示喜庆，方能开席。一位机灵的军士拿起酒桌上的瓷碟和筷子，以筷子敲击瓷碟发出有节奏之音，随之脚步移动，跳起粗犷而豪迈的舞蹈。这便是早期盅盘舞的雏形。

资料显示，中华人民共和国成立后，盅盘舞曾出现在抗美援朝志愿军的送行队伍中。在庆祝人民公社成立的游行队伍中，在乡村婚礼和各类俗例的典仪活动中，也都有盅盘舞表演者的身影。

20世纪50年代，生活在琼山、定安等地区的人们，在结婚、祝寿、生日、乔迁、建房等重要日子，都会邀请盅盘舞戏班进行表演。当时，盅盘舞的广泛流行促使电影制作方将舞蹈应用于电影中，大大提高了场面的欢快感。

“盅盘舞动作易学，道具简单，形式轻巧，流动方便，民家厅堂、庙宇、路途、旷野，随时随地可跳。”黄岗表示。盅盘舞如今在民间各类俗例和喜庆典礼中都能经常见到，是汉族群众集体活动中备受欢迎的舞蹈形式。

在李圣玉的记忆中，她的父亲、爷爷跳盅盘舞远近闻名。在她小时候，父亲李大香还曾开过学馆，专门教小孩子跳盅盘舞。如今，她虽不招收学生，但每逢有大型演出邀请，她都会把有同样兴趣爱好的小姐妹们招呼到家里，在自家院子里练习、排演。

（李佳飞）

⊙ 延伸阅读

海南盅盘舞面面观

临高

临高盅盘舞中，舞者为八名穿戴行头的儿童（四男四女），分别手持小锣、小镲、碰铃、革鼓、瓷盅、瓷盘、瓷碟、瓷匙八种不同敲击器具，边击边舞，节拍或急或缓。场边还有八位乐手分别持唢呐、椰胡、二胡、三弦、月琴、喉管、竹笛、竹箫八种乐器演奏。

文昌

文昌盅盘舞一般由旦角、生角扮成新娘与新郎，还有一丑角扮演“月老公公”，三人共同表演，海南八音伴奏。通常在民间民俗活动表演盅盘舞时，演员们穿的服装是戏曲中的戏服，化的是浓墨重彩的戏曲妆容。表演时，新娘在新郎的帮助下，两手拿着重叠摆放的瓷盅，上下相互击打，翩翩起舞；新郎执筷击盘；丑角戴着面具，手里拿着羽扇，边舞边戏逗新郎、新娘。在表演过程中，由琴、鼓、锣以及弦等八种不同乐器进行伴奏。

定安

定安盅盘舞是定安县级非物质文化遗产项目，通常由生、旦、丑角随八音乐曲表演或随盅盘撞击声响节奏起舞。生角温文儒雅，旦角温婉娇柔，丑角诙谐滑稽。舞蹈间插唱的唱词为道喜、祝贺、赞颂、期盼等良言吉语，主要为婚嫁迎亲拜堂、宗氏祠堂拜神祭祖、迎春送福“送灯”、寿诞拜寿贺喜等农村各种俗例仪式添喜助乐。

澄迈

澄迈盅盘舞是农村地区流传较广且日益复兴的一种民间舞蹈。以前主要于农历二月十五日“闹军坡”时表演，祭祀祈福，期望神灵保佑五谷丰登、人畜平安，表达人民群众的欣喜之情。

（李佳飞）

虎舞村晓

2021 年的新年，一阵密集的锣鼓声“咚咚”敲响，海口市美兰区三江镇瞬间热闹起来，来自四面八方的村民们聚拢在一起，吆喝着：“好戏来了！”虎舞表演，他们百看不腻，越看越有味道。

只见虎舞队队员们，有的身穿旧时兵勇服装，手持各类兵器；有的扮成“老虎”，威风凛凛。锣鼓声中，他们或翻腾跳跃，或摇旗布阵，精彩绝伦的表演引得村民们连连拍掌叫好，场面颇为壮观热闹。

年过五旬的美兰区三江镇道学村村民王统平是“虎头”，一场表演谢幕后，王统平摘下厚重的虎头道具，细细密密的汗珠沿着两颊流下来，他大口喘着粗气。“只要有人看，我就会一直演。”王统平说。虎舞他从小跳到大，心中的热爱丝毫未减。

虎舞表演。受访者 供图

藏于深村的民间奇葩

逢年过节，大街小巷总能看到有人舞狮、舞龙助兴，却很少看到舞虎的。实际上，在海口市美兰区三江镇周边农村，有多支由村民自发组建而成的虎舞队。他们犹如藏于民间的一朵朵奇葩，在村外鲜有人知，在村内却大放光彩。

关于虎舞，《古氏南迁》一书中有记载："祖上自中原南迁，越南海而入，历尽艰辛，难险谁知？千里奔波，粮尽物耗，独有传世盛物虎头，雨淋日晒，随众翻山越岭，虎舞觅食，斗虎擂台，谁能分真假焉！"

海南虎舞，贴着农耕历史的标签，从明代中后期起由中原传入，安家落户于三江镇的灵秀水土上，在民间自发的单行线上默默前行了300多年。在琼北地区，流传着"三江鼓，罗梧虎"之说，可见海口市美兰区三江镇虎舞名气之大，其中罗梧村为甚。

王统平所在的道学村，也组建了一支虎舞队，称道学郡。王统平介绍，虎舞队是三江镇村民为纪念民族英雄冼夫人而组建的，同时也有为各家各户祈祷五谷丰收、人畜平安、生意兴隆、顺心顺意之意。每年“军坡”节是虎舞演出的高峰期，届时虎舞队将环村巡演，十分热闹。

一支虎舞队包含“老虎”、锣鼓手、吹号手、“土地公”和“土地婆”等约30人，村里上到耄耋老人，下到几岁稚童，男女老少皆可上阵表演。表演内容大致分为布阵、开场、单人表演、双人对打、人虎共舞等。伴随着锣鼓声与号角声，只见两只黄色斑纹的“老虎”一会儿相互争斗，或凌空扑咬，或就地翻腾；一会儿又友好相处，或互相舔舐，或嬉戏打闹。一旁的“土地公”“土地婆”以滑稽动作，用秧歌舞舞步行走……

有人扮虎，也有人扮打虎者。一名身着黄袍、手持利剑的少女出现在虎队前，剑锋呼啸，舞得行云流水。演毕，一名手持钢叉的青年上场，将手中的武器挥舞得风生水起，犹如古代即将出征的士兵……虎舞表演场景之丰富，很多是人们常见的舞狮、舞龙所缺少的。

八旬老人一生热爱虎舞

记者在三江镇采访时，所到之村，谈及虎舞，村民们都不约而同地表示：“如果很长时间没看虎舞表演，就感觉生活少了点什么。”可见虎舞已成为当地村庄民间自发约定而成的传统习俗，代代相传，早已镌刻进生活里。

“反正印象中，村民们在田间地头劳作之余，即使手中没有道具，也要舞动练习一番，使得虎舞技艺从未生疏。小孩子们也不会刻意练习，觉得好玩就跟在（虎舞）队伍后面模仿。”王统平笑着说，“年复一年，半辈子过去了，我也成了道学村虎舞队队长。”

“罗梧村有一位八旬左右的老人，叫冯尔训，对虎舞可谓一生痴爱。”三江镇文化站站长郑声裕感慨道。当记者提出采访请求时，他却静默良久后轻轻地说：“可惜啊，冯老已经不在了。”

冯尔训曾是罗梧村虎舞队的领头人，在村中享有极高的威望。而这种威信与号召力，源自他对虎舞的专业与坚守。斯人已逝，但

海口市三江镇虎舞表演。受访者 供图

记者从村民们的讲述中,仍感受到了冯老生前对虎舞的一腔热爱。

冯尔训从小就与虎舞结缘,小时候看大人排练表演,他就跟着学。尽管长大后参加工作没时间参加虎舞队,但许多动作套路他都熟记在心。退休后,他放弃城市优渥的生活条件,返回村里居住。一辈子学舞、跳舞,他自然而然就成了村里虎舞队的领头人。

20世纪60年代,那时候全国大多数城市的动物园还没有东北虎,冯尔训为了让虎舞表演更传神,特意远赴东北虎栖息地黑龙江省牡丹江市。他连续两天在动物园蹲点,在没有相机的情况下,细心记下老虎的外形外貌,并仔细观察老虎的动作特点。尤其是看到几只老虎跳跃争斗的场景时,冯尔训按捺不住激动的情绪,竟在原地模仿老虎的动作跳起来,让一旁观看的游客颇为不解。

回到家乡后,冯尔训赶紧召集队员,将自己学到的"老虎绝招"传授给他们。此后,不论冯尔训外出到哪个城市,进动物园看老虎成了他必不可少的安排。

传承还需多方合力

如今,虎舞已成为三江镇过年过节时的一项群众表演节目,虎头道具多由经验老到的村民制作,非常逼真。虎舞队也形成了一定规模,有专门的服装、道具、演员,还有一套固定的表演动作和规矩。2009年,海南虎舞入选海南省级非物质文化遗产名录。

历经三百多年,海南虎舞表演从蹒跚学步到如今集武术、舞蹈、音乐于一体，融入了无数民间艺人的智慧与汗水。作为原生态的民间舞种，它只在特定环境中偶露“峥嵘”，其表演艺术虽不尽善尽美，但正因为这一分“粗糙”和“原生态”而多出了几分厚重。

不过，与大多数民间艺术一样，海南虎舞在峥嵘发展的同时，也存在诸多问题。比如，三江镇虎舞队每年表演的时间集中在春节和冼夫人文化节前后，表演次数不多，参与演出的人员获得的收入不高。

“虎舞队成员平时要么外出打工谋生，要么忙农活，导致人员流失严重。”王统平以道学郡虎舞队为例告诉记者，该队过去跳虎舞的队员约30人，而目前仅剩十几人，如果不是热爱虎舞表演，很难坚持下来。

海南虎舞海口市级非遗传承人王亚存说：“虽然现在虎舞队已具备一定规模，但演员们很少经过专业培训，虎舞的动作、技巧基本靠口授身传，缺乏文字记载，这些都是亟待重视的问题。”

王亚存表示，希望政府有关部门继续加大对虎舞的扶持力度和宣传力度，增加表演次数，让更多人了解虎舞。在传承方面，可以学习公仔戏、琼剧的传承方式，开设虎舞培训班，吸引更多人参加。此外，在寒暑假开设免费兴趣班，推动虎舞走进小学和中学。

同时，建议通过政府主导，建设更多虎舞非遗文化项目排练场所，对演出服装和道具进行适当升级完善。文化部门可牵头组织虎舞演出队伍与舞龙、舞狮等项目传承人进行交流，让虎舞焕发出新的生机。

“虎舞应该走出三江，走出海南，走出中国。”王亚存坚定地说。

（邱江华）

麒麟舞跃海南

"'元帅',往前走。"

"'土地爷',你脚步要快一点……"

2020年5月的一天,在海口市秀英区永兴镇昌儒村村口的大树下,一群扮演不同角色的孩子们,正在65岁村民吴清河的指导下排练海南麒麟舞。

麒麟舞,并非海南独有,在广东、河南、河北等地都广为流传。传入海南后,麒麟舞数百年间在海口羊山地区世代流传并不断融入本土文化,形成了独具海南地域特色、烘托气氛、渲染情境的庆典性舞蹈,成为当地春节、公期等盛大庆典、宗祠祭祀中的文化演出活动。

2009年,麒麟舞被列入海南省级非物质文化遗产名录。作为海南麒麟舞省级代表性传承人,吴清河经历过它的落寞,见证了它的回归,更期盼它能不断传承下去。

麒麟是中国民间传说中的神兽,是太平、吉祥的象

孩子们排练海南麒麟舞。陈若龙 摄

征。麒麟舞传入海南后，便在海口羊山地区落地生根，一度兴盛。

“麒麟铃铃，麒麟来，麒麟送子天门天，天门天……”与其他省份不同，海南麒麟舞舞队由 7 人组成，讲述“元帅”奉命，带“家院”和 4 名“天兵”来到尘世，由“土地爷”引导给人们送麒麟、送祝福的故事，在一旁伴奏的是海南八音弹奏组合。

吴清河说，鼎盛时期，许多地区都有麒麟舞舞队，仅他所在的昌儒村就有三支，麒麟舞的唱词从小便印刻在他的心中。后来，随着表演区域不断缩小，再加上传承后继乏人，麒麟舞逐渐淡出了当地舞台，仅依靠人们的口口相传维系。不过，那些耳熟能详的麒麟舞

日常排练前，吴清河准备麒麟舞演出道具。陈若龙 摄

唱词、唱腔，如同一颗种子深藏在吴清河心中。

20世纪80年代初，琼山县文化站有关专家来到昌儒村搜集民间资料。“专家根据老人们的口述，将麒麟舞的唱词、唱腔记录下来。”吴清河说。这是海南麒麟舞首次以文字的形式被记录下来。

“你看，这就是当年流传的麒麟舞唱词手抄本。”吴清河边说边向记者展示了一本纸张泛黄却保存完好的手抄本。他们还根据专家的建议，改用海南话来念白，以便让更多本地观众能听懂他们的唱词。

据吴清河回忆，当时他们村组建了麒麟舞表演队，经常外出参加演出。然而好景不长，由于资金短缺等原因，这支队伍于1985年左右就解散了。“我和村里一位老人一起出钱将当时演出的服装和道具保留下来。”吴清河说。

后来，这些旧物件默默待在吴清河家中一个角落里，见证了他娶妻生子的过程。他说：“麒麟寓意美好，能给人带来祥和与平安。”

日子年复一年地过去，吴清河家中珍藏的老物件终于又重获生机。2006年，海口市群众艺术馆非遗普查调研人员来到昌儒村。吴清河将保存多年的麒麟舞演出服装和道具拿了出来，“群艺馆专家希望我们能重新演绎并将麒麟舞传承下去”。昌儒村许多五六十岁的村民纷纷加入传承队伍中，重新排练演绎麒麟舞。专家也帮忙研究设计演出服装和道具。2009年，麒麟舞被列入海南省级非物质文化遗产名录。

如今，每逢节假日，吴清河便坐在村口的大树下，指导村里的孩子排练麒麟舞。以老带新的方式，让麒麟舞舞队不断发展壮大。年轻的舞队成员频繁外出表演，参加海口万春会等活动，海南麒麟舞被越来越多人所熟知。

和许多非遗技艺和项目一样，海南麒麟舞也面临着传承乏力的问题。为了让麒麟舞得到更好的传承，海口市在昌儒村建立了传习基地，通过传承人的技艺传授，已培养出多名少年麒麟舞队员。近年来，吴清河带队在海口万春会等活动上表演海南麒麟舞，台下观众的欢呼声和掌声，让他觉得自己多年的坚守是值得的。“我希望后辈们提到麒麟舞时，知道我曾为麒麟舞的传承做过一点小事。”吴清河说。

（刘凡静 张毅）

《鼻箫悠悠》黎族舞蹈表演。王程龙 摄